传
记
文
库

特立，不独行

[英] 斯特雷奇 著
薛诗绮 译

维多利亚女王传
QUEEN VICTORIA

新 星 出 版 社 NEW STAR PRESS

图书在版编目（CIP）数据

维多利亚女王传 /（英）斯特雷奇著；薛诗绮译．—北京：新星出版社，2017.4

ISBN 978-7-5133-2532-5

Ⅰ．①维… Ⅱ．①斯… ②薛… Ⅲ．①维多利亚女王（Victoria 1819-1901）－传记 Ⅳ．① K835.617=43

中国版本图书馆 CIP 数据核字（2017）第 031898 号

传记文库

维多利亚女王传

（英）斯特雷奇 著　薛诗绮 译

策　　划：彭明哲
责任编辑：杨英瑜
特约编辑：李少林
责任印制：李珊珊
装帧设计：冷暖儿

出版发行：新星出版社
出 版 人：谢　刚
社　　址：北京市西城区车公庄大街丙3号楼　100044
网　　址：www.newstarpress.com
电　　话：010-88310888
传　　真：010-65270449
法律顾问：北京市大成律师事务所

读者服务：010-88310811　service@newstarpress.com
邮购地址：北京市西城区车公庄大街丙 3 号楼　100044

印　　刷：北京汇瑞嘉合文化发展有限公司
开　　本：660mm × 970mm　1/16
印　　张：19
字　　数：243千字
版　　次：2017年4月第一版　2017年4月第一次印刷
书　　号：ISBN 978-7-5133-2532-5
定　　价：52.00元

少女时代的维多利亚公主。

女王加冕。

维多利亚和艾伯特。这是绘于1840年婚礼前的二人的肖像，即将开始他们如梦如幻的美丽爱情故事。

1845 年描绘第一家庭的画作。看上去这就是一个充满了温馨的小家庭，并没有强调君主的威严，女王和丈夫都被画得萌萌的。

有时真是难以让人相信——就是这个充满了女人味的年轻的母亲统治着世界上最庞大的帝国么？而同期统治中国的慈禧则是多么严厉而铁腕。

多么美好的一家人。即使在那个君主制的全盛时代，像他们这么幸福的王室家庭也像黑天鹅一样稀少。与维多利亚同时代的茜茜公主是奥匈帝国的皇后，但丈夫不忠，唯一的儿子与她感情疏远，最终又因父子间的政治矛盾自杀，这使得茜茜长期远离宫廷，漫游于欧洲各地；另一位长期执政的西班牙女王伊莎贝拉二世，在位 35 年后因极其不得民心而被推翻，西班牙甚至一度成为了共和国。

女王和亲王的家居生活，他们都喜爱宠物，养了不少狗、鸡等小动物。

亲王生性严肃、正派，来到英国后，在伦敦浮华的社交圈曾经不受欢迎，但亲王凭着他多年扎实的努力，逐渐改变了上层社会对他的看法。其中，推进第一次世界博览会（旧译“万国博览会”）的召开是他的一大成就。图为水晶宫——第一届世博会的标志性建筑。由于艾伯特亲王付出的心血，第一次世博会取得了巨大的成功，从此成为持续百年以上的世界性的盛会，比现代奥运会更古老。世博会促进了各国工业、技术的交流和发展。

这是画家所记录的维多利亚时代皇家出行的车队和仪仗。至今仍然没有大的更改。这样的文化传统已经成为每个到伦敦的游客必看的文化景观。

维多利亚女王和艾伯特亲王盛装像。

维多利亚时代一次普通人的郊外聚会。幸福的时代并不是毫无问题，但社会的各个阶层的生活都在改善，社会和谐，心态平和。

艾伯特亲王在 42 岁英年早逝，极大地改变了女王其后几十年的心态。她的心中，快乐已如风逝去。女王在其后的几十年，都生活在回忆中，希望艾伯特能够再这样出现在她的身边。

谁能想到，这个天性爱美的女王，会在生命的最后四十年，再也不穿美丽的衣服，总是包裹在黑色的丧服之中？

在苏格兰隐居的女王。亲王去世后，女王长期离开公众视线，离群索居，只在很少的重大庆典时短暂地露面，过着隐居般的生活。牵马者为她晚年的仆人，苏格兰人布朗，少数亲近的人。

译者前言

《维多利亚女王传》是英国传记文学中著名的佳作，它的重要性不仅在于它的传主维多利亚女王是英国历史上一个重要时期的代表，也在于它的作者斯特雷奇（Giles Lytton Strachey，1880—1932）是开创一代新风的现代非传统传记大师。

英国历史上有两个时期被认为是英国的黄金时期，一个是16世纪伊丽莎白一世女王在位时期（1558—1603），那是英国资本主义开始发展的时期；另一个就是19世纪维多利亚女王在位时期（1837—1901），那是英国资本主义发展的鼎盛时期。在后面的这个时期里，大英帝国受工业革命之惠，经济迅速发展，人口增长，国力日益强盛，侵略扩张所向披靡，成为世界一等强国。历史上称这段时间为维多利亚时代。维多利亚女王，也就成了这个时代的象征。

正是在这样的历史背景下，女王个人漫长的经历和她的秉性、抱负，引起了人们很大的兴趣和关注。本书记述了女王的一生，反映了女王精神品质的形成和发展过程，同时也为以她名字命名的那个时代绘出了一幅图画。它不仅是一部传记作品，也是一部文学作品，它以事实为依据，形象地刻画了传主维多利亚和辅佐她的几位名相，以及女王的丈夫艾伯特，使我们看到活生生的人，活生生的事，而不是乏味的史料堆砌。

为了更好阅读和理解这本传记，有必要对作者斯特雷奇做一些介绍。斯特雷奇出生于伦敦一军官家庭，曾在利物浦大学和剑桥大学接受教育，在剑桥读书时就参加了著名的“布卢姆斯伯里团体”。这个团体的成员都是一些具有反传统思想的知识分子，他们以不可知论的精神讨论美学和哲学问题，寻求真善美，鄙视虚假，对一切既定观念提出疑问，并致力于艺术上的创新。这个团体的著名成员还有作家弗吉尼亚·伍尔夫、E. M. 福斯特和经济学家凯恩斯等人。斯特雷奇的第一部传记作品是《维多利亚女王时代四名人传》(1918)，在《维多利亚女王传》(1921) 后，又写了《伊丽莎白和埃塞克斯》(1928)、《人物小传》(1931) 等。他的作品一问世就引起了人们的注意，因为他向英国“标准传记作品”的传统形式和风格提出了挑战。

对如何撰写传记斯特雷奇有自己明确的主张，他认为当时的传统传记往往只是材料的堆砌，而且充斥冗长的歌功颂德之词；他主张传记应该是一种艺术品，传记作家应该是艺术家；传记作家必须对材料进行分析、选择、加工，既要排除一切多余的东西，又要保留一些意义重大的东西，使传记简明扼要。他提出了自己的写作方法，那就是避免作细致的描绘，而是攻其不意，将探照灯的光束突如其来地照射到尚未被人们发现的隐蔽之处。他把他的这些原则贯彻在自己的写作之中。

传记不同于小说，作者不能张开想像的翅膀虚构情节，塑造形象，必须忠实于人物的生活轨迹，从繁杂冗长的历史素材中挖掘最具个性特征的部分，并按一定的思想加以组织、构建成书。作者遵循这一原则，在撰写这本传记的过程中，使用的参考书多达七十余种，其中包括维多利亚本人的日记、书信和回忆录。作者在写到每个细节时，几乎都加了注释（译本略），详细注明材料出处，因此虽不能说书中所述字字有据，但至少可以说绝大部分内容都可以在史料中找到来源。这说明作者的写作态度是十分严肃的。但众多事实材料的综合也并不等于纯粹客观中立，这里面既反映了原提供材料者各自的观点，更有使用材料者在选材时的指导思想。从这本传记，我们可以看到作者选材有较强的倾向性，他对维多利亚没有一味歌功颂德，而且有相当多的批评和保留，他没有给代表一个“辉煌时代”的女王再加上绚丽耀眼的光环，而是把她作为一个人，一个不可能十全十美的人再现出来。他甚至认为，女王是一个政治上无所作为的人，在描述女王的性格和心理时，带着同情、赞美以至感伤的笔调。至于传记中描绘的几位首相，原是英国历史上政绩不凡的政治家，作者着笔时则颇多讽刺，尽管是漫画式的勾勒，很能给人留下深刻印象。

为便于读者了解女王时代的历史背景，译者特编写了维多利亚在世时期的大事记，收入英国及世界发生的若干重要政治、经济及文化事件，供读者在阅读这本传记时参照。

目　录

目录

1848年，著名的宪章运动的一次集会，虽然年代久远，但当时工人阶级那种激情仍然能清晰地感受到。维多利亚时代正值欧洲工人运动风起云涌的高潮期，英国作为当时的世界工厂，正是工人阶级最多的一个中心地区。但英国的工人运动始终没有引爆大的社会动荡，社会底层与政府间的对抗不是很激烈，而以温和的渐进式改革，带动了社会有序的发展和进步。这是英国工人运动明显与其他国家不同之处。而今日英国社会的福利很高，甚至吸引了大批移民的涌入。英国式的社会变革引起了学术界广泛的关注与研究。

第一章　先　辈

一

1817 年 11 月 6 日，摄政王[①]的独生女、英国王位继承人夏洛特公主逝世。她短暂的一生过得很不幸福。她天性冲动、任性而暴烈，一心向往自由，可从来没能得到。她在激烈争吵的家庭气氛中长大，很小就离开声名不佳脾气古怪的母亲，交由声名不佳生性自私的父亲照管。17 岁时她父亲决定将她嫁给奥兰治亲王。起初，她默然同意，后来却突然与普鲁士的奥古斯都亲王相爱，并决心毁弃婚约。这并不是她的第一次恋爱，在此之前，她曾偷偷地与一位叫赫斯的上尉鱼雁传情。奥古斯都亲王已经结婚，配偶是一位庶民。不过夏洛特并不知道，因为他没有告诉她。在她故意拖延时间与奥兰治亲王周旋时，结盟诸国的君主来到伦敦（那是 1814 年 6 月）庆祝胜利[②]。在这些人中，俄国皇帝的一位年轻漂亮的随从萨克森－科堡的利

---

① 摄政王为英王乔治三世的长子。乔治三世晚年精神失常，由长子摄政（1811—1820），称摄政王。乔治三世去世后摄政王即位，称乔治四世。

② 1814 年 3 月，结成联盟反对法国的奥地利、俄国、普鲁士和英国兵临巴黎城下，巴黎临时政府宣布废黜皇帝拿破仑，4 月 6 日拿破仑退位。

奥波德亲王数度试图引起公主注意，可公主此时已心有所属，对他并不在意。次月，摄政王发现女儿与奥古斯都亲王私下约会，突然亲临公主住处，开除了公主的管家，并下令把公主禁闭在温莎[1]园内。“全能的上帝赐给我忍耐吧！”公主痛苦而激动地跪在地上喊道，然后一跃而起，奔下屋后的台阶，冲到街上，喊了一辆过路马车，直驶贝斯沃特她母亲的住所。公主的行动被发现，被追赶，最后，在诸叔伯尊长——约克公爵、苏萨克斯公爵、布鲁厄姆勋爵和索尔兹伯里大主教——的劝导下，终于在凌晨二时回到卡尔顿宫。她被幽禁在温莎。从此不再有人说起奥兰治亲王。同样，奥古斯都亲王也就此消失。萨克森－科堡的利奥波德亲王面前的道路终于畅通了。

利奥波德亲王非常聪明，他赢得了摄政王的青睐，并使大臣们对他产生好感，还跟公主的另一位叔叔肯特公爵交上了朋友。通过公爵，他得以在暗中与公主联系。公主此时公开声称，只有利奥波德亲王才能带给她幸福。滑铁卢战役[2]后，他在巴黎，肯特公爵的侍从武官往来于海峡两岸，替他们传递书信。1816 年 1 月，利奥波德亲王应邀赴英国，当年 5 月，亲王与公主在英国举行了婚礼。

利奥波德亲王的性格与他妻子的性格截然不同。他当时 26 岁，是德国一位小诸侯的幼子。他在反对拿破仑的战争中表现不凡，在维也纳会议[3]上显示了出众的外交才能。现在，他又试图降服一位桀骜不驯的公主。他态度冷静严肃，言语镇定，行动谨慎，不久便使他身边那位狂野、莽撞、爽直的女人服服帖帖。他发现，公主身上有许多东西是他不能接受的。

---

① 温莎在英格兰的伯克郡，位于伦敦市中心西面 64 公里，英国王室的主要住地温莎堡在此。

② 滑铁卢战役（1815），拿破仑遭到最后惨败的一次战役。这次战役对垒双方的一方为拿破仑率领的法军，另一方为威灵顿公爵领导的联盟军，因发生的地点在比利时的滑铁卢村，故名。

③ 维也纳会议（1814—1815），拿破仑帝国瓦解后召开的国际会议，参加的有英、普、俄、奥等反拿破仑联盟国家的君主和代表，法国也有代表出席。会议表现了大国重新瓜分欧洲的意图。其制定的协议，除一、二项有变动外，持续了 40 年。

她喜欢取笑，走路跺脚，笑起来像大声吼叫；她一点儿也不能控制自己（而这正是王亲贵族们特别需要具备的品质）；她的仪态举止令人讨厌。说到仪态举止，他最有资格评判了，因为他曾出入欧洲显赫的上流社会。许多年后，他曾对他的侄女解释说，他实际上“是法文中所谓的‘时髦男人’”。他与妻子之间不断发生摩擦，但每次都以相同的方式结束：她穿着衬裙，身体前倾，双手放在背后，面颊绯红，眼光闪烁，站在他面前就像一个倔强的大男孩，声称他要她干什么她就干什么。“如果你要那样，我就那样做好了，”她说。“我不是为我自己，”他总是这样回答，“我要你做什么，那是因为我相信这样做对你有好处，是为了你好。”

这一对王室夫妇定居在埃希尔附近的克莱蒙特，府邸的成员中有一位年轻的德国医生，名叫克里斯蒂安·弗雷德里希·斯托克马尔。他是科堡一位小地方行政官的儿子，战争中在军队里担任军医，退役后在家乡当医生。此时他遇到利奥波德亲王，亲王很赏识他的才能，结婚时把他带到英国做他的私人医生。奇特的命运在等待着这位年轻人，未来为他准备了许许多多五花八门的礼物：影响、权力、奇迹、不幸和一颗破碎的心。在克莱蒙特，他的地位卑微，但公主很喜欢他，称他“斯托基”，跟他在走廊上追逐嬉耍。尽管他体质不佳，性情忧郁，但有时也颇活跃，在科堡以才子著称。他因品行端正，恪守皇家规矩而博得赞许。他在自己的日记中写道：“我的主人是普天下最好的丈夫；他的妻子非常爱他，这种爱若要衡量，只有英国国债的数量堪与之相比。”不久，他证明了他还具有另一种品质——这种品质使他的生活变得五彩缤纷——那就是精明、谨慎。1817年春，公主怀孕了，他被邀请担任公主的侍医，可他十分清醒地婉言谢绝了。他清楚地认识到，他的同事们可能会忌妒他，他的建议不一定会被采纳，但若是出了一点儿差错，他这位外国医生当然会首当其冲地受到谴责。果然，没有多久，他发觉医生们给不幸的公主减少饮食并不断放血，这显然是错误的做法。他把亲王拉到一旁，求他把这个意见转告英国医生们，可是没有用。时髦的节食治疗法继续进行了好几个月。11月5日晚9时，在经过50多个小时的阵痛后，公主产下一个死了的男婴。午夜，公主已经精疲力竭。斯托克马尔终于答应见她。他走进室内，发现公主已经奄奄一息，而医生们还在给她灌酒。她抓着他的手，紧握了一下说："他们把我弄醉了。"过了一小会儿，斯托克马尔离开了公主，在隔壁房间里，他听见公主声嘶力竭地喊叫："斯托基！斯托基！"斯托克马尔奔过去时，只听见公主喉头发出临死前的咯咯声。她猛烈地翻来翻去，随即两腿靠拢，一切结束了。

亲王已守在公主身边好几个小时，此时刚离开房间稍事休息。斯托克马尔不得不去告诉他，他的妻子已经死去。亲王似乎一时没弄明白发生了什么事。在他去公主房间的路上他瘫倒在一把椅子里，斯托克马尔跪在他身边。这完全是一场梦！这不可能。当亲王终于来到公主的房间时，他跪倒在她的床边，亲吻着公主冰冷的手。然后，他站了起来，扑倒在斯托克马尔的怀里，痛苦地喊道："我太孤独了。答应我，斯托克马尔，永远别离开我。"

二

克莱蒙特的悲剧是一件极伤脑筋的事。皇家的"万花筒"突然转动，谁也不知道将会转出一个什么样的新花式来。王位的继承问题，本来似乎可以圆满解决的，现在却成了紧迫而又棘手的难题。

乔治三世还活着，住在温莎。他上了年纪，是一个疯子，对外面的世界无丝毫影响。他有七个儿子，年纪最小的也已过了中年，可是七人中没有一个有合法的子嗣。因此，王位继承问题扑朔迷离：摄政王即使离婚再娶，也不大可能再生儿育女。他近来身体发胖，已无法再穿胸衣，成了一个性情乖戾、纵情声色的人[①]；其他六兄弟，除了肯特公爵[②]应当另作别论外，他们依序为约克公爵、克拉伦斯公爵、坎伯兰公爵、苏萨克斯公爵和坎布里奇公爵。对他们各人的处境和前途有必要作一简单的描述：约克公爵跟克拉克夫人的风流韵事以及他在军队中的劣迹，使他陷入困境，现在他一部分时间住在伦敦，一部分时间住在豪华舒适的乡间别墅，在那里他沉溺于赛马、玩牌，听听不登大雅之堂的故事。他在诸王子中有一点突出之处：他是他们中间唯一一位——据一位十分高明的观察家说——有点儿绅士感的人。他很早就跟普鲁士大公主结婚。这位公主难得上床睡觉，成天被一大群狗、鹦鹉、猴子围着。他们没有孩子。克拉伦斯公爵多年来一直默默无闻地与女演员乔丹夫人同住在布希公园。他跟她生了一大群子女，当人们感到他们似乎就要结婚时，他突然离开了她，而向威克姆小姐——一个有着大笔财产的傻女人——求婚。她对他当然没什么好挑剔的。不久，乔丹夫人在困苦中死于巴黎。坎伯兰公爵也许算得上是英国最不得人心者。他长得奇丑，眇一目，在私生活中性情乖戾，报复心重，在政治上观点反动，曾被怀疑谋杀自己的童仆，还有着不堪入耳的桃色丑闻。不久前他娶了一位德国公主，但还没有孩子。苏萨克斯公爵有点儿文学修养，喜欢藏书。他跟奥古斯塔·默里夫人结了婚，生有两个孩子，但根据《皇家婚姻法案》，他们的婚姻被宣布无效。奥古斯塔夫人死后，他又娶了塞西莉亚·巴金夫人，后来她改名安德伍德，但这次婚姻仍属无效。七兄弟中年纪最小的一位是坎布里奇公爵，关于他的情况人们所知不多。他住在汉诺威，带金黄色假发，喜欢唠叨，性情浮躁，没有结过婚。

乔治三世除了七个儿子外，活着的女儿还有五位。在这五人中有两位——维尔顿堡王后和格洛斯特公爵夫人——结了婚，但没有子女。另

① 原注："摄政王大腹便便，几可及膝；除此以外据说他身体尚可。"（《克里维文集》第一卷）

② 肯特公爵（Duke of Kent，1767—1820），英王乔治三世第四子，维多利亚女王之父，曾任英国驻北美部队总司令，直布罗陀总督。1805 年成为陆军元帅。1815 年隐退。

外三位没有结婚的公主——奥古斯塔、伊丽莎白和索菲娅——都已年逾四十。

三

乔治三世的第四个儿子是肯特公爵爱德华。他现年50岁，是一位高大、健壮、精力充沛、极有个性的人。他浓眉秃顶，常常仔细地把剩下不多的头发染得乌黑发亮；他的服装极为整洁；他的外表带有一种威严，这与他的性格是一致的。肯特公爵早年的生活是在军中度过的，曾到过直布罗陀、加拿大和西印度群岛。受军旅生活的影响，他养成了严守纪律的习惯，后来逐渐成了一位过于注重细枝末节的人。1802年，他奉命去直布罗陀镇压叛军，因过分严厉而被召回，从此结束了他的戎马生涯。自那以后，他集中精力严格地整治家务，忙于处理众多家人属下的琐事，设计各种时钟，努力恢复家庭财务秩序。然而，正如一位对他颇为了解的人说，尽管他像五线谱那样井井有条，尽管他有24000英镑的年收入，可他还是债台高筑。他跟他大多数兄弟都争吵过，特别跟摄政王更是水火不容，因而他加入政治上的反对派，成为辉格党的中坚分子，这当然是顺理成章的事了。

他的政治见解到底如何谁也不清楚，但他经常被说成是一个自由主义者，甚至是一个激进分子。若是我们相信罗伯特·欧文[①]的话，他还是一位必然论的社会主义者。他跟欧文——这位敏锐而又容易上当、品格高尚而又老是判断失误、杰出而又愚蠢的社会主义和合作社运动的鼻祖——之间的关系离奇而独特。他说起他曾经参观过新拉纳克的棉纺厂[②]，也确曾主持过一次欧文召集的公众集会；他暗中与欧文通信，他甚至（欧文如此

① 罗伯特·欧文（Robert Owen，1771—1858），英国空想社会主义者，合作社运动的先驱，著有《新社会观》等。

② 罗伯特·欧文曾买下新拉纳克镇的棉纺厂，作为他进行社会实验的基地。

向我们证实）在死后还从“冥界”返回人间，给欧文分子加油打气[①]。“我必须特别提到，”欧文说：“已故的肯特公爵殿下（他早就告诉过我他所进入的冥界没有职位或称号）的在天之灵对人世怀着万分关注之情，他的关注不仅对一个阶级、一个派别、一个政党以至一个国家有所裨益，他的关注造福于整个人类，永世长存。”“他与我进行灵交的整个过程十分美妙，”欧文补充说，“他自己安排约会，他所约见的灵总是准时到达，从不爽约。”欧文还把杰斐逊总统、梅特涅亲王和拿破仑都列为他的信徒。因此，肯特亲王的观点到底如何当然还可存疑。但是，另一件事情却是无可置疑的：亲王殿下曾在不同场合向罗伯特·欧文借过不同数目的款项，总数达数百英镑，而且始终没有归还。

夏洛特公主去世后，不止一个理由说明肯特公爵该结婚，这显然是一桩极其重要的大事。从国家的角度看，统治国家的王族中后继无人，采取这一步骤已势在必行；从肯特公爵方面看，这也是件与他利害攸关的事情。结婚是一种对公众的责任，是为了王权的延续，理应得到全国人民的感激和认可。当年约克公爵结婚时，得到了每年 25000 英镑的赠予。为什么肯特公爵就不能指望得到同样数目的一笔款子呢？但形势并非如此简单。因为，可考虑的还有克拉伦斯公爵，他是哥哥，若他结婚，当然有权要求优先享受权利。另一方面，我们应该想到，若是肯特公爵结婚，他还得做出一个很大的牺牲：这里牵涉到一个女人。

肯特公爵仔细考虑了这一切，在夏洛特公主逝世后一个月，他去了布鲁塞尔，得知克里维先生[②]也在那里。克里维先生是辉格党领导人的密友，酷爱说长道短。公爵想到，要把他对英国形势的看法传达给国内政界

---

① 罗伯特·欧文晚年相信唯灵论。唯灵论者认为，人死后灵（spirit）依然存活，人们可以通过降灵会与之交流。

② 克里维（Thomas Creevey，1768—1838），英国政治家，担任过辉格党内阁大臣。著有《克里维文集》，记述当时的政治和社会生活。

人士，通过这位先生是再好没有的了。可他显然没有想到，克里维先生为人阴险，而且还可能是一位记日记的人。于是他找了个不重要的借口派人把克里维先生请来，进行了一次世人瞩目的谈话。

他们谈到公主之死，谈到摄政王不可能离婚，谈到约克公爵无子嗣，谈到克拉伦斯公爵有可能结婚，然后，公爵提到了他本人的处境。“如果克拉伦斯公爵不结婚，”他说，“下一个继承王位的王子应该是我，尽管我相信我会随时响应祖国可能发出的召唤，无论何时我将做一个结婚的男人，以此履行我的责任。但是，只有上帝才会知道，这会是一个多么巨大的牺牲。我跟圣劳伦特夫人已经共同生活了 27 年，我们两人同龄，风雨同舟，困苦与共，克里维先生啊，你可以想象得出，离开她将给我带来多么大的痛苦。我请你将心比心——要是让你跟你夫人分手……至于圣劳伦特夫人，要是我被迫跟别人结婚，真不知道她会出什么事呢，她为这个问题已经激动万分了。”接着，公爵描述了一件发生在夏洛特公主逝世后一两天的事。那是在一个早晨，《纪事晨报》登载了一段消息，暗指肯特公爵有可能结婚。他在早餐时收到这份报纸，与报纸同时送到的还有一些信件，“我像往常一样，把报纸隔着餐桌扔给圣劳伦特夫人，开始拆阅信件。一会儿，我突然听见圣劳伦特夫人喉咙里发出了一种异常的声音，同时还有强烈的抽搐。当时我真为她担心，生怕她出什么问题。在她恢复过来后，我问她是怎么回事，她指着《纪事晨报》上的那篇文章让我看。”

接下来肯特公爵又将话题转回到克拉伦斯公爵身上。“克拉伦斯公爵是我哥哥，只要他愿意，他当然有权利先结婚，无论如何我决不会去干涉他的事，如果他希望做国王——结婚生孩子。可怜的人——愿上帝保佑他！让他这么做吧。至于我，我是一个没有雄心大志的人，只希望维持现状……你知道，今年的复活节来得很早——3 月 22 日。要是克拉伦斯公爵到那时还没什么举动，我必须找个借口让圣劳伦特夫人同意我去英国一趟。一旦到了那儿，我很容易找到机会跟我的朋友们磋商，决定采取什么合适的步骤。倘若克拉伦斯公爵那时仍然没有结婚的打算，那么，毫无疑问，我就有责任就此问题采取某些必要的措施了。”公爵继续说，关于结婚对象，有人提到过两个名字，一个是巴登公主，一个是萨克森－科堡公主。他认为后者可能比较合适，因为利奥波德亲王在英国很得人心。但在采取任何实际步骤之前，他希望并期待圣劳伦特夫人能得到公正合理的待遇。“她是名门出身，”他解释说，“从来没当过演员，我是第一个也是唯一的一个与她共同生活的人。她的无私与她的忠贞同样无与伦比。她最初来到我身边时，我每年给她 100 英镑。这笔钱后来增加到 400 英镑，最后又增加到 1000 英镑。但是由于我负了债，必须放弃我收入的一大部分，圣劳伦特夫人坚持把我给她的钱每年退还 400 英镑。假如安排圣劳伦特夫人回到她朋友中间生活，她必须处于完全自主的状态，以获得人们的尊敬。我的要求并不很高，但给她一些仆人和一辆马车是必要的。”至于他自己的待遇如何解决，公爵希望以约克公爵的婚姻先例为参照。他说：“当时约克是为了解决王位继承问题而结婚，每年支 25000 英镑，外加所有其他收入，也都是为了王位的延续。只要作同样安排，我就会感到满意，我不会因为 1792 年的币值与现在的币值有相当出入而提出任何额外的要求。至于我的债务，”公爵最后说，“我不能说数目很大。相反，国家在很大程度上倒是我的债务人。”说到这里时钟敲响，似乎在提醒公爵另有约会。公爵站起身来，克里维先生告辞离去。

谁能为此番谈话保守秘密呢？克里维先生当然不会。他匆匆赶去告诉威灵顿公爵①。公爵听了觉得非常有趣，给塞夫顿勋爵写了一封长信，作了详细的描述。塞夫顿勋爵“十分适时地”收到这封信，当时一位外科医生正在检查他的膀胱，看里面有没有结石。塞夫顿在回信中说：“检查一

---

① 威灵顿公爵（Duke of Wellington，1769—1852），英国陆军元帅，曾任首相（1828—1830），在滑铁卢战役中指挥英、普联军击败拿破仑。1846 年后退出公众生活，但仍向王室和政府提供咨询意见。

结束我哈哈大笑，我从来没有看见过有人像那位医生那样惊得目瞪口呆。爱德华亲王的足智多谋简直绝了。实在不知道到底应该去赞赏他什么——是他对待圣劳伦特夫人的关爱体贴呢？还是他对待克拉伦斯公爵的高尚情操？再不就是他自己在钱财事务上的毫无私利之心？”

最后的结果是克拉伦斯公爵和肯特公爵都决定结婚。肯特公爵在萨克森–科堡公主和巴登公主中选择了前者，1818 年 5 月 29 日他们举行了婚礼。克拉伦斯公爵亦步亦趋，同年 6 月 11 日也跟萨克森–迈宁根公爵的女儿举行了婚礼。但是他们在经济上都没有能达到事先的期望。因为虽然政府建议增加他们和坎伯兰公爵的津贴，但这项动议在下议院遭到了否决。对此，威灵顿公爵并不感到惊讶。“天哪！”他说，“此事说来话长。可以想象，他们是摆在任何一届政府脖子上的该死的磨盘。他们得罪了——直接得罪了——英国三分之二的绅士，那些人在下议院中对他们进行报复，这又有什么可奇怪的呢？我想，这是他们唯一的机会，老天作证！他们利用了这个机会，做得很对。”不过，议会最后还是给肯特公爵的年俸增加了 6000 英镑。

至于圣劳伦特夫人后来怎么样，似乎无人知晓。

四

新的肯特公爵夫人维多利亚·玛丽·路易莎是萨克森-科堡–萨尔费尔德公爵弗朗西斯的女儿，利奥波德亲王的妹妹。这是一个古老的家族，韦廷王族[①]的一个分支。韦廷王族自 11 世纪起一直统治着易北河畔的迈森地区。15 世纪时这个王族分成两支：艾伯特和埃内斯特，前者的后裔产生了萨克森的诸选侯和国王，后者统治着图林根，后又分成五支，萨克森–

① 韦廷为欧洲主要王族之一，世系可上溯到 10 世纪初。其家族成员中产生过波兰、萨克森、比利时、葡萄牙、保加利亚和英国等国的国王。

科堡公国即属于其中的一支。这个公国很小，大约只有六万居民，但享有独立和自主的权利。在法国大革命后的动乱年代，它备受侵扰。萨克森－科堡公爵弗朗西斯是一位大胆放肆的人，他敞开大门让大批难民涌入境内。这些难民由于法国势力的推进而越过德国往东逃亡。难民中有莱宁根亲王，他是一位已经不太年轻的花花公子，领地在摩泽尔河畔，已被法国人占领，但他被准许获得下法兰克尼亚的阿莫巴赫作为补偿。1803 年他与弗朗西斯公爵的女儿维多利亚结婚，当时公主才 17 岁。三年后濒临破产的弗朗西斯公爵去世了。此时拿破仑的铁蹄扫过萨克森－科堡。公爵领地被法国人占领，公爵家人沦为乞丐，几乎饿死。与此同时，阿莫巴赫小公国也在法、俄、奥三国军队的穿梭往来中受尽灾难。在许多年中，全国几乎没有一头牛，也没有足够的草可以喂养一群鹅。这就是这个家族当时所处的困境。然而一代人以后，它却在统治欧洲的半数家族中取得了立足之地。拿破仑的灾祸确实不无成果；种子播下了，可其收获却大大出乎拿破仑的意料。利奥波德亲王 15 岁起就依靠自己的才智出去闯荡，最终立业成家，娶了英国的王储为妻。莱宁根亲王夫人在阿莫巴赫挣扎着，面对的是贫困、军队的征用和一个碌碌无为的丈夫，但与此同时却使她养成一种独立的性格和顽强的意志，这些品质在艰难困苦的环境中显示了它们的价值。1814 年她的丈夫去世，留给她两个孩子和公国的摄政职位。在她哥哥与夏洛特公主结婚后，有人建议她嫁给肯特公爵，但她拒绝了，理由是孩子的监护和公国的治理使她不宜建立其他关系。然而。夏洛特公主的死使形势改变了。当肯特公爵旧事重提时，她接受了他的求婚。当时她 32 岁——个儿矮胖，眼睛和头发都是棕褐色的，双颊红润，性格开朗，善于辞令，衣着华丽，喜爱窸窣作响的绸缎和色彩明亮的天鹅绒。

她生性易于满足，这自然是一种幸运，因为她整个一生注定了要忍受许多痛苦。她的第二次婚姻前景未卜，这次婚姻，初期看来似乎只给她带来困苦和不安。肯特公爵宣称，他仍然很穷，不能住在英国。他以令人不安的刻板劲儿在比利时与德国之间来回折腾。他戴着整洁的军帽参加阅兵仪式，视察营房，引得英国的贵族们侧目而视，威灵顿公爵替他取了个绰号，叫他“下士班长”。“老天爷！”威灵顿对克里维先生嚷道，“你知道他的姐妹们叫他什么来着？天哪！他们叫他约瑟夫·瑟菲斯[①]。”在瓦朗谢纳[②]举行的阅兵仪式和盛大宴会上，肯特公爵夫人带去了一位又老又丑的女侍臣，弄得威灵顿公爵十分尴尬。“谁他妈的来把那个侍女弄出去？”他不停地问。最后他想出了一个办法，“他妈的，弗里曼特尔，把市长找来，让他去干这件事。”于是瓦朗谢纳的市长给带来完成这一项任务。克里维先生戏谑地说：“市长真是个大好佬。”未料，几天后在布鲁塞尔，克里维先生自己有了倒霉的体验。那天早饭前，安排视察一所军事学校。参加视察的人到齐了，一切进行得也很顺利，可肯特公爵就是一个劲儿地东张西望，没完没了地提出一个又一个鸡毛蒜皮的问题，克里维先生终于忍耐不住，低声跟他身旁的人说他已经饿得要命了。威灵顿公爵听见他说这话颇为高兴。“我给你提个建议，”他说，“倘若你一早就要跟王室成员出去，特别是跟‘下士班长’一起出去，那你得先吃早饭。”威灵顿公爵和他的属下都是吃了早饭才出来的，当肯特公爵没完没了地提问题时，这位大人物总是幸灾乐祸地指指克里维先生说：“这就是没吃过早饭的那位先生！”

肯特公爵终于定居阿莫巴赫，但整天闲得发慌。他的国家贫穷，家宅狭小，即使他爱好的钟表制作，也逐渐变得索然无味。尽管公爵信仰虔诚，但也不无一点迷信思想，他老想着在直布罗陀时一个吉卜赛巫师的预言。那位巫师告诉他，他将遭受许多苦难和损失，他将在幸福中死去，他唯一的孩子将成为一位伟大的女王。没有多久，公爵夫人怀孕了，公爵决定，孩子必须生在英国。尽管旅行的费用尚未筹到，但公爵的决心没有动

① 约瑟夫·瑟菲斯为英国 18 世纪戏剧家谢里丹的喜剧《造谣学校》中的人物，是一个表面上规规矩矩、谦恭虔诚，实际上品质恶劣的伪君子。

② 瓦朗谢纳为法国北部城市。

摇。公爵宣称，不管发生什么事情，他的孩子必须在英国出生。他们租了一辆马车，公爵亲自坐在车厢外的驭者座位旁边。车厢里坐的是公爵夫人、她 14 岁的女儿费奥多拉，以及侍女、保姆、巴儿狗和金丝鸟。他们驱车穿越德国、法国，崎岖的道路、廉价的小客栈，对一丝不苟的公爵和平静而充实的公爵夫人来说算不得什么。最后他们终于渡过海峡，安全抵达伦敦。王室为他们在肯辛顿宫[①]提供了一套房间。1819 年 5 月 24 日，一个女婴在那里诞生了。

① 肯辛顿宫在伦敦西面的肯辛顿，位于泰晤士河北岸，是英国王室的邸宅之一。

这个少女被上帝拣选来统治英国？

第二章　童　年

一

这个孩子出生在一个不很显眼的环境里，并没有得到多少关注。人们很难看出她会有怎样的前途。克拉伦斯公爵夫人在两个月前生了个女儿，可这婴儿几乎一生下来就死了，但公爵夫人极有可能再做妈妈。后来果然如此。更何况肯特公爵夫人还年轻，公爵身强体壮，说不定要不了多久又会生一个男孩，从这位小公主手中夺去她继承王位的微弱希望。

可是，肯特公爵另有想法，那是因为有过预言……不管怎样，他要为孩子取名伊丽莎白，这是一个有吉利征兆的名字，在这一点上，他甚至没有知照摄政王。摄政王看到这是一个惹他兄弟恼火的好机会，突然宣布他将亲自参加孩子的洗礼，同时，声称孩子的教父之一将是俄国皇帝亚历山大。就这样，当坎特伯雷大主教在仪式上询问以什么名字为孩子施洗时，摄政王答道："亚历山德里娜。"对此，公爵不顾一切地提议，不妨另加一个名字。"当然可以，"摄政王说，"乔治娜？"公爵说："或者伊丽莎白？"洗礼的场面出现了短时间的沉默，大主教的细麻布衣袖兜着婴儿，他的目光不安地轮番从一位亲王转向另一位亲王。“好吧。那么，”摄政王终于说，“就用她母亲的名字为她命名吧。不过，亚历山德里娜必须在前。”就这样，尽管她父亲不高兴，婴儿被命名为亚历山德里娜·维多利亚。

公爵还有其他不高兴的事情哩。下议院许给他的微薄俸禄根本无法解决他的财政危机。他在军中的服务是否受国人欢迎也堪忧虑。他的债务继续增长。许多年来他的生活费用是每年 7000 英镑，可现在他的支出正好翻了一番。他无法再降低开支了，事实上，他府中没有一个仆人不是从早到晚忙个不停的。他在给罗伯特·欧文的一封长信中诉苦抱怨，而欧文的同情常常给他带来实惠。公爵写道：“我现在开诚布公地声明，经过多方审察，我确信，若要继续住在英国，即使照目前这样离群索居的方式生活——没有气派、没有排场，少于 14000 英镑也是不行的，降低开支碍难实行。”显然，他不得不以 51300 英镑的价格出售他的住宅。如果此事不成，他只好前往欧洲大陆，并且在那里住下。“如果我在军队的服务于祖国有所裨益，那肯定不会辱没那些有力量支持我所提合理要求的人，提出这些要求乃是基于我在殖民地漫长的服务中所付出的巨大代价。如果我得不到这种支持，那就证明我的服务不受欢迎。如果那样，在公爵夫人和我履行了我们的责任——为孩子确立英国出生的身份并在古老英国的土地上哺以母亲的乳汁之后，我将毫不犹豫地在最短的时间内重新开始我在国外的隐居生活。若是上天注定要让我们的家庭再次添丁，这一程序当然还得重复进行。”

与此同时，肯特公爵决定去锡德茅斯[①]过冬。他告诉欧文：“那是为了让公爵夫人得益于温暖的海水浴，也让我们的小宝宝充分呼吸海边的新鲜空气，因为那里有德文郡最好的海岸，而每年的这几个月里，伦敦特别叫人讨厌。”12 月，他们前往锡德茅斯。在新的一年到来时，公爵想起了吉

---

① 锡德茅斯为英国德文郡一滨海城镇，位于英吉利海峡莱姆湾西端。

卜赛巫师的另一个预言：1820 年中将会有两位王室成员去世。他们将会是谁呢？他思忖着各种可能：国王活不了多久了，这是显而易见的；约克公爵夫人生过一场致命的疾病，很有可能是国王和约克公爵夫人。但也有可能是国王和约克公爵，或者是国王和摄政王，而他本人是英国最健康的男人之一。他说："我的兄弟们都没有我健壮。我过着有规律的生活。我将活得比他们长久。王冠将归属于我和我的孩子们。"谁知，他外出散步，沾湿了双脚，回家后又忘了换袜子。他着凉了，肺部感染发炎。1 月 22 日，公爵已经奄奄一息。一个偶然的巧合，年轻的斯托克马尔医生来看望公爵，当时正好待在公爵家里。两年前，夏洛特公主弥留之际，医生也曾站在她的床边。现在，斯托克马尔望着痛苦的肯特公爵，建议迅速准备一份遗嘱，让公爵签署。公爵在尘世的财产不足挂齿，但那位对世间人事尚一无所知的孩子的监护权，必须保证掌握在公爵夫人手中。这孩子的命运目前正起着微妙的变化。公爵只能够勉强理解文件的内容了，他签署了自己的名字后问别人自己的笔迹是否清晰，随后就失去了知觉。第二天早晨，公爵离开了人世。六天后，吉卜赛人预言的后半部分也应验了，英王乔治三世漫长、痛苦而不光彩的一生终于结束了。

二

锡德茅斯陷入一片混乱，公爵夫人甚至无法返回伦敦。利奥波德亲王匆匆赶去，亲自陪同他妹妹和家属缓慢而艰难地一步步回到肯辛顿。遗孀穿着臃肿的黑丧服，她必须竭尽全力使自己镇静下来，应付突如其来的变故。眼前她的前景更加难卜了。虽然她自己每年有 6000 英镑的收入，但她丈夫欠下的债务如高山耸立在她的面前。不久，她得知克拉伦斯公爵夫人再次怀孕。肯特公爵夫人觉得自己在英国没有什么好指望的，为什么还要留在异国他乡，留在陌生人中间呢？这些人的语言她不会讲，这些人的风俗习惯她不能理解。最好的办法当然是回到阿莫巴赫，回到自己人中间，在那里节衣缩食，默默地把女儿抚养成人。但她是一个执着的乐观主义者，她已经将自己置身于斗争之中，现在她什么也不怕。更何况，她是那么的喜爱她的孩子。“她是我幸福和欢乐的源泉，她是我的生命，”她发誓不管命运将会如何变幻，她的宝宝必须像英国公主一样长大。利奥波德亲王豪爽地提出每年额外赠给公爵夫人3000英镑，公爵夫人终于留在了肯辛顿。

小公主长得胖嘟嘟的，活像她的祖父。“她简直是已故国王的影子！”公爵夫人惊呼。“她是穿短裙的乔治国王！”周围的贵妇人亦同声附和。此时，小家伙正艰难地从一个人身边摇摇晃晃地走到另一个人身边。

没有多久，世人对肯辛顿的育儿室开始产生了一点兴趣。1821年初，克拉伦斯公爵夫人的第二个孩子伊丽莎白公主在出生三个月后夭折。由此，人们对肯辛顿的兴趣不断增长，各种强大的势力和形形色色激烈的对抗似乎也悄悄地围着皇家的摇篮进行。这是一个派系斗争和充满愤怒的时代，同时也是一个暴力镇压和怨声载道的时代。长期受逆境阻遏的一场强有力的运动正在全国展开。新的激情、新的愿望到处皆是；或者不如说，旧的激情、旧的愿望转化成了一种新的力量：热爱自由，憎恨不义，憧憬人类美好的未来。纵然强权仍然高傲地坐在自己的宝座上，施行着古老的暴政，但黑暗中一场暴风雨正在酝酿，天空已经出现闪电。然而，最强大的力量往往也需要通过人这个脆弱的工具才能运作。在以后的许多年当中，英国自由主义的伟大事业似乎就寄托在肯辛顿这位小姑娘身上，她将独自一人站在国家和她可怕的叔父、反动丑恶势力的代表坎伯兰公爵之间。肯特公爵夫人跟她丈夫的伙伴们站在一起，这是理所当然的；辉格党[①]的领袖们，

---

① 辉格党这名称于1679年和托利党的名称同时被使用。1815年后经过一段政党混乱时期，出现了以皮尔和迪斯累里为代表的保守主义和以罗素、格莱斯顿为代表的自由主义，并打出了保守党（原称托利党）和自由党（原称辉格党）的牌子。

激进的鼓动家们都聚集在公爵夫人周围；她跟勇敢的德拉姆勋爵[①]关系密切，跟令人敬畏的奥康内尔[②]保持友好往来，她接见过威尔伯福斯[③]——尽管可以肯定，接见时她没有让他坐下。她公开宣称她信奉“人民的自由”。毋庸置疑，小公主必将沿着她要走的路成长起来。然而，密切窥视王座的还有阴险的坎伯兰公爵。布鲁厄姆[④]在得知乔治四世[⑤]患病的消息后展望未来时，以他惯用的粗俗方式暗示了英国可怕的前景：“我从来没有如此衷心为一位亲王祈祷过，如果他走了，所有这些恶棍们（托利党大臣们）的麻烦也将随他而去，他们固然还有自己人弗雷德一世（指约克公爵）代替他……不过他（弗雷德一世）也活不了多久，无赖亲王‘威廉老兄’同样糟糕，我们只好顺应自然听任恩斯特一世国王或恩斯特摄政王（指坎伯兰公爵）诋毁了。”这样的想法并非布鲁厄姆所独有。在这个群情激昂的国家里，这样的担忧时时会出现，甚至在维多利亚即位前的一年里，激进派的报纸上仍充满暗示，说维多利亚公主处在危险之中，她邪恶的叔父在要弄阴谋诡计，云云。

这些冲突和预言并没有对小德里娜产生影响——在家里人们都称小公主为德里娜，她无忧无虑地跟她的布娃娃玩耍，在走廊里跳跳蹦蹦，或者骑着她约克伯父送她的驴子，在肯辛顿花园的小路上奔跑。这个金发碧眼的小娃娃受到保姆、女侍和她姐姐费奥多拉的宠爱，尽管她母亲对她管教严格，但几年下来还是有被宠坏的危险。她时常情绪激动，跺着一双小脚，对什么人都不买账，不管人家怎么劝说，她就是不愿学习字母。事后，她

① 德拉姆勋爵（Lord Durham，1792—1840），英国政治家，曾任辉格党内阁掌玺大臣、驻俄大使、加拿大总督等。

② 奥康内尔（Danial O’ Connell，1775—1847），19 世纪英国下议院中第一位爱尔兰领袖。

③ 威尔伯福斯（William Wilberforce，1759—1833），英国政治家和慈善家，反对奴隶制度，支持议会改革和天主教徒的政治解放，以拥护激进主义闻名。

④ 布鲁厄姆（Henry Brougham，1778—1868），英国辉格党政治家，当过大法官兼上议院议长，曾主持多次重大的法律改革，并带头创办伦敦大学，被封为男爵。

⑤ 即摄政王，后成为乔治四世。

也会为此感到抱歉，为此流泪，但最终字母仍然没学。在她五岁的时候，随着弗劳琳 · 勒曾的出现，她开始有了变化。这位夫人是汉诺威[①]一位牧师的女儿，当过费奥多拉公主的家庭教师。没用多长时间，勒曾就把一种新的精神注入她所照管的孩子的身上。起初，她确实对小公主的暴烈脾气感到吃惊。她说，她从来没有看见过这么急躁、这么顽皮的孩子。但她同时也发现小公主身上还有另外难能可贵的品质：这孩子诚实得出奇，不管会受到什么责罚，她绝不说谎。这位新家庭教师明智地认识到，世上所有的严格措施和手段对这个小公主都没有用，除非她能赢得小德里娜的心。她这样做了，一切困难迎刃而解。德里娜聪明绝伦，学习字母对她来说轻而易举，其他东西也一学就会。斯帕思男爵夫人教她用纸板做小盒子，再饰以金箔和彩带；她母亲教她宗教教义。每个礼拜天的早晨，这个六岁的孩子都要坐在教堂包厢的座位上，专心聆听牧师没完没了的讲道，下午她就要接受对所讲内容的测验。肯特公爵夫人决心让她女儿尽早做好置身高位的准备，以便为那些至尊至贵者所接受。卡尔顿宫的那些伤风败俗的欢宴使公爵夫人善良、朴实、节俭的德国头脑感到可怕和惊骇。她绝不允许小德里娜有片刻时间忘记简朴、秩序、持重、虔诚这些美德。而这个小姑娘似乎也不太需要此类教诲，她天生性格单纯，做事有条不紊；她的虔诚毫不勉强，她很懂得要举止得体。什么行为合乎自己的身份，她知道得一清二楚。简 · 埃利斯夫人六岁时曾被她祖母带到肯辛顿宫，让她跟维多利亚公主一起玩耍，她们两人同年。这位小客人不懂礼貌，还稍稍有点儿放肆，未经许可就拿地板上的玩具玩。“别碰那些玩具，”她马上得到警告，“那是我的；我可以叫你简，但是你不可以叫我维多利亚。”经常跟公主一起玩的小伙伴是维克托瓦，她父亲是公爵夫人的男管家约翰 · 康罗伊爵士。两个小女孩很要好，常手拉手在肯辛顿花园里散步。但是小德里娜完全清

---

① 汉诺威为德国西部城市。

楚，那个穿猩红号衣，以适当距离跟在她们后面的高大仆役，跟的是她们中的哪一个。

小德里娜热情而富于同情心，爱她亲爱的勒曾，爱她亲爱的费奥多拉和她亲爱的维克托瓦，她还爱她亲爱的斯帕思夫人。她亲爱的妈妈，当然，她也爱，这是她的责任。但是，她说不出是什么原因，当她跟她利奥波德舅舅待在克莱蒙特的时候，她总是特别开心。在那里，路易斯太太的爱抚使她满心欢喜，这位老太太多年前曾侍奉过她的舅母夏洛特。她舅舅对她更是慈爱有加，跟她谈话时则严肃而温和，仿佛她已经是个大人。短暂的做客时间结束时，她和费奥多拉总是眼泪汪汪地离开那里，她们不得不回到肯辛顿，接受单调乏味的恭顺和充满感情的管束。偶尔，她母亲需要留在家里，她被允许单独跟她亲爱的费奥多拉和她亲爱的勒曾乘马车外出，这时她爱说什么就能说什么，爱看什么就能看什么，倒也非常舒心欢畅。

她们常去克莱蒙特做客。但是有一天，她有幸去了一处更加难得、更加令人激动的地方。那时她七岁，她和她母亲及姐姐应国王之邀前往温莎。曾经对弟媳及其家属耍弄兄长脾气的乔治四世，终于绷脸绷腻了，决定和气待人。这位年迈的酒色之徒头戴假发，面孔浮肿，服饰华丽，躯体肥胖，身旁站着珠光宝气的情妇和一群趾高气扬的侍臣。他就这样接见了这个小不点儿，正是这个小不点儿，他日将在这同一殿堂里统治一个迥然不同的国家。“把你的小爪子伸过来给我。”他说。于是，两个时代接触了。第二天早晨，他带着格洛斯特公爵夫人乘敞篷马车外出时，在花园遇见了肯特公爵夫人和她的孩子。“把她抱上我的车，”他命令道。他的命令马上被执行了，孩子感到高兴，可母亲十分惊慌。他们一起驱车去弗吉尼亚湖，那里有一艘大游艇，上面全是绅士淑女，大家正在钓鱼。另外还有一艘游艇，载着一个乐队。国王色迷迷地盯着费奥多拉，称赞她风度好，然后转身问自己的小侄女：“你最喜欢什么曲子？我让乐队演奏。”她马上答道：“《主佑我王》，陛下。”公主的回答受到赞誉。后来她的外交手腕闻名天下，而这次被认为是她施行外交手腕最早的一个范例。但当时她还是个孩子，一个非常诚实的孩子，这也许只是她真实的想法。

三

1827年，约克公爵逝世。在他妻子去世后他得到拉特兰公爵夫人的同情、关照，精神上获得了一点补偿。他死后留下了未完工的巨大建筑斯塔福德宫和200000英镑的债务。三年后乔治四世也逝世了，克拉伦斯公爵接替为王。显然．新王后很可能不再生育．因而维多利亚公主被国会认可为王位假定继承人[①]。肯特公爵夫人的年金五年前已经加了一倍，现在由于抚养公主而又增加了10000英镑；如果国王死在她女儿成年之前，她将受命摄政。与此同时，国家的体制产生了巨大混乱，控制英国四十余年的托利党政权开始崩溃。在随之而来的激烈争斗中，世代承袭的传统一时间似乎就要中断；反动分子的盲目固执和他们对手的愤怒、决心构成了尖锐矛盾，除了革命好像已经没有其他办法了。但和解的力量终于取得了胜利，议会通过了《改革法案》[②]。国家体制的重心转向中产阶级，辉格党掌握了大权，政府被披上了自由色彩的面纱。新局势带来的结果之一是肯特公爵夫人和她女儿的地位有了变化。她们从接受反对派集团的庇护，转而成了多数派官方的珍贵财富。自此以后，维多利亚公主成了中产阶级胜利的活生生的象征。

另一方面，坎伯兰公爵遭到了相应的打击：《改革法案》修剪了他的爪子。他已变得无足轻重，几乎不再能伤人作恶了；可是他的丑名依旧，他仍然是一个恶叔叔——不过只是故事里面的恶叔叔而已。

---

① 按英国法律，假定继承人的继承权可因血统更近的亲属的诞生而失效。

② 《改革法案》，指1832年英国议会通过的第一个改革法案，主要内容为将选举权从贵族和缙绅拥有的小市镇，扩大到人口密集的工业城镇。

肯特公爵夫人自己的自由主义思想并不浓重，她只是自然而然地跟着她丈夫的足迹行走。她信心十足地重复着她丈夫聪明的朋友们提出的口号，重复着她聪明的哥哥利奥波德的推断，她本人并不自作聪明。她对《济贫法》[①]、奴隶贸易和政治经济学懂得不多，但她希望尽自己的责任，而且她希望——她热切希望——将来人们会说维多利亚也尽了自己的责任。她信奉阿诺德博士[②]的教育思想，他的观点当时正在社会上流行。阿诺德博士的目标首先是使他的学生成为“最高最确切意义上的基督徒绅士”，智力教育可以随后进行。公爵夫人坚信，她一生最高的责任就是保证她女儿长大成为一个基督徒女王。她全力以赴去完成这项使命。随着孩子的成长，她发现，她的努力没有白费，她心中暗自高兴。公主 11 岁时，公爵夫人要求伦敦和林肯的主教们对她进行一次测验并针对她取得的进步提出报告。“我觉得现在是时候了，”公爵夫人在一封亲笔信中解释说，“该对已经做的检验一下了，如果有什么判断上的错误，可以及时纠正，未来的计划也该公之于众，以便研究和修正……我几乎亲自参加她的每一堂课。公主身边的那位女士非常称职，她帮助她准备各位老师布置的功课，我决心也那么做，亲自做她的家庭教师……她到了合适的年龄后，就让她跟我一起按时参加礼拜，我完全感觉到她心底里有宗教。她受宗教感染之深，使她很少有犯错误的可能，因为宗教对她的感情发生作用，而孩子是最容易接受这一切的。”“她性格的一般倾向，”公爵夫人补充道，“表现为有过人的智力，她能自如地接受外来信息，就任何问题征询她的意见时，她都能毫不费力地作出公正而有益的判断。她的忠诚、坚贞十分突出，以至在任何情况下，我都不担心她的堡垒会被攻破。”主教们来到宫中，测验的结

① 《济贫法》，向穷人提供救济的法律，最早产生于 16 世纪的英国。1834 年英国颁布新的济贫法，将体格健全的工人的贫穷视作道德缺陷，以削减公共救济的开支。在逐渐增长的人道主义思潮的推动下，苛刻的济贫法有所改善。

② 阿诺德（Thomas Arnold，1795—1842），英国教育家。曾任格拉比公学校长，对英国的公学教育有较大影响。

果令人满意。“在回答一大堆各式各样的问题时，”主教们报告说，“公主表现出对圣经史的主要特点以及对圣公会所授基督教教义的主要真理和概念，都具有准确无误的知识，对英国历史上的重大事件和历史年表也十分熟悉。一个如此年轻的人能做到这样是极为难能可贵的。对于有关地理的问题以及对于地球仪、算术、拉丁语法的运用，公主的表现也同样令人满意。”他们认为公爵夫人的教育计划已完美无缺。在问及坎特伯雷大主教的意见时，他也作出了同样令人高兴的结论。

但是，还有一项重要措施有待实施。公爵夫人向主教们解释道，到目前为止，还未让公主知道她今后可能承担什么重任。“她知道当国王要承担什么责任，她也懂得国王应该为他人而活。因而，一旦她天真的头脑明白了她未来的命运，她必须有一种思想准备，那就是对期望于她的东西有所认识，而且，她应该有自己不可动摇的原则，不至于被她将要继承的位子弄得眼花缭乱。”于是，决定在下一年里对公主进行这方面的教育。接着，出现了众所周知的场面：历史课上，家庭教师事先悄悄地把英国国王谱系表加进书中，公主感到惊讶，提出了疑问，最终她明白了事实真相。当这孩子了解一切后，她沉默了一会儿，然后说道：“我会好好儿的。”这句话的意义甚于一切常规的声明，甚于一个愿望的表达；这句话尽管有局限，有紧张感，也不无自负或谦恭之意，但这是一个人品质的直觉概括。“知道后我哭了好一阵，”女王陛下很久以后这样说。当然，有别人在场的时候，甚至在她亲爱的勒曾面前，她始终保持克制，只在她躲到一边，在她母亲看不见的地方，公主用一块手帕擦着眼泪，让内心那种从未体验过的激动情绪平静下来。

但是，要躲过她母亲的视线谈何容易。她母亲朝朝暮暮、日日夜夜从来没有放松过警惕。从婴儿长大成儿童，从儿童又长大成少女，公主一直睡在母亲的卧室中，她没有可以独自坐坐、独自工作的地方。她每走一步，四周都有高度警惕的目光注视着她。直到她即位的那天，她若要下楼，仍然有人牵着她的手走在她的身旁。简朴和规律支配着这个家庭。光阴一小时又一小时、一天又一天、一年又一年地流过去，缓慢而井井有条。玩偶——数不清的玩偶，每一个都穿得整整齐齐并且取了名字，一丝不苟地登记入册——给放到一边，取而代之的是音乐和舞蹈。于是，来了塔利奥尼[①]，形体训练使公主优美端庄；来了拉布拉凯[②]，以他浑厚的低音来改善公主的尖嗓子。官方导师切斯特教长则继续他没完没了的圣经史课程，正式家庭教师诺森伯兰公爵夫人则以庄重得体的态度主持每一堂课。毫无疑问，公主在学习的日子里最大的收获是在语言方面。德语自然是她熟悉的第一语言；接着是英语和法语；她差不多能讲三种语言，尽管她对英语语法的掌握仍有欠缺。与此同时，她还学会了足以应付工作的意大利语和一点拉丁文。尽管如此，她读的书并不多。她不喜欢读书。造成这种情况的部分原因可能是因为给她读的书不是枯燥乏味的布道文，就是难以理解的诗歌。小说是严禁阅读的。德拉姆勋爵说服她母亲给她读一些马蒂诺小姐[③]写的故事，这些故事是政治经济学的通俗解释。公主读后感到高兴，不过人们担心，进入公主头脑的只是故事中那种她所不熟悉的乐趣，她从来也没有真正懂得交换的理论和经济收益的性质。

在公主的青春岁月里，她的精神世界几乎完全被女性包围着，没有父亲和兄弟以急躁粗鲁的行为、以纵声大笑或外面世界的自由气息来打扰她轻松单调的日常生活，这也许是她生活中的缺憾。确实，从没有人对公主高声呼唤或粗暴斥责过，也从来没有一个粗糙坚硬的面颊碰过她那柔嫩的脸，她更没有和男孩一起爬过墙头。在公主 11 岁时，利奥波德亲王离开英国去比利时就国王王位，她到克莱蒙特做客的机会也从此告终——在那

① 塔利奥尼（Marie Taglioni，1804—1884），意大利芭蕾女演员，19 世纪初期浪漫主义的代表，风格偏于娇柔。

② 拉布拉凯（Luigi lablache，1794—1858），意大利男低音歌唱家。

③ 马蒂诺小姐（Harriet Martineau，1802—1876），英国女作家，写有《政治经济学的解说》25 卷，通过古人轶事与对话对古典经济学作了通俗的解说。

里做客可以暂时躲进男性社会，这使她感到快乐。她仍然喜欢利奥波德亲王，仍然把他看作是“我的第二父亲——或者不如说，唯一的父亲，他确实就像我真正的父亲，因为我没有”。但是，亲王那慈父般的关怀，现在只能朦胧而间接地通过通信这冷冰冰的渠道传达给她。除此之外，女性的恭顺、优雅、热情把她围得水泄不通。在这个封闭的围栏里，她的精神世界很少受到幽默和想象的熏陶，而缺少这两种品质，任何生命都难以茁壮成长。勒曾男爵夫人——乔治四世逝世前擢升她为汉诺威贵族中的男爵夫人——是公主世界里真正的核心。在费奥多拉结婚、利奥波德舅舅去比利时后，男爵夫人已经没有竞争对手了。公主对她母亲很孝顺，但勒曾赢得了她的心。这位汉诺威牧师的女儿口若悬河，精明能干，对委托她照顾的孩子关爱备至。她同样也得到了回报，孩子对她无限信任和崇拜。小公主甚至宣称，为了“心爱的勒曾”她愿意赴汤蹈火，勒曾夫人是她出生以来“最好最真诚的朋友”。公主 13 岁开始写日记，记下每天所做的一连串琐碎小事以及她的思想感情，每一页上都可以见到有关男爵夫人的记载以及她的无形影响。日记中的小姑娘，自我描绘得非常清晰：真诚、单纯、敏感、虔诚，简直就跟那位德国牧师女儿本人一样。她的欢乐，她的赞赏，她的迷恋都很自然地用着重号和惊叹号表示出来。“这次骑马真开心，我们慢慢跑了许多路。甜蜜的小罗西[①]跑得棒极了！！我们一点一刻回家……七点差二十分我们去看歌剧……鲁比尼[②]出场，唱了《安娜－布伦纳》中的一首歌，唱得挺棒。我们 11 点半回家。”在她读书后所作的评论中，也可以清楚地看到男爵夫人的思想。一天，由于某种差错，她被允许阅读范妮·肯布尔[③]的一本回忆录。“这本书当然是很直率、很奇特的。从书的风

① 马的名字。

② 鲁比尼（G. B. Rubini，1794—1854），意大利男高音歌唱家。1831—1843 年往返演出于巴黎和伦敦。

③ 范妮·肯布尔（Fanny Kemble，1809—1893），英国女剧作家，诗人。其回忆录中有许多 19 世纪英国剧坛和社会史方面的有价值的资料。

格看，可以想象得出，那位女作者一定十分坦率，但是缺乏教养，因为书中粗言俗语比比皆是。真遗憾，一个像巴特勒夫人这样有才华的人，竟会如此随便地出版这样一本充满垃圾和废话的书。这本书对她只能有害而无益。我一直看到九点二十分才去睡。”男爵夫人朗读给她听的塞维妮夫人[①]的书信，则得到了肯定。“她的风格多优美多自然啊！洋溢着天真情趣，充满了聪颖和雅致。”但是她把最高评价留给了切斯特主教的《马太福音详解》。“那确实是一本极好的书。我就喜欢这样的书。这书明白易懂，充满真理和美好的感情。它不是那种学术性的书，不需要你逐段琢磨。勒曾在我领圣餐的那个礼拜天给了我这本书。”在几个星期之前，她行了坚信礼。她是如此描述那件大事的：“我觉得我的坚信礼是我一生中最庄严、最重要的事件和行动之一，我相信那对我的思想会产生有益的作用。我对我做过的错事深深感到悔恨，相信全能的上帝会健全我的心智，使我抛弃一切邪恶的东西，遵循一切公正的正确的指导。我将以坚定的决心努力使自己成为一个真正的基督徒，以安慰我亲爱的妈妈，她为我历尽千辛万苦，尝尽焦虑忧伤，我要成为她孝顺的、亲爱的女儿。我也要忠顺于我亲爱的勒曾，她为我竭尽全力。我穿了一件镶白边的长衫，头戴白色绉绸女帽，还套着一个白玫瑰花环。我跟亲爱的妈妈坐进一辆四轮马车，其他人乘一辆大马车跟在后面。”读了这些东西，你仿佛握着一块小小的光滑的水晶石，没有瑕疵，没有耀眼的光芒，纯净得你可以一眼看穿。

然而，敏锐的眼睛可以看出。这种纯净毕竟不是绝对的。细心的探究者会发现，在这片处女地上，出现了意料之外的细微裂痕。在这修道院似的天地里，客人来访是一件令人兴奋的大事。公爵夫人有许多亲戚，他们并非稀客；舅父舅母们常从德国来访，还有表兄弟和表姐妹。公主 14 岁时，

① 塞维妮夫人（Madame de Sévigné，1626—1696），法国女作家。其书信在法语和其他语言中均为书简类作品的典范。

从符腾堡[①]来了一对男孩，亚历山大亲王和恩斯特亲王，他们是她母亲的妹妹与符腾堡当权公爵的儿子。他们的到来使公主非常高兴。“他们两人都长得极高，”她写道，“亚历山大很漂亮，恩斯特很和善。他们都非常和蔼可亲。”他们的离去使她感到遗憾。“我们站在岸边看着他们上船，直到船开走好一会儿。他们在这儿使人感到好亲切、好愉快。他们总是兴高采烈，兴致勃勃。亚历山大扶我下船时是多么小心，骑马时他总是走在我身旁；恩斯特也一样。”两年后，另外两位表兄弟前来做客，那是费迪南亲王和奥古斯都亲王。“亲爱的费迪南，”公主写道，“引起各方人士的爱慕……他是那么单纯率真，他的仪表风度出类拔萃。他们都是非常可爱迷人的小伙子。奥古斯都也和蔼可亲，你若了解他，就可以知道他是很有头脑的。”在另一个场合，“亲爱的费迪南来了，坐在我身旁，谈得很投机，他的话入情入理。我是多么喜欢他啊。亲爱的奥古斯都也坐在我旁边，跟我谈话，他也是一个讨人喜欢的好小伙子，长得很帅。”她难以判别出这两个人到底哪个更漂亮。她得出结论：大体上说，“我想费迪南比奥古斯都漂亮些，他的眼睛真好看，他的神情是那么活泼，那么聪明；其实两人都有这种甜美的神情。费迪南讲话和微笑时带有一种非常优美的表情，他真好。”不过，恐怕最好还是说“他们都很漂亮，都很可爱。”不久以后，又来了两位表兄弟，他们使其他的人都黯然失色。那是她母亲长兄萨克森－科堡公爵的儿子恩斯特亲王和艾伯特亲王。这次，公主的观察就更加仔细了。她写道：“恩斯特跟费迪南和奥古斯都一样高，他的头发是黑色的，长着好看的黑眼睛和黑眉毛，但他的鼻子和嘴长得不好。他脸上的表情十分和善，看上去又诚实又聪明，体形也很好。艾伯特跟恩斯特一般高，但比较壮实，长得漂亮极了。他头发的颜色跟我的一样，他的眼睛大而蓝，鼻子很美，嘴也好看，还有一口整齐洁白的牙齿。不过最迷人之处还在他的表情，那是

① 符腾堡在德国西南部，19 世纪时符腾堡王国曾为德意志自由主义的中心。

一种极为可爱的表情，既充满善良与可爱，又聪明而机智。”“兄弟二人，”她补充道，“都很和善，都很出色，他们比奥古斯都成熟、老练得多。他们英语说得很好，我跟他们说英语。恩斯特6月21日就要18岁了，艾伯特8月26日满17岁。亲爱的恩斯特表哥送我一只非常可爱的小鹦鹉，它十分驯服，停在你手掌上，你可以把手指放进它的嘴里，随你怎么弄它，它也不会咬你。它比妈妈的灰鹦鹉大。”过了一会儿，“我坐在沙发上，坐在亲爱的表哥和表弟之间，我们在看图画。他们画得都很好，特别是艾伯特。他们都酷爱音乐，他们钢琴弹得好极了。我越看他们就越高兴，也更加喜欢他们……跟他们在一起真开心。他们也很喜欢有事儿干，他们是所有年轻人的榜样。”三个星期后，两位年轻人和他们的父亲要回德国去了，告别的场面委实令人惆怅。“我们跟亲爱的舅舅和最亲爱的表哥和表弟共进最后一顿最最快乐的早餐。我实在非常非常爱他们，远远胜过爱世上的任何其他表兄弟。尽管我爱费迪南，也爱和蔼可亲的奥古斯都，但我更爱恩斯特和艾伯特。哦！是的，更加更加爱……他们都很有学问，很聪明，天生的聪明，特别是艾伯特，他们兄弟俩数他深沉。他们非常喜欢谈严肃而有启发性的问题，但还是那么无比地高兴、快乐。年轻人就该这样。在早餐桌上，或在其他地方，艾伯特总喜欢开点玩笑，说句聪明机智的话。他老爱逗弄达什[①]，非常有趣……我下楼时最亲爱的艾伯特正在弹钢琴。11点钟，亲爱的舅舅，我最亲爱的表兄弟们，还有查尔斯，由科洛夫拉特伯爵陪同离开了我们。我热烈地拥抱了我最亲爱的表哥和表弟，还有我亲爱的舅舅。我伤心地哭了，非常伤心。”两位亲王同公主一样依依惜别。有一点很明显，公主心中更喜欢的是谁。“特别是艾伯特！”她当时只有17岁，那位年轻人的可爱、善良和完美，还有他大而蓝的眼睛，漂亮的鼻子，好看的嘴和整齐洁白的牙齿，已经深深印入这含苞待放的少

① 狗的名字。

女心中。

四

国王威廉[1]无法消除他对弟媳的反感。而肯特公爵夫人也针锋相对。他们各自所处的地位本身就很可能引起敌意，他们也并不怎么想掩饰和克制自己的敌对情绪，公爵夫人的脾性很少圆通，而国王陛下则毫无宽容之心。国王陛下是一个莽撞、唠叨的老头儿，一举一动都带着海军军官的习性，长着一双圆滚滚的眼睛和一颗菠萝似的脑袋，在度过56年微不足道的岁月后，突然登上了国王宝座，这几乎使他发了疯。他天生的旺盛精力使他跃跃欲试，跑来跑去尽做些稀奇古怪、荒谬透顶的事情，到处留下可笑或可怕的痕迹。他成天说个不停，说话时带有浓重的汉诺威口音，而且喜欢重复——他的口头禅是“那完全是另一回事！那完全是另一回事！”——喋喋不休、不肯服输，声音响亮而毫无顾忌。他总是在最不合时宜的时刻发表演说，内容都是一时心血来潮胡诌出来的乱七八糟的东西，弄得群臣不知所措。人们说，他是一分无赖，三分小丑。不过，对他了解较深的人都禁不住会喜欢他，他的心地并不坏，脾气其实也不错，只要你讨得他的欢心。但公爵夫人发现，若是你触犯了他，那么，你必须当心他大吼大叫。

肯特公爵夫人不知道如何跟国王陛下相处，她一点儿也不了解他。她的地位，她自己的责任，她的义务，她的女儿，都使她无暇顾及其他，不可能再去注意那个敏感暴躁、声名狼藉的老傻瓜。她认为她是英国女王储的母亲，国王应该承认这个事实，马上摆正她的位置，给予她女威尔士亲王母后的称号，并从国王私人金库中拨出一大笔年金给她。可她没有想到过，这样的要求会触到国王的痛处，他没有自己的合法子嗣，但并没有完

---

① 即克拉伦斯公爵，他在其兄乔治四世去世后即位为国王，称威廉四世。

全放弃生一个合法继承人的希望。公爵夫人以充沛的精力，按照既定的方针步步进逼。

约翰·康罗伊爵士是公爵夫人的顾问，对她撺掇怂恿。他是一个爱尔兰人，缺乏判断力，却妄自尊大。有人提了一个可取的建议，认为维多利亚应该到英国各个郡去走走，熟悉各地的情况。此建议被采纳，于是安排了一个系列旅行计划，维多利亚将用几个夏季分别去西部、英格兰中部，威尔士等地。这个计划的立意很好，但实行时却并不成功。这次旅行在报上发布了消息，吸引了沿途大批热情群众的围观，招致了地方官员隆重的接待，俨然是一副帝王出巡的架势。忠心的国民还致辞欢迎，兴高采烈的公爵夫人穿着曳地长裙踌躇满志，用她那带有德国口音的英语高声朗读约翰爵士事先替她拟就的亲切答词，她几乎忘掉了身旁的小公主。而那位约翰爵士忙忙碌碌，丢人现眼，似乎把总管与首相两个角色混在一起了。国王在温莎看到报纸，自然大发雷霆。“那女人真讨厌！那女人真讨厌！”他大声嚷嚷。可怜的王后阿德莱德，尽管满心绝望却秉性温和，她努力试图息事宁人，改变话题，她写信给维多利亚联络感情，可是全无用处。消息传来，航行在索伦特海峡的肯特公爵夫人坚持在她游艇所到之处，所有战舰和要塞都必须施放向王室成员致敬的礼炮。国王知晓后宣布，这种四处出没的旅行必须停止。同时首相和海军大臣被召进宫去商议。他们私下给公爵夫人写信，求她放弃施放礼炮的要求。可公爵夫人置之不理。约翰·康罗伊爵士更是坚定不移。“作为夫人殿下的私人顾问，”他说，“我不能劝她在这一点上让步。”最后，激动万分的国王发布了一道特别枢密令，禁止对任何船只施放接待王室成员的礼炮，除非船上载有当今君王或王后。

当国王威廉跟辉格党的大臣们发生争执时，国王和公爵夫人之间的矛盾就更加恶化了，因为公爵夫人除了有其他缺点外，她现在还是他敌人的政治盟友。1836年，国王试图让维多利亚公主嫁给奥兰治亲王的一个儿子，与此同时，他还千方百计阻止科堡的那些年轻亲王们前来肯辛顿做客。可是，他的两个目的都没能达到，他所作的努力只带来一个结果，那就是激怒了比利时国王①。这位国王一时间失去了王家的涵养，给他外甥女写了一封充满怒气的信，他写道："你那位国王老伯的所作所为实在使我惊讶。他邀请奥兰治亲王及其儿子，他把自己的意愿强加于人，如此种种，简直太出格了……日前，我接到来自英国的半官方口信，转弯抹角地表示非常希望你的亲戚们今年不要去英国做客。你对此有什么好说的呢？国王和王后的亲戚——天知道有多少——大批来到这个国家，而你的亲戚却被禁止入境。如你所知，你所有的亲戚对国王一向非常尊敬和友善。老实说，我从来还没有听到或看到过这样的事，我希望这会对你起一点激励作用。奴隶制度在英国殖民地都已经不再存在，我不明白为什么为了取得宫廷的愉悦，你自己却要在英国本土遭受白奴制的支配，这个宫廷从来也没有买过你，因为我不知道他们曾经花费过多少钱，也不知道国王是否为了养活你而掏出过一个便士的小硬币……啊，公平待人和政治或其他方面的正直，人们要到哪里去寻找呀！"

不久，利奥波德国王亲自来到英国，他在温莎受到的冷遇与在肯辛顿受到的热情接待形成鲜明的对照。"听亲爱的舅舅谈任何问题，"公主在日记中写道，"就像读一本极富教益的书。他的谈话是那么有启发性，且那么清楚明白，他被公认是当今第一流的政治家。谈到政治，他语气是那么温和，却又是那么坚定和不偏不倚。舅舅告诉我，比利时的体制、工业和繁荣都堪称典范，财政更臻完善。舅舅极受比利时臣民的爱戴和尊敬，他付出了巨大的努力，一定能得到相应的回报。"但她的那位伯父对利奥波德国王则没有多少好感，他说他不能容忍不喝酒的人，而利奥波德国王却从不喝酒。"你喝什么，陛下？"一天晚餐时他问利奥波德国王。"水，陛

① 比利时国王利奥波德是维多利亚的舅舅，已故英国女王储夏洛特公主的丈夫。

下。”“去它的，陛下！你干吗不喝酒？我从来不让任何人在我餐桌上喝水。”这是威廉国王的回答。

情况明摆着，不要多久，将会爆发一场大的冲突。在8月炎热的日子里，冲突终于爆发了。公爵夫人和公主去温莎参加庆贺国王生日的宴会，而国王却乘公爵夫人在温莎时于议会休会后从伦敦探访肯辛顿宫。在那里，他发现公爵夫人违反他明确的指令，擅自调拨了一套有17个房间的房子供她自己使用。他大为恼怒。回到温莎，他先亲切地和公主打了招呼，然后公开指责公爵夫人的行为。但这与继之而来的事情相比，还是微不足道的。第二天举行生日宴会，赴宴的有上百位宾客；宴会上肯特公爵夫人坐在国王右首，维多利亚公主坐在国王对面。在宴会行将结束国王起立答谢众宾客对他健康的祝福时，他大声发表了一篇冗长而激动的演说，把他郁积的愤怒全都倾泻到公爵夫人头上。他说，她侮辱了他——粗暴地、不断地侮辱他，她极不正常地阻止公主跟他接近，她周围替她出谋划策的全是卑鄙小人，她忝居高位，可行为不成体统；他不能再忍耐下去，他要让她知道他是国王，他的权威必须得到尊重，从今以后，公主必须参加宫廷的每一项重要活动；他希望上帝能让他再活六个月，这样可以使灾难性的摄政得以避免，可以把王权直接转交给女王储本人，而不致落入“她身旁那人”之手，因为此人的品行、才智完全不可信赖……辱骂的话如同潮水一般喷涌而出，似乎没完没了。王后满脸通红。公主哭了起来。上百名宾客坐在那里惊得目瞪口呆。公爵夫人一言不发。直到这一长篇指责告终，宾客散去，她又羞又恼，怒不可遏，吩咐备车立即返回肯辛顿。经过极为艰难的劝说，总算稍稍有了一点缓和的迹象，盛怒的公爵夫人答应次日再离开温莎。

但是，公爵夫人刚刚掸掉温莎的尘土，别的麻烦又接踵而来。在她自己家里，她也受到仇恨和烦恼的困扰。肯辛顿的宫室里充满了郁积已久的不满、妒忌和敌意，由于长年相互接近和相互怨恨，这些情绪已到了一发而不可收拾的地步。

约翰·康罗伊爵士与勒曾男爵夫人是势不两立的死敌。但这还不是全部。公爵夫人越来越喜欢她的男总管,两人之间有过分亲昵的行为。一天，维多利亚公主发现了这个秘密。她把她见到的情况告诉了男爵夫人，还告诉了男爵夫人亲爱的盟友斯帕思夫人。不幸的是斯帕思夫人控制不住她的舌头，而且竟然愚蠢到去指责公爵夫人，其结果是她被立即开除。然而，要除掉男爵夫人就不那么容易了。这位夫人谨慎而沉默寡言，行为举止无懈可击，她的地位十分稳固，而且她还得到了国王的支持。约翰爵士发现自己对她无可奈何。但从此以后，宫中分成了两大阵营[①]。公爵夫人以她的权威全力支持约翰爵士；但男爵夫人也有一位不容忽视的支持者。维多利亚公主虽没有说什么，但她一向很喜欢斯帕思夫人，她敬爱她的勒曾。公爵夫人完全清楚，在这场可怕的纷争中，她女儿是反对她的。懊丧、烦恼，以及道义上的谴责弄得公爵夫人寝食难安。她竭尽全力以约翰爵士的叨叨絮语来安慰自己，或者从弗洛拉·黑斯廷斯女士尖利的言词中求得自慰。弗洛拉是公爵夫人的一位宫廷侍女，对男爵夫人没有好感。这是一个颇有讽刺意味的话题，因为这个牧师的女儿，尽管摆出一副高人一等的架势，却有一些有悖于她身份的习惯。例如，她对葛缕籽的爱好已到了无法自制的地步，一小袋一小袋的葛缕籽从汉诺威带到肯辛顿，她把用葛缕籽制成的调料洒在黄油面包上，洒在卷心菜上，甚至洒在烤牛肉上。弗洛拉女士对此憋不住要说刻薄话，这些话传到男爵夫人耳中，便惹得她噘起嘴大发雷霆。于是，纷争愈演愈烈。

---

① 原注:“威灵顿公爵说，女王与公爵夫人之间的隔阂，以及她对康罗伊的憎恶，其原因无疑是由于她目睹他们之间的亲昵行为。她把看到的情形告诉了斯帕思男爵夫人，斯帕思不仅没有保持缄默，反而当面就这个问题告诫公爵夫人。结果是他们开除了斯帕思，要是有可能，他们本来也想除掉勒曾，然而勒曾很清楚事态的进展，她谨慎地不表示任何态度。此外，她还得到乔治四世和威廉四世有力的庇护，因此他们没敢驱逐她。”(《格雷维尔回忆录》第四卷)

五

国王曾祈祷上天让他能活到他侄女成年之日。就在他侄女 18 岁生日——她的法定成年日——的前几天，一场突发的疾病几乎夺去他的生命。不过，他还是恢复了健康，公主得以高高兴兴不受干扰地度过了她的生日庆祝活动——一场盛大的舞会和一次满堂宾客的聚会。“齐奇伯爵，”她在日记中写道，“穿上制服很好看，但穿便服就不行了。瓦尔德斯坦伯爵穿上漂亮的匈牙利制服特别好看。”她希望跟年轻的瓦尔德斯坦跳舞，但却有一道难以逾越的障碍：“他不会跳方阵舞，而不幸的是我不会跳华尔兹舞和加洛普舞，我没法跟他跳舞。”国王送给她的生日礼物非常可爱，但由此却惹得家庭不和。公主不顾比利时舅父的反对，跟英国的伯父保持着良好的关系。威廉国王向来待她很好，他跟她母亲争吵似乎并不能成为她不喜欢他的理由。她说他“是一个古怪的人，很古怪很奇特”，但是“他的意图常常被曲解”。威廉国王还给她写了一封信，提出要给她每年 10000 英镑津贴，但他建议这笔钱应该由她自己支配，与她母亲无关。宫务大臣科宁厄姆勋爵受命把信直接交到公主手中。勋爵到达肯辛顿后，被引见给公爵夫人和公主。当他拿出信时，公爵夫人伸出手来接信。科宁厄姆勋爵请求夫人殿下原谅，重述了国王的指示。公爵夫人这才缩回手，由公主接过了信。公主立即给她伯父回信，接受了他的美意。公爵夫人很不高兴，她说，4000 英镑一年对维多利亚来说已经足够了；至于余下的那 6000 英镑，自然应该归她所有。

威廉国王摆脱了疾病的缠绕，恢复了日常生活。人们又可以看见温莎宫的王室成员——国王和王后陛下，年长的公主们，还有几个倒霉的大使夫人和大臣夫人——一连几个小时围坐在一张红木桌四周。王后在编织一个钱袋，国王在打盹，偶尔从小睡中醒来便嚷嚷道：“一点儿不错，夫人，一点儿不错！”但是，这次复原为时不久。老人的健康突然垮了，除了极度衰弱，也没有什么特别症状，可是他已无力重新振作起来。人们心中都很清楚，他已不久于人世了。

所有的眼睛，所有的关注，都转向维多利亚公主。但是，这位幽居在肯辛顿禁宫的公主，仍然只是一个小小的不为人知的人物，淹没在她母亲巨大的影子里。即位前的一年确实是她成长中的一个重要阶段。她头脑中柔软的卷须，第一次开始伸向脱离了童稚气的事物。在这方面，利奥波德国王给了她很多鼓励。在他返回布鲁塞尔后，他更加认真地继续与公主通信，跟她讨论外交方面的细节，向她阐述帝王的责任。他还指出报界的不公正和愚蠢，在这个问题上，他以带点儿粗暴的语气写道："要是把新闻自由的国家里所有报纸的编辑集中起来，你就会得到这么一帮人，这些人你是连一条你珍惜的狗也不会托付给他们的，更不用说你的声望名誉了。"在说到君王的职责时，他的观点无懈可击："一个国家最高领导人的使命，依我看，当然是以公正无私的精神不偏不倚地为全体人民谋福利。"与此同时，公主的兴趣也广泛了。尽管她仍然十分喜欢骑马和跳舞，但她开始对音乐有了真正的爱好，热烈而专注地倾听意大利歌剧中的过句和咏叹调。她甚至喜爱朗诵诗歌，至少是沃尔特·司各特爵士[①]的诗歌。

当利奥波德国王获悉威廉国王濒临死亡的消息后，他给他外甥女写了几封长信，提出一些极好的意见："在我要写给你的每一封信里，我打算反复告诉你，你要勇敢、坚定、诚实，就像你迄今所表现的那样，这是一项基本原则。"至于其他，在即将来临的危机中，她不应惊慌，而要相信她自己性格中"天生的良知和真诚的品质"；遇事不要草率行动，不要伤害任何人的自尊心，要继续信任辉格党内阁。利奥波德国王还不满足于通信联络，他认为公主不能缺少直接的指导，他决定把他的一位忠实朋友派

① 沃尔特·司各特爵士（Sir Walter Scott，1771—1832），英国苏格兰小说家、诗人，浪漫主义运动的先驱。首创历史小说。著有小说《威弗利》、《艾凡赫》及长诗《玛密恩》等。

到公主身边去帮助她。20年前，在克莱蒙特，此人在夏洛特公主临终的床前赢得了他的心。就这样，像是命中注定的，斯托克马尔又一次不可避免地在一个极其重要的时刻出现了。

6月18日，威廉国王眼见就要不行了。坎特伯雷大主教在他身边，带来了教会的全部安慰。那些神圣的言词倒也并不是对一个叛逆者说的，因为多年来国王陛下已经是一个虔诚的信徒了。“我年轻的时候，”威廉国王曾在一次公开的宴会上解释说，“就我记忆所及，除了寻欢作乐和干荒唐的事，其他什么都不相信——一点儿也不相信。但有一次我在海上遇到大风，亲眼目睹苍茫大海的威力，于是我相信了，从此以后，我成了一个虔诚的基督徒。”这位垂死的老人还记得，那一天正是滑铁卢战争周年纪念日。他说，如果他能活到那个日子，他将非常高兴，他愿意不再看到另一次日落。“我希望陛下能活着看到许许多多次日落，”钱伯斯医生说。国王的回答是：“哦！那完全是另一回事，那完全是另一回事。”他确实活着看到了另一次日落。第二天清晨他死了。那是1837年6月20日。

一切结束以后，大主教和宫务大臣要了一辆马车，从温莎火速赶往肯辛顿。他们五点钟到达肯辛顿宫，经过一番折腾才被准许入内。六点钟公爵夫人叫醒她女儿，告诉她坎特伯雷大主教和宫务大臣科宁厄姆勋爵要求见她。维多利亚公主从床上起来，穿上晨袍，独自走进两位使者正站着等候的房间。科宁厄姆勋爵跪了下来，正式宣布国王逝世，大主教补充了一些细节。看见面前两位躬着身子喃喃低语的显贵，她明白她已经是英国女王了。那天她在日记中写道：“既然上天乐意把我放在这个位置上，我将竭尽全力履行我对祖国的责任。我很年轻，对许多事情——尽管还不是所有事情——缺乏经验，但我能肯定，很少有人会比我更加真心诚意、更加全心全意地去做合适而该做的事。”可是，眼前没有时间让她进行思考和决断了。刹那间，大堆的事务劈头盖脑而来。斯托克马尔来吃早饭，给公主出了一些很好的主意。她写了一封信给她舅舅利奥波德，还匆匆写了一张便条给她姐姐费奥多拉。首相墨尔本[①]勋爵送来一封信，通报他即将到此晋见维多利亚女王。九点钟时他来了，穿着全套礼服，吻女王的手。她单独会见他，向他重述了显然是忠实的斯托克马尔早饭时教给她的课文："仍由您勋爵阁下和其余现任阁员主管政府事务，乃是我的夙愿。"于是，墨尔本勋爵再次吻了吻维多利亚的手，然后离开了她。接着，她写了一封吊唁信给王后阿德莱德。11 点钟，墨尔本勋爵又来了；11 点半维多利亚下楼走进红色客厅，主持了她的第一次内阁会议。聚集在客厅的大群达官贵人、主教、将军和国家大臣，只见客厅门突然打开，一个很矮很瘦的姑娘，穿着朴素的孝服，独自走了进来，走向她的座位，神态分外庄严优雅。他们看见一副并不漂亮却十分动人的容颜——金色的头发，凸出的蓝眼睛，小而弯曲的鼻子，微微张着露出上齿的嘴，瘦削的下巴，光洁的皮肤，更重要的是他们看见了天真、严肃、青春、持重在这个小姑娘身上奇妙地融合在一起。他们听见了一个响亮而坚定的声音，口齿清晰地在大声宣读文件。仪式完毕后，他们看见那小小的身影站了起来，同样显现出完美无缺的优雅风度，以令人惊讶的庄严神态，就像她进来时一样，独自一人，穿过人群走了出去。

① 墨尔本（Viscount Melbourne，1779—1848），英国首相（1834；1835—1841），辉格党议员，曾任爱尔兰事务大臣和内务大臣。

图为威灵顿公爵——这就是那位最终打败了拿破仑的将军。之后，他曾担任英国首相和内阁重臣，是女王即位初期非常有影响的政治家。在女王长达 60 多年的在位期间，她经历了多届政府，在多数情况下，她都能与各式各样的政客官僚保持一种较为顺畅的工作关系。无论是墨尔本、威灵顿这样的老派政客，还是后期的迪斯累利那样野心勃勃的后辈才俊，女王无论是否喜欢，都能与之协调好关系，使大英帝国这架庞大的帝国机器一直得以高效运转。

第三章　墨尔本勋爵

一

新女王的臣民对她几乎一无所知。在她公开露面时，她母亲无例外地占据了中心位置。她的私人生活就像是修道院里见习修女的生活——外界很少有人跟她讲过话。除了她母亲和勒曾男爵夫人，没有一个人曾经单独和她待在一间屋里。因而不仅广大公众不了解她的任何事情，就连宫廷内的达官贵妇们也同样对她知之甚少。当她突然走出幽居的深闺时，她给人们留下了直接而深刻的印象。她在第一次内阁会议上表现出来的优雅风度，使全体与会者既惊讶又叹服；威灵顿公爵、罗伯特·皮尔[①]爵士，甚至粗野的克罗克[②]和冷漠刻薄的格雷维尔[③]——全都被牢牢吸引住了。她随后的种种行动，看来也同样令人鼓舞。她观察敏锐迅捷，决断明智合理，言

① 罗伯特·皮尔（Robert Peel，1788—1850），英国保守党创始人，曾任爱尔兰事务大臣、国务大臣、内务大臣，并曾两次担任首相（1834—1835，1841—1846）。

② 克罗克（John Wilson Croker，1780—1857），英国政治家，历史学家，保守党成员。

③ 格雷维尔（Charles C. F. Greville，1794—1865），英国枢密院高级官员，撰写日记达40年，记录了英国政治及政界人士的印象见闻。

语谨慎小心，在履行国王职责时得心应手。在宫外世界的公众中，同样也掀起了热潮。人们看着这位金发朱颜、纯洁谦逊的小姑娘女王驱车穿过首都大街时，心中充满狂喜、深情和忠诚，尤其是将维多利亚女王与她叔伯们对比时，他们心中就更产生了一种被深深打动的、压倒一切的力量。那些卑鄙肮脏的老家伙，生活放荡，为人自私，头脑愚蠢，行为荒谬，永远背着债务、纷争、丑名的包袱——他们就像冬雪一样消融了，此时此地，春天终于来到，小女王戴着王冠，光彩溢人。约翰·罗素①勋爵在一篇精心撰写的演说中表达了公众的心声。他希望维多利亚能证明自己是一位不行暴政的伊丽莎白②，是一位摆脱了柔弱的安妮③。他要求英国人祈祷，期望这位带着最纯洁意向、最公正愿望、刚刚即位的杰出的公主，能见到奴隶制的废除、犯罪行为的消灭和教育的改进。他相信她的人民今后将从开明的宗教和道德原则获得力量，并按这些原则行事处世，奉献忠心，从而，强大的维多利亚王朝能最终向子孙后代，向全世界所有国家证明自己确实不同凡响。

但是，没有多久，出现的一些迹象表明未来可能并不像兴高采烈的公众所梦想的那么简单，那么乐观。这位“杰出的公主”心中也许会另有一些东西，跟教诲小说中品行端正的女主人公的温厚梦想并不完全一致。毫无疑问，她有最纯洁的意向和最公正的愿望，可那就意味着一切了吗？对于那些仔细观察的人来说，从她那张奇妙的小嘴就可以看到某种预示不祥的征兆。她在第一次内阁会议后，走过前厅，发现母亲在那里等她，她说：“妈妈，现在我千真万确地是女王了吗？”“亲爱的，确实是这样。”“那么，亲爱的妈妈，我希望您答应我作为女王向您提出的第一个要求：请让我独

---

① 约翰·罗素（John Russell，1792—1878），英国辉格党自由改革派主要人物，曾两次担任首相（1846—1852，1865—1866）。

② 伊丽莎白（Elizabeth I，1533—1603），16 世纪英国女王，在位时确立英国在海上的霸权，发展工商和海外贸易，促进文艺繁荣。

③ 安妮（Anne，1665—1714），英国斯图亚特王朝最后一代君主，体弱多病。

自待一个钟点。”她单独一人待了一个钟点。然后，她又出现了，发出了一道重要的指令：把她的床搬出她母亲的房间。肯特公爵夫人的末日到了。多少年的等待终于结束；一生中的重大时刻已经来到，她的女儿当上了英国女王，而也就是在这个时刻，给她带来了毁灭。她发现自己已绝对地、无可挽救地被排斥在一切影响、信任和权力之外。她表面上备受尊敬和照顾，但她实际的地位和感受却难以忍受。她根本不可能透过宫廷礼仪和孝道相混合的种种繁文缛节，进入维多利亚的世界。她无法掩饰她失望和愤怒的心情。“我已经无前途可言，”她嚷着对德·利文夫人说，“我现在什么也不是了。”她说，18 年来，这孩子是她活着的唯一目的和她所有思想、所有希望的唯一寄托，可现在她什么也没有了！她不要人安慰她，她失去了一切，她不幸到了极点。这艘壮丽的航船，曾经多么坚定无畏地驶过反复冲击生活的狂风暴雨，如今风帆依然满张，燕尾旗依然飘扬，却要被收入海港。在那里什么也找不到，有的只是一片荒芜、凄凉的土地。

维多利亚即位后不到一个月，一些事情已经初露端倪。王室全部人员从肯辛顿搬到白金汉宫[①]，在这新居里，给了肯特公爵夫人一套与女王宫室完全隔离的房子。就维多利亚自己来说，她对这个变化感到高兴，尽管在离别时不免有点感伤。“虽然我有许多理由乐于搬进白金汉宫，”她在日记中写道，“但我不无遗憾之感，因为我要永远离别这个我出生的地方，我生在这里，长在这里，我确实非常喜欢这个地方！”她念念不忘地回忆过去的一些场面：她姐姐的婚礼，愉快的舞会，美好的音乐会……还有其他的回忆。“诚然，在这儿我也经历过痛苦的、不愉快的事情，”她最后写道，“不过，我仍然喜欢这个破旧的宫殿。”

与此同时，维多利亚还断然做出了另一个决定：今后不再见约翰·康罗伊爵士。对爵士以往的服务，她慷慨地给予酬报：赐给他男爵的爵位和

① 白金汉宫位于伦敦市内，为英国王室的伦敦住地。

每年 3000 英镑的津贴；他仍然作为公爵夫人家的一员，但他与女王的个人往来就此中止。

二

这些内部变化，不管是否还有其他什么意义，但显然标志着某一个人的胜利，那就是勒曾男爵夫人。这位牧师的女儿一直谨慎小心，如今胜券在握，眼看着她的敌人垮台，而她却守住了她的阵地。她比以往更紧密地依附在她的女主人、学生和朋友的身边。在后宫，她神秘的身影既不可见，又无所不在。当女王的大臣们走进一扇门的时候，这位男爵夫人就从另一扇门走了出去；当他们退出以后，她马上就重新返回。没人知道，也没人曾经想知道她的影响到底达到了什么程度，到底起着什么样的作用。她自己声称，她从来不与女王讨论公务，她只关心私事——私人的信件，私人的生活琐事。当然，在维多利亚早年的书信中，到处可以见到勒曾男爵夫人的笔迹。女王的日记是以孩子的风格写成的，可是书信并不那么简单，书信有如孩子的作业，都是经过家庭教师的重新整理——当然改动并不多，可仍看得出来。这位家庭教师并非傻瓜，她可能心胸狭隘，有忌妒心，粗野乡气，但她不失为一位敏锐而精力充沛的女人，她以一种奇特的悟性，为自己赢得了特殊的优越地位。她决意保住她那优越的地位。毫无疑问，按照字面意义解释，她确实是没有参与公务，但是公众与私人的区别总是十分微妙的。就一位统治国家的君王来说——就像以后几年中所显示的——这种区别实际上往往是不存在的。从人的性格、时代的特征等方面来论证，勒曾男爵夫人的卧室紧靠着女王的卧室，这就不能只看作是一件私人的事情了。

男爵夫人的影响尽管在自身范围内似乎至高无上，但也不是没有限度的，其他各种势力同样也在起着作用。譬如，忠诚的斯托克马尔也已经搬到宫中来住了。夏洛特公主去世后的20年里，他的经历丰富多变，令人瞩目。当年那位绝望的小诸侯身边名不见经传的顾问，已逐渐成为欧洲举足轻重的人物。他不仅全心全意忠于他的主人，而且表现出谨慎和明智。利奥波德亲王在妻子死后的关键时刻，就是听了斯托克马尔的建议留在英国，从而在他移居的国家取得立足的基本条件。由于斯托克马尔的谨慎，使得亲王在接受和拒绝希腊王位的问题上避免了尴尬局面。劝说亲王成为比利时立宪君主的，也是这位斯托克马尔。更重要的是经过一系列艰难复杂的谈判，斯托克马尔以他的机敏、真诚和外交手腕赢得了欧洲各强国对比利时中立的保证。他的努力使他得到了回报：德国男爵的爵位和利奥波德国王的无比信任。他并不仅仅在布鲁塞尔受到尊敬和重视，统治英国的政治人物——格雷勋爵①、罗伯特·皮尔爵士、帕默斯顿②勋爵、墨尔本勋爵，对于他的品德、才智都给予很高评价。墨尔本勋爵说："他是我见到过的最聪明的人之一，是最谨慎、最有判断力、最冷静的人。"帕默斯顿勋爵认为，斯托克马尔是他一生中遇到过的唯一绝无私心的人。后来斯托克马尔终于得以退居科堡，享受了几年与家人共处的天伦之乐。在此之前，由于为主人效力，他只能在间隔很长一段时间后才回家一次，跟妻子儿女团聚一两个月时间。但是在1836年，他又被委任参加了一次重要的交涉，其结果是他成功地使利奥波德国王的侄子萨克森－科堡的费迪南亲王与葡萄牙女王玛丽亚二世结婚。科堡家族成员开始遍布整个欧洲。1837年斯托克马尔男爵住进白金汉宫，这为另一次更加重要的升迁拉开了序幕。

利奥波德国王和他的顾问以各自成功的事业为人们提供了一个明证：人类的野心有多么奇特的差异。人的欲望之多之强着实令人惊叹，而为满足这些欲望采取的手段也同样变化多端。世界上的事情就是这么运转起来

① 格雷（Charles Grey，1764—1845），英国辉格党政治家，曾任首相（1830—1834）。

② 帕默斯顿（Henry John，Temple Palmerston，1784—1865），英国外交大臣（1830—1834，1835—1841，1846—1851）和首相（1855—1858，1859—1865）。

的。利奥波德的理想当然是渴求建立完整的王权机构。吸引他的不仅仅是权力，他要做的是一个真正的国王——全体人民的戴王冠的首脑。光是做还是不够的，还必须得到承认，没有其他东西可以代替。他向往达到的伟大境界，需要一个个合适的条件。成为一国之君，成为各国君王的姻亲表亲，为外交目的与波旁家族的成员结婚，跟英国女王通信，做一个顽强而一丝不苟的人，创建一个王朝，身在高位却过着一种廉洁奉公的模范生活——凡此种种都是他的目标，而事实上，也是他的成就。这位“一点儿一点儿爬上去的侯爵”——乔治四世这样称呼他——得到了他想得到的。但是，若不是斯托克马尔也正好怀有可以与之相辅相成的野心，这一切也就不可能发生了。斯托克马尔于一种默默无闻的、在不显山露水的状态下，不被人察觉地穿过一条隐蔽的通道，进入权力殿堂的核心，坐在那里不声不响地牵扯绳子，驱动整个世界的车轮。只有很少身居高位、消息特别灵通的人士知道，斯托克马尔男爵是一位极为重要的人物。这就够了。主仆二人互补互助，亲密无间，共同飞黄腾达。男爵暗中活动的手腕使利奥波德得到了他理想的王国。反过来，随着时间的推移，利奥波德得以向斯托克马尔男爵提供越来越多的钥匙，以便打开更多的后门。

斯托克马尔住进白金汉宫，一方面是作为利奥波德国王的使者，但更主要的是作为女王的朋友和顾问。女王几乎还是个孩子，她无疑十分需要友谊和出主意的人。如果认为这两个男人的行动出自庸俗自私的动机，那是错误的。诚然，利奥波德国王很清楚如何保全自己的利益。在他充满险阻、波澜起伏的生涯中，他早已深得世事运行之道的三味。他已有充分准备，运用他所知所得来加强他的地位，扩展他的影响。但是，话说回来，他的地位越稳固，他的影响越广泛，对欧洲也就越有好处。对这一点他深信不疑。此外，他是一位立宪君主。一位立宪君主如果有什么卑劣或自私的目的，那是很不恰当的。至于斯托克马尔，帕默斯顿指出的无自私之心当然是他品格中的基本要素。按照常理，谋士总是乐观主义者，可斯托克马尔不断受到消化不良的折磨，心中充满不祥的预感，是一个生就的忧郁症患者。毫无疑问，他是一个谋士，可他是在多疑中秘密策划着做好事。做好事！还有什么能比这样的出谋划策更加高尚呢？但是，只要是出谋划策，总归是很危险的。

维多利亚有勒曾指点她行为举止的每一个细节，有充满智慧和处世经验的斯托克马尔住在她隔壁房间，还有她舅舅利奥波德的大量书信不断给予鼓励，并向她提供总体意见和极有价值的锦囊妙计。因此即使没有其他指导，她也不缺私人顾问了。可是，她另外还有指导者，上面这些人的影响在这颗新星面前不免黯然失色。这颗第一星级的新星突然出现在维多利亚的视野里，马上左右着她的生活。

三

威廉 · 兰姆 · 墨尔本子爵 58 岁，在最近的三年中是英国首相。无论从哪一方面看，他都是人类中最幸运的人。他生于富贵、辉煌和权力之中。他的母亲美丽聪颖，曾是辉格党团体著名的女主人。他从小就作为那个光辉社会的一员受到良好的教育，而那个社会，在 18 世纪最后 25 年中，集中了称雄百年的贵族们的最完美无缺的品质。他天生聪明漂亮。他的一个哥哥意外夭折，这使他得到了财产、贵族头衔和飞黄腾达的机会。在那个仿佛有魔法保护的圈子里，一个人不管有多少缺陷也不大会遭到失败；至于他，他有的是种种优越条件，成功几乎唾手可得。他没费多大力气就在政坛上出人头地了。随着辉格党获胜，他成了内阁的领导成员之一。格雷勋爵退休后，他填补了首相的空缺。命运对他的眷顾并不仅仅表现在有形可见的方面。他注定要获得成功，而且得来全不费功夫，因为他天生禀赋良好，他的成功跟他十分相配。他头脑灵活，思想丰富，他的气质既沉静又敏感，这使他不仅工作出色，生活中也左右逢源，过得自在潇洒。在社交场合他是一个有名的饶舌者，一个可爱的伙伴，一个迷人的男士。要是你看得再深入一点，你立刻可以发现他并不是一个寻常的人，他言谈中的辣味儿和他的行为举止——马虎含糊，唐突提问，懒懒散散，落拓不羁，满口赌咒发誓——都并不只是可笑的外表装饰，而是一个彻头彻尾、与众不同者的内心表白。

要摸准墨尔本子爵的性格可并不容易。他的性格复杂多变，也许还自相矛盾。当然，墨尔本子爵的身世与他眼前的财富、身份之间也存在着一种带有讽刺意味的矛盾。他所得的一切来自他的出身，而他真正的出身却并不光彩。众所周知，他母亲曾经热恋埃格雷蒙勋爵，他的亲生父亲并不是墨尔本勋爵。而他的婚姻似乎曾是他少年得志的荣耀和标志，但却是一场漫长的、不幸的和无可挽救的失败。那位不可思议的卡罗琳夫人

"……
乐趣高雅难以欣赏，
活力充盈难以安静，
聪明过度难以教诲，
思虑过多却总是怪诞不经"

几乎毁了他一生。最后，他终于摆脱她的愚蠢、奢侈、愤怒、绝望和爱情给他带来的痛苦和混乱，剩下孑然一身，带着无穷无尽、悲喜交集的回忆，还有一个弱智的儿子。但是他也有要感谢卡罗琳夫人的地方。当她跟拜伦[①]狂热的恋情闹得满城风雨的时候，他待在家里强压着悲哀和愤懑，以阅读来排遣他的孤独。就这样他养成了读书的习惯和做学问的爱好，从古今文学中获得了丰富的知识，没想到这一切竟意外地成了他精神世界的

① 拜伦（Ceorge Conden Byron，1788—1824），英国著名浪漫主义诗人，代表作有《恰尔德·哈洛尔德游记》、《唐璜》等。

一部分装备。以后他的读书热情从未消退，即使在他当上首相后，他仍抽出时间阅读每一本重要的新书。他最喜爱研究神学，这与他本人的性格有明显的不协调之处。他是一位颇有造诣的古典学者，精通基督教早期著作家的著作，他孜孜不倦地仔细研读一大卷一大卷的评注和诠释。在任何余暇，你都可能发现他正在翻阅《圣经》。[①]他常把某本阐述《启示录》的学术著作借给他最喜欢的女士们，书中满是他亲笔写下的眉批夹注。有时，他会借给她们一本拉德纳博士的《评有关马利亚皈依的犹太人的谬误》。女士中较为虔诚的人满以为这些研究会把他引入正道，可他餐后的言论并没有显示出此种征兆。

墨尔本勋爵政治生涯中的自相矛盾也同样离奇古怪。他具有十足的贵族气质，在信仰上他是一个保守主义者，可他却作为一个民众党、一个改革党的领袖上台执政。他深深厌恶《改革法案》，最后只是把它作为一种“无可避免的邪恶”接受下来；而《改革法案》却又是他辉格党政府得以存在的基础。他多疑的性格使他难以相信任何形式的改革。他总是认为事物以保持原状为最好——确切地说，保持原状就不坏。他的格言之一是：“你最好不干任何事情，你也就不会陷入任何困境。”教育充其量也不过是劳而无功的事；对穷人进行教育更是绝对危险的。工人的孩子？“哎呀，你还是行行好随他们去吧！”自由贸易是骗局；选举投票是扯淡；至于民主，没有这种东西的。尽管如此，他还不是一个反动分子，他只是一个机会主义者。他说，政府的全部责任是“防止犯罪，保护契约”。一个人真正能够指望做的，只不过是维持下去。对此他本人就做得颇为出色——不断地妥协，伴随着思想上的动摇和矛盾，带着各式各样的缺点嗜好，但也有着精明、温和甚至拳拳之心，还有一套轻松自如用人理事的本领。他漫不经心地处理朝中事务。一些要人受到接见时，发现他坐在一张凌乱的床

① 原注：“1835 年 3 月 1 日访墨尔本子爵，发现他正在阅读《使徒行传》，旁边还放着一本塞缪尔 · 约翰逊的希腊文《新约全书》”（《格雷维尔回忆录》第三卷）。

上，周围散放着书籍和文件；或者，他正在梳妆间里表情茫然地刮胡子。但是当他们走下楼梯后，他们会发现不知怎么地已经给弄得精疲力竭了。在他不得不接见某个代表团时，他从没以严肃态度认真对待。那些尊敬的蜡烛商或废除死刑协会的代表们正在滔滔陈词时，发现首相在专心致志地吹一根羽毛，或者突然插入一句不合时宜的笑话，不免感到沮丧和失面子。可他们又怎么知道在前一天首相曾经花了整整一个晚上仔细研究他们的提议？他不喜欢居高临下的恩赐态度，不喜欢安排约会——这种情绪大臣们是很少有的。“那些主教们，”首相嚷嚷道，“我可以肯定，他们就是想来烦我。”但是当约会终于确定以后，这约会能体现出他敏锐的鉴别力。他的同事们还看到他的另一面——也不知是由于他的不负责任还是由于他早已胸有成竹，他竟在内阁会议上呼呼入睡。

如果他生得早一点，他很可能是一个更单纯、更快乐的人。他更像是一个18世纪的产儿，却与一个艰难冷漠的新时代共命运。他是秋天的玫瑰，尽管他和蔼温厚，富于幽默，看上去无忧无虑，但他仍陷入一种深深的不安。他是一个感伤的怀疑论者，一个不可知论的信徒，心底里忐忑不安，充满忧伤。最主要的，是他不能使自己坚强起来，犹如那些敏感的花瓣，一有风便会抖动不已。不管他还可能是别的什么，有一点可以肯定：墨尔本勋爵永远富于人性，至高无上的人性——也许，过于富于人性了。

就在他步入暮年的时候，他的生活突然发生了一个新的不寻常的变化。一转眼间，他成了一位年轻姑娘的亲密顾问和日常伙伴，这位姑娘刚走出保育室，一步跨上了王座。他跟女人的关系，就像有关他的任何其他事情一样，一向是难以理解的。谁也没有弄清楚过他在婚姻生活中变化多端的复杂感情。卡罗琳夫人消失了；可是他那与众不同的多情依然如故。这样或那样的女性世界对他来说是必不可少的。他并不遏制自己的情感；每天他总是要花一大部分时间周旋于女性世界。他身上的女性化成分使他极其容易地、自然地、不可避免地成为许多女人的朋友，尽管他身上的男性成分也同样浓烈。在这种情况下，他跟女人也就容易地、甚至自然地、或许不可避免地超越了朋友关系。于是，谣言四起，群情激愤。墨尔本勋爵两次成为离婚诉讼案中的共同被告，但每次他都胜诉。可爱的布兰登夫人，不幸而才华横溢的诺顿夫人……法律宣告她们无罪。对于这件事情，人们难以窥见其内幕。但是，无论如何，有一点很清楚，有了这样的记录，白金汉宫中首相的地位必定岌岌可危。不过，墨尔本勋爵已习惯于应付岌岌可危的局面，他总是能够化险为夷取得成功。

他对女王的行为从一开始就是无懈可击的。他对待年轻女王的态度，是把政治家和宫廷大臣的谨慎、尊敬跟慈父般的柔情关怀巧妙地糅合在一起。他既恭敬又亲切，既是仆人又是引路人。与此同时，他的生活习惯起了令人惊讶的变化。他那舒适而散漫的生活被纳入了一成不变的宫廷生活。他不再摊手摊脚地坐在沙发里，从他嘴里再也听不见一句粗话。这位老于世故的人，曾经是拜伦和摄政王的朋友；这位健谈的人，曾经以似是而非的隽语迷住了整个荷兰宫；这位愤世嫉俗的人，曾经以粗俗幽默的言词令多少纵酒者开怀痛饮；这位热烈的情人，他的轻声慢语曾经充满着诗情画意，洋溢着激情和才智。如今，却可以见到他一夜又一夜坐得笔挺，在一片寂静中遵循刻板的宫廷礼仪，彬彬有礼地跟一位女学生谈话。

四

维多利亚立即就被墨尔本勋爵吸引住了。斯托克马尔对勋爵的好评无疑起了扫清道路的作用，而且勋爵还聪明地赢得了勒曾的好感。良好的第一印象是十分重要的。维多利亚觉得墨尔本完美无缺，而且在她眼中他始终完美无缺。她那毫无保留、毫不掩饰的赞叹是很自然的。有哪一个不谙世事的年轻人能抵挡住这么一个男人的魅力和热情呢？何况，对于维多利亚来说，还有一种特殊影响使她的感受蒙上一种奇特的光辉。在度过许多空虚、沉闷、压抑的日子后，她在青春的黄金时期突然获得了自由，掌握了权力。她成了自己的主人，成了广大领土和宫殿的主人，成了英国女王。当然，她会有责任和困难，而且是沉重艰巨的责任和困难，但也有一种统治别人和引人注目的感觉——这是一种快乐的感觉。什么都使她感到高兴。从早到晚她兴致勃勃。克里维先生现在已经上了年纪，行将就木了。他在布赖顿短时间地见到过女王，对“小维克”[①]的率真、欢乐由衷地感到高兴——“在她自由自在的时候，你从来没有见到过这么朴实无华的小家伙，她显然渴望能永远自由自在。她笑得很真挚，尽量把嘴张大，露出不太好看的牙床……她吃起来跟她笑起来一样无拘无束，简直可以称得上是狼吞虎咽……她激动时、大笑时都是那么自然，能使任何人消除敌意。”但并非只在大笑或狼吞虎咽时维多利亚才感到高兴，履行公务也使她得到极大的满足。“我确实有大量的事要做，”她在即位几天后的日记中写道，“我收到大臣们给我的好多好多书信文件，不过这使我很高兴。”一个星期后她又写道，“我重复我以前说过的，我有大臣们给我和我给他们的好多好多书信，每天我有很多文件要签署，我永远有一大堆要做的事。做这些事我感到快活。”透过少女的稚气，这位女人天生的活力和兴趣美妙而急切地倏然显现。

在她美好的生活里，有一个细节值得特别一提。除了辉煌的社会地位和重要的政治身份外，她还十分富有。英国议会开会后就决定拨给她年金385000英镑。除去整个王室的开支，她本人每年可得68000英镑。她还享有王室直辖领地的收入，每年在27000英镑以上。她使用的第一笔钱颇能显现她的个性：她清偿了她父亲的债务。就像在其他问题上一样，在金钱问题上她决心不出一点差错。她有着经纪人的天分，她决不能忍受在经济上陷入不良境况。

---

① 维多利亚的昵称。

她每时每刻都沐浴在青春和幸福的光辉中，日子过得愉快极了。而每一天如何过，则又依着墨尔本勋爵为转移。她的日记明白无误地让我们看到这位年轻女王即位之初几个月的生活情景，骑马、欢宴、跳舞……那是一种赏心悦目、井井有条、称心如意的生活，一种轻快、安逸、天真烂漫的生活。当曙光初照，在一片玫瑰色的光辉中，“墨尔本勋爵”的身影出现了，他光芒四射，至高无上。如果说她是故事中的女主人公，他就是男主人公。实际上他们并不只是男主人公和女主人公，因为根本没有其他人物。勒曾、男爵、利奥波德舅舅，都是虚幻的影子——故事中无足轻重的次要人物。她的乐园里只有两个人，而这已经足够了。今天人们在她朴实无华的日记中还可以看到，这奇特的一对在 80 年前神奇的曙光中不可思议地待在一起：一位有教养的、高尚优雅的绅士，须发尽白而眉毛浓黑，嘴皮灵活，眼睛大而富于表情；在他旁边是瘦小的女王——漂亮、苗条、文雅、活泼，穿着朴素的女衫和披肩，半张着嘴，抬起微凸的蓝眼睛，热切而崇敬地望着那位年老的绅士。他们就这样出现在女王的日记中，每一页上都可见到墨尔本勋爵。墨尔本勋爵在说话，墨尔本勋爵既有趣又循循善诱，既可爱又亲切……维多利亚吮吸着他精彩的言词，笑得露出牙床，她拼命记住他的话，一等到她独自一人的时候，就统统背出来并记录下来。他们长时间的谈话触及许多题目：墨尔本勋爵评论书籍，对英国宪法谈上一两点意见，发表一些对人生的随想，讲述一个又一个 18 世纪伟人的故事，然后，还有公事——也许是达勒姆勋爵从加拿大发来的急件，由墨尔本勋爵朗读。不过朗读之前他一定先要作些解释。“他说我必须明白，加拿大原来是法国人的，只是在 1760 年才转手给英国，当时沃尔夫率领的一支探险队拿下了那块土地；他说，‘那是一项很英勇的业绩’。加拿大当时完全属于法国，英国人只是后来才去的……墨尔本勋爵解释得非常清楚（比我的解释清楚多了），他还说了很多。然后，他给我念达勒姆的急件，那是一封很长的信，他读了半个多小时才读完。墨尔本勋爵用他美妙柔和的嗓音朗读，表情丰富，非常动听，因此不用说我是多么感兴趣了。”此后，谈话转到更加个人性质的事情。墨尔本勋爵描述他的童年，她得知，“他就像当时所有的男孩一样，留着长发，直到 17 岁。（他一定很好看！）”她还会发现他的一些奇怪的爱好和习惯——他身上竟然从不带表，这似乎很不寻常。“墨尔本勋爵说：‘我老是问仆人几点钟，他高兴说几点就告诉我几点。’”或者，当乌鸦在树顶上盘旋，“预示着要下雨”的时候，他说他会坐着看乌鸦，一看就是一个小时，“他对我讨厌乌鸦感到很奇怪……墨尔本勋爵说：‘我喜欢乌鸦。’”

不论在伦敦或在温莎，女王每天的活动几乎千篇一律。上午用来处理事务，跟墨尔本勋爵共同度过。下午宫廷上下都外出骑马。女王穿着天鹅绒骑马装，头戴一顶边缘垂着面纱的高顶帽，走在马队前面，墨尔本勋爵策马走在她身旁。这支快乐的队伍到处奔驰，使女王陛下兴奋不已。回到王宫后，晚饭前还有时间再玩一会儿，也许是一场板球或羽毛球，要不就是在长廊里跟孩子们追逐嬉闹。晚餐时，全套宫廷礼仪准确无误地运转起来。高官显贵们坐在女王右首，女王左首坐着墨尔本勋爵——不久这就成了定例。在女士们离开餐厅后，男士们不允许待得太久。据说，是否让男士们有一小段的时间喝点酒，成了女王与她的首相之间为数不多的几次争论之一[①]，最后女王获得了胜利。自那以后，餐后饮酒就不再风行。当这一群人再度聚集在客厅时，礼仪变得更加刻板；女王轮流跟她的客人分别谈几分钟话。这种简短而尴尬的谈话，使王威的枯燥乏味显露无遗。一天晚上，枢密院秘书格雷维尔先生在场；一会儿便轮到了他和女王交谈。年轻的女主人开始跟这位绷着脸的中年公子哥儿谈话：“你今天骑马了吗，格雷维

① 原注：贝德福德公爵告诉格雷维尔，他“肯定她跟墨尔本发生过一场争吵……他肯定那是关于餐后男士们逗留喝酒的事，因为他听到她怒冲冲地对他说：‘那是一个令人讨厌的习惯’——不过等女士们离开后（他在那儿用餐），传下指示说男士们可再逗留五分钟。”（《格雷维尔回忆录》未出版部分）

尔先生？”“不，陛下，我没有。”格雷维尔先生回答说。“今天天气很好。”女王继续说。“是，陛下，天气非常好。”格雷维尔先生说。“不过相当冷。”女王说。“是相当冷，陛下。”格雷维尔先生说。“我想，你妹妹弗朗西丝·埃杰顿会骑马，是吗？”女王说。“她有时确实骑，陛下。”格雷维尔先生说。出现了一阵沉默，然后，格雷维尔先生大胆主动提问，尽管他并不敢改变话题：“陛下，您今天骑马了吗？”“哦，是的，走了很长的路。”女王兴奋地回答。“陛下，您有好马吗？”格雷维尔先生说。“有，一匹很好的马。”女王说。谈话到此为止。女王陛下微微一笑，点一点头，格雷维尔先生深深鞠了个躬，然后女王又开始了跟下一位先生的谈话。所有的客人打发走以后，肯特公爵夫人坐下来玩牌，其他人围坐在圆桌四周。墨尔本勋爵坐在女王身旁，絮絮不休地讲着——时常是谈论某本版画集的内容，圆桌上就放着许多大本大本的版画集——直到 11 点半就寝时刻。

有时，也有一点点消遣：或是看一场歌剧，或者是看一场话剧。第二天早晨，维多利亚女王——这位“王家评论员”会精确地记下自己的印象。“那是莎士比亚的悲剧《哈姆雷特》，演出一开始我们就进入剧场。查尔斯·基恩[①]先生（老基恩的儿子）演哈姆雷特，应该说他演得非常出色。他对这个极难理解的——我可以说几乎无法理解的——角色，有着令人叹服的深刻领悟，他对所有精彩的长段说白都处理得相当完美。他极其优雅，所有的动作、所有的姿势都很好，就是脸一点儿也不好看……戏一演完我就走了。”后来，女王又去看了麦克里迪[②]演的《李尔王》。她第一次看这出戏，对李尔王的故事一无所知，起初她对舞台上的演出不感兴趣，宁可跟宫务大臣谈谈笑笑。但是，随着剧情的进展，她的情绪起了变化，她集中了注意力，不再说笑。不过她仍然感到困惑。这戏看来很奇怪，很可怕。不知

---

① 查尔斯·基恩（Charles Kean，1811—1868），英国悲剧演员，以扮演莎剧角色奥赛罗著称。

② 麦克里迪（William Charles Macready，1793—1873），英国演员，演过莎剧和情节剧，对戏剧理论和技巧都作出过贡献。

墨尔本勋爵是怎么想的？墨尔本勋爵认为那是一出很好的戏，当然，“是一出粗野的戏，为那个时代的人写的，角色夸张。”“我很高兴你看了那出戏，”他补充说。可是，女王认为最开心的夜晚是那些有跳舞内容的夜晚。她总是乐于找一些借口，诸如表兄弟来访，过生日，年轻人聚会等等，下令举行舞会。当乐队开始演奏，跳舞者随着乐曲翩翩起舞时，她觉得自己的身子也在摆动，浑身充满青春活力，她的欢乐达到了顶点。她经常是两眼闪闪发光，跳呀跳呀，直跳到次日清晨。这时候，甚至墨尔本勋爵也被暂时置诸脑后了。

五

时光飞驰，转眼夏天过去了。“我一生中度过的最愉快的一个夏季，我永远不会忘记我即位后的这第一个夏季。”当另一个夏天以惊人的速度来到时，加冕礼随之来而复去——一个有趣的梦，古老、繁琐、没完没了的礼仪就像一架有点儿毛病的庞大复杂的机器，尽可能完好地运转着。维多利亚女王，这位娇小的中心人物不停地旋转。她坐着，走着，祷告着；她捧着标志王权的宝球，重得几乎拿不住；坎特伯雷大主教来了，从她手上捋下一枚戴错手指的戒指，她痛得几乎要哭出来；罗尔勋爵致敬时踩了自己的斗篷，绊跌在台阶下；她被引入旁边的小教堂，祭坛上盖着一块台布，上面摆满了三明治和酒瓶；当她披袍戴冠坐在王座上时，她瞅见勒曾坐在高高的包厢里，跟她相视一笑。“我将永远记住这一天是我一生中最值得骄傲的一天，”她写道。但是这种自豪感很快就跟青春纯朴的气息融合在一起了。当她终于回到白金汉宫以后，她并没有感到疲倦，她奔进楼上的私室卸却荣光，替她的爱犬达什洗了一个晚浴。

日子又回复到跟往常一样平静。这种平静有时也会受到干扰。比如，利奥波德舅舅的举动就令人烦恼。这位比利时国王挡不住诱惑，要利用他的家庭地位来进一步达到他的外交目的。确实，为什么要挡住呢？这样做难道不顺理成章吗？也许根本说不上是什么诱惑。尽管有宪法这道障碍，但如果王室间通婚不能使君主们得以控制外国的政治，那又是为了什么呢？当然，为了最高的目标，那是可以理解的。英国女王是他的外甥女，不仅如此，几乎是他的女儿。他的心腹正住在她宫中，而且颇得青睐。在这样的情况下，如果不能通过个人影响，背着英国的大臣们左右英国的外交政策，如果失掉了这样的机会，那肯定是愚蠢的、错误的。

他谨慎而得当地开始了这项工作。他继续在信中提出令人赞赏的意见。在维多利亚即位后不几天，他建议这位年轻的女王在一切可能的场合强调她自己的英国出身，赞扬英吉利民族，"我还要向你竭力推荐英国圣公会，在这个问题上，你说得再多也不为过分，只是不要做出任何特别的承诺。"还有，"在你决定做任何重大事情之前，如果你能先跟我商量一下，我将非常高兴。这样做的好处是可以使你自己从容一些，"匆匆忙忙做出一个错误的决定而不自知，是最有害不过的了。他的外甥女立即以惯常的热情回信。但信写得很草率，也许还有点儿含糊其辞。她说："您的建议对我永远具有最重要的意义。"

他是否做得过分了？他吃不准。也许维多利亚过于匆忙了。不管怎样，他得小心，他要后撤，为了能更好地跃进。他暗自微微一笑。在他后来的几封信中，他不再建议她凡事跟他商量，他只是一般地指出，在重大问题上不当场做出决定是明智之举。到此为止，利奥波德国王的意见都是被采纳的。人们注意到，任何人向女王提出请求时，她很少立即答复。即使是对墨尔本勋爵，也是如此。当墨尔本勋爵问到她对某个问题的意见时，她总是回答她要好好想一想，明天再告诉他结论。

利奥波德国王一如既往地继续提出建议：德 · 利文亲王夫人是一个危险的女人。他说，有理由认为德 · 利文亲王夫人试图插手与她无关的事，他让维多利亚多加小心。"有一条再强调也不会过分的规则：决不要让别人谈有关你自己的问题和你的事务，除非你本人希望他们这样做。”如果发生这样的事情，“改变话题，让那个人感到他犯了错误。”这条建议也被采纳了，后来确实发生了利奥波德国王所预料的那种事情。德·利文夫人设法获得了晋见的机会，似乎就要谈到一些涉及内幕的话题了，这时女王有点儿尴尬，于是只对客人说些寒暄客套的话，其他什么也不说。那位来访者感到自己犯了错误。

利奥波德国王的下一条建议十分精妙。他指出，信件在邮寄中几乎都被拆阅，这当然使人不便，但一旦了解了这个事实，倒也能从中得到好处。“我给你举个例子，普鲁士的那些要塞依然困扰着我们，为了告诉普鲁士政府许多我们不愿正式跟他们讲的事，我们的大臣可以给驻柏林的官员写一封信，通过邮局寄去。普鲁士人肯定会拆阅那封信，通过这种方式他们可以得悉我们希望他们听到的话。”类似的情况也很可能在英国发生。“我告诉你这个窍门，”国王陛下写道，“这样你就可加以提防。”君主立宪制的诡谲由此可见一斑。

看来实现下一步计划的时机已到。利奥波德国王的下一封信说的全是外交事务——西班牙和葡萄牙的形势，路易·菲力普[①]的性格。他得到了肯定的答复。维多利亚在信的开头说，她已经把他信上的政治部分给墨尔本勋爵看了，接下去她开始讨论起外交事务来。看来，她并非不愿在这些事情上跟他舅舅交换看法。至此为止，一切还是顺利的。不过利奥波德国王仍然小心翼翼，尽管他现在在外交上面临一次危机，他还是不敢贸然求进。最后，他实在无法再保持沉默了。因为他要在与法国和荷兰周旋时获胜，就必须得到英国的支持，或至少看上去得到，这对他至关重要。但是英国政府似乎采取中立态度。这太糟糕了。不支持他就是反对他，难道他们不明白吗？也许，他们只是犹豫不决，只要维多利亚给他们稍许施加

① 路易·菲力普（Louis Philippe，1773—1850），法国国王，1830 年即位，建立七月王朝，镇压民主运动，1848 年二月革命后逃亡英国。

压力，就可以挽救整个局面。他决心把这个问题提交给维多利亚，提得既含蓄又有力——正如他本人所想。“所有我要你陛下做的事情，”他写道，“就是请你偶尔向你的大臣们特别是向墨尔本勋爵表示一下，为了你自己疆土的利益，你不希望你的政府带头参与那些会在短期内给这个国家以及你舅舅和他家庭带来毁灭的措施。”这一请求的结果出乎意料：一个多星期时间过去了，没有一点儿声息。好不容易等到维多利亚的回信，满纸洋溢着感情——“千真万确，我最亲爱的舅舅，要是你以为我对你的忠诚和无限热爱的情感会有所改变，那就大错特错了，没有任何东西可以改变它们的。”在提到外交事务时，虽然写得很长很用心，但她没有作出任何一点儿承诺，用的几乎是官方的外交语言。她说，她的大臣们跟她的看法完全一致，她理解并同情她亲爱的舅舅的困难处境；她请舅舅放心，“墨尔本勋爵和帕默斯顿勋爵在任何时候都极为关心比利时的繁荣、幸福。”信中就说了这么些。国王在回信中称，他非常高兴，但同时对他的外甥女充满感情的抗议作出了反响：“我最亲爱最喜欢的维多利亚，你给我写了一封非常亲切的长信，它给我带来极大的愉快和满足。”他不承认他受到了挫折。

几个月后危机来临。利奥波德国王决定作一次大胆的推进。这一次，他打算运用皇家的魄力和舅舅的权威来争取维多利亚的支持。在一封直截了当几乎有点儿咄咄逼人的信中，他把他的问题再次摆在他外甥女面前：“你可以根据以往的经验知道，我从来没有向你要求过什么……但是，就像我以前说过的，如果我们不小心谨慎，我们将会看到或多或少影响所有人的严重后果，这一点应该引起我们最密切的注意。我亲爱的维多利亚，我永远是你亲爱的舅舅，利奥波德 · R。”女王立刻把这封信送交墨尔本勋爵。他字斟句酌地拟了一封内容空洞无物的回信，他建议女王派人把信送去给她舅舅。她照抄着那些精心构思的套话，在各处随意加上许多“亲爱的舅舅”，在信的结尾，她向“路易丝舅妈和孩子们”致以“亲切的爱”。

她派人把这封信送去给她舅舅。自此，利奥波德国王终于不得不承认现实。他的下一封信没有任何有关政治的内容。“我发现，”他写道，“你比去年更加喜欢布赖顿[①]了，我很高兴。我认为布赖顿在一年当中的这段时间里最舒适宜人，到东风一起就不行了。此外，那儿的亭台楼阁也很迷人，那是无可否认的。在我结婚前，我第一次遇到摄政王就在那儿。后来夏洛特跟老王后夏洛特一起来了。这一切已经多么遥远，可是在记忆中又是那么近在眼前。”就像可怜的德·利文夫人一样，利奥波德国王陛下觉得自己犯了一个错误。

尽管如此，他仍不愿完全放弃希望。另外一个机会来了，他又作了一次尝试，但没有太大的信心，这次努力马上又遭到失败。“我亲爱的舅舅，”女王写道，“我得谢谢你最近的来信，这封信我是礼拜天收到的。尽管你似乎并不讨厌我的政治热情，我想最好还是不要助长促进，以免最后焚烧起来。在这个问题上，我遗憾地看到，我们难以达成共识。因此，我将把自己说的话仅限于表达我对比利时幸福和繁荣的衷心祝愿。”打那以后，显然已经没有什么可说的了。国王此后的信中，充斥着一种古怪忧伤的调子。“最亲爱的维多利亚，我刚收到你那封短短的信，它令人高兴，就像一支箭射中我的心窝。是啊，我可爱的维多利亚！确实，我满怀慈情地爱着你……我的爱完全是为了你，我爱从你身上看到的那个可爱的小女孩，为了呵护她使她能够幸福，我曾经倾注几许情感。”他有过许多经历，但如果说生活中会有失望，那么也会有满足。“我拥有一个人可能享有的一切荣誉。从政治上讲，我有非常稳固的地位。”除了政治外，在他心里还有其他东西，还有着憧憬和幻想。“我仍然保有的唯一希望，就是对于东方的向往。也许，我总有一天会在那里结束我的生命，我的生命开始于西方，希望能以东方为归宿。”至于他对外甥女的爱，那是永远不会结束的。

---

① 布赖顿，英国东南部城市，濒临英吉利海峡。

“我从不强行为你效劳，也不把忠告强加于你，尽管我可以实事求是地说，从神灵赋予我的不寻常的命运中，我获得的经验，不论政治上的还是私生活方面的，都是极其丰富的。无论何时何地，我永远准备着为你服务。我再重复一遍，我唯一希望得到的回报，就是从你那里得到一点点儿真诚的爱。”

六

与利奥波德国王的通信显示了维多利亚性格中藏而未露的许多品质。在政治问题上，她对她舅舅的态度一刻也没有动摇过。对于他的一次次进攻，她采取了绝不让步的立场。英国的外交政策不是他职权范围内的事，那是她和她的大臣们的事，他所有的奉承、恳求、斗争全然无用，他必须明白事情只能这样。由于夹杂着尊敬、感激等私人情感，维多利亚的坚定立场就更加令人瞩目了。自始至终，这位毫不动摇的女王一直是一位忠实的外甥女。利奥波德本人对如此完美得体的举止必定也会十分佩服。然而，对一位年长的政治家来说值得赞叹的事情，对一位 19 岁的少女来说就不免有点儿可怕了。特权阶层的观察家们不无忧虑。漫不经心的率真与坚定不移的决心，直言不讳与沉默寡言，稚气与傲慢奇怪地混合在一起，似乎预示着将有一个艰难复杂、充满危险的未来。这种奇怪的性格组合含有一种令人不那么愉快的品性，这种品性随着时间的推移更经常、更直观地显露出来。一种傲慢专横的脾气，一种强烈而冷酷的自我主义倾向，已经可见端倪。人们注意到，宫廷礼仪变得越来越灵活，但绝不是放松。在某些人看来，这应该归功于勒曾的影响。但如果真是那样，勒曾就有一个听话的学生了。因为规范和服从是铁定了的，哪怕有一丝一毫的违反，都会无例外地立即招来女王尖利傲慢的白眼。不过，尽管女王陛下的目光使人受不了，但比起她的嘴来，还要略逊一筹。她那突出的小牙齿和收拢的小下巴，比她那强有力的颌部更加显示出令人惊骇的任性。这种任性近乎不讲道理，但又表现得冷静沉着，令人难以理解，这种任性还近似顽固，而君王的顽固跟其他人的顽固可不是一回事。

维多利亚女王即位不到两年，乌云压顶，预示着暴风骤雨即将来临，从一开始在地平线上这些乌云就隐约可见了。维多利亚跟母亲的关系并没有改善。肯特公爵夫人依然备受孝敬关照，但这只是恼人的表面文章，实际上她是白金汉宫中一位被抛在一边的人物，没有权力，也得不到慰藉。约翰·康罗伊爵士从女王面前被赶走后，仍然住在公爵夫人宅中。早先肯辛顿宫中的敌对情绪依然如故，在新的环境中并没有减弱。弗洛拉·黑斯廷斯女士依旧开恶毒的玩笑。男爵夫人的恨意依旧没有平息。一天，弗洛拉女士发现，玩笑开到她自己的头上来了。1839 年初，她与一批人随同公爵夫人外出旅行，从苏格兰返回途中，她跟约翰爵士同坐一辆马车。一个不得体的笑话传布开来，说她形体有所改变。饶舌者絮絮不休，戏言变得严肃起来。有人私下说弗洛拉女士已经怀孕。她的健康状况似乎更证实了人们的怀疑——她去找宫廷御医詹姆斯·克拉克爵士看病。在这以后，詹姆斯爵士也开始发表议论。于是谣言甚嚣尘上，人人都在谈论。男爵夫人表示不足为奇；公爵夫人吵吵嚷嚷护着她的女官；女王也得到了消息。最后，只好诉诸医生检查这种特别手段。据弗洛拉女士说，詹姆斯爵士在检查时动作野蛮粗鲁，而另一位医生则很有礼貌。两位医生终于签署了一份证书，证明这位女士完全清白无辜。但事情并未就此了结。黑斯廷斯家族在社会上很有势力，如今自尊受到侵害，清白遭到玷污，自然怒不可遏地加入了这场冲突。黑斯廷斯勋爵坚持要见女王，还给报纸写信，要求撤詹姆斯·克拉克爵士的职。女王向弗洛拉女士表示歉意，但詹姆斯·克拉克爵士没有被撤职。舆论转而激烈地反对女王和她的顾问们。高层社会对白金汉宫掩饰家丑也感到愤慨；广大公众对弗洛拉女士遭到不公正待遇愤愤不平。到 3 月底，年轻的女王在即位之初所曾拥有的多么煊赫多么崇高的声望，已经完全消失[①]。

宫廷在处理事务时极不谨慎，这已不用怀疑。恶意的流言蜚语本该在萌芽状态就立即加以制止，但却被准许发展到不可收拾的地步，女王本人也被卷到宫中恶毒的个人恩怨中去。詹姆斯·克拉克爵士的地位，成了一个特别令人尴尬的问题。经征询威灵顿公爵的意见，他认为未经公开调查不可能将克拉克爵士免职，因而只好让克拉克爵士留在原来的位置上。在高层方面遇到重大难题时，往往要求助于威灵顿公爵。公爵的意见可能不错，但是让这位不道德的医生继续留任为女王服务，却把黑斯廷斯家族推上了对立的地位，并在公众心目中留下有错不改的不良印象。至于维多利亚，她太年轻，缺乏经验，很难责怪她没能控制住这个如此棘手的局面。很清楚，那是墨尔本勋爵的任务。他是一个老于世故的人，警惕性高，细心谨慎，他本可以悄悄地采取措施，防患于未然，可他没有这样做。他懒懒散散，随遇而安，男爵夫人固执己见，他一切放任自流。他显然也并不安逸：宫中情绪激昂；维多利亚不仅年纪很轻；她还固执任性。他是否拥有带魔法的马勒可以制服那匹烈马呢？他也没有把握。接踵而来的另一场更大的危机比以往更加明白无误地揭示了女王的秉性。墨尔本必须与之打交道的也正是这种秉性。

七

女王长久以来一直心怀恐惧，害怕有一天她不得不跟她的首相分手。自从《改革法案》通过后，辉格党政府的权力日渐衰微。1837 年的大选使辉格党在下议院只占微弱多数，自那以后，他们在国外，在国内，还有在爱尔兰不断遇到麻烦，激进团体跟辉格党越来越对立。人们十分怀疑，

① 原注：“没人关心女王，她的声望下降到最低点，忠诚成了一句空话。”（《格雷维尔回忆录》1839 年 3 月 25 日；《晨报》1839 年 9 月 14 日）

这个党到底还能支持多久。女王焦虑万分地注视着事态的发展。她的出身，她的教养，她的公私关系，都决定了她属于辉格派。即使所有这一切联系都不存在，仅仅因为墨尔本勋爵是辉格党首脑这个事实，就足以决定她的政治倾向了。辉格党倒台意味着墨尔本勋爵的失败，与此同时，还伴随着一个更可怕的结果：墨尔本勋爵将离她而去。而与墨尔本勋爵朝夕相处，已经成了她生活中不可或缺的一个部分。她在即位六个月后的一篇日记中写道："失去他，即使一个夜晚，我也会感到非常不安。"她这种对首相的依赖情绪与日俱增。在这样的情况下，她自然会成为辉格党的热情支持者了。她对政治问题涵盖的更广泛意义一无所知，她只要看到她的朋友们都各居要职，并且围绕着她转；如果不再如此，那将是可怕的。当一次分裂的危机临近时，她写道："一想到这位仁慈杰出的人物可能不再担任我的首相，我真说不出有多么丧气，多么伤心（尽管我对我们的胜利满怀信心）！我仍然热切地希望，他，这位保护我安然度过重重难关的人，不会马上离我而去！我本想向墨尔本勋爵表示我的焦虑之情，但在我看到他的整段时间里，眼泪比言语来得更快，要是我试图说什么，那我的喉咙先会哽住。"墨尔本勋爵清楚地认识到，作为一位立宪君主，这种思想状态多么要不得。一位立宪君主，随时都应该有接受反对党的领袖们来做自己大臣的思想准备。他尽量设法冷却她的热情，可是没有用处。

也是由于他缺少预见，作茧自缚，自己造成了这一不幸的局面。自维多利亚即位那一刻起，他就安排了自己一党的女士们将女王包围起来：女王的服装女官，女王的侍臣们，统统都是辉格党的。在日常生活中，女王从没有见到过一个托利党人。她不喜欢整个托利党，而且从不掩饰她的这种情绪。她特别讨厌罗伯特·皮尔爵士，虽然几乎可以肯定他将担任下一届首相职务。他的举止令人憎恶，他还要赶走墨尔本勋爵。支持他的人跟他一样坏，没有一个例外。至于詹姆斯·格雷厄姆爵士，她连看一眼也受不了，他跟约翰·康罗伊爵士简直一模一样。

弗洛拉女士的事在党派之争问题上起到了推波助澜的作用。黑斯廷斯家的人是托利党，托利党的报纸以激烈的言词对墨尔本勋爵和宫廷进行攻击。女王的派性观念也相应增长。令人担忧的时刻很快逼近。5月初，内阁明显地濒临垮台。在一个事关重大的政策问题上，他们在下议院只以五票的优势获得多数。他们决定辞职。维多利亚听到这个消息哭了起来。难道一切就这么完了吗？难道她真要就此再也见不到墨尔本勋爵了吗？墨尔本勋爵来了。说也奇怪，即使在这极度不幸和激动的时刻，这位做事有板有眼的姑娘，还是仔细记下了她亲爱的首相到达和离去的准确时刻。他们的谈话很感人，持续了很久，但最终女王还是只好派人请威灵顿公爵来。第二天早晨，公爵来了，他建议女王陛下派人去请罗伯特·皮尔爵士。维多利亚女王处于“极度痛苦之中”，但是她吞咽下眼泪，以君王的意志打起精神，准备这次可恶透顶的接见。

皮尔生性保守、高傲、腼腆。他的风度并不优雅，这一点他知道。他很容易窘，关键时刻他会变得比平常更加局促、拘谨，两脚机械地在地毯上比划着舞蹈教师的步伐。他现在急于想赢得女王的青睐，可他越是心切，他的目的就越难达到。他面前是一位对他充满敌意的傲慢姑娘。他没能取得任何进展。女王敏锐地观察到：他看上去不高兴，而且“局促不安”；他一动不动地站在那里，显得很痛苦，有时还会不安地把趾尖往上翘一翘。看到他那副模样，她心中像是浇了一盆冷水。“啊！跟墨尔本勋爵真诚、坦率、自然和极为和善、热情的风度相比，他是多么不一样，简直有天壤之别。”晋见总算平和地过去了，只是在一个问题上出现了一点分歧。皮尔拿定主意，认为宫室人员的组成有必要作一些变动，女王不能再被他敌人的妻子和姐妹们团团围住，不管怎样，女王的侍臣中应有一部分对他的政府持友好态度的人员。在触及这个问题时，女王暗示她希望她的宫室人员保持原状。罗伯特爵士的回答是这个问题可以稍缓再定。不一会儿，他就起身告辞，去安排有关组阁的细节问题了。当皮尔在场的时候，维多利亚保持了一种如她自己所说的“非常镇定的、彬彬有礼的、高高在上的态度，没有露出一丝激动的迹象”，但是当她独自一人时，她便完全支持不住了。当她重新振作起来后，就给墨尔本勋爵写信，告诉他发生的一切，告诉他自己的不幸。她说墨尔本勋爵能够理解，她感到自己处在她最依靠最尊敬的那些人的敌人中间，但最可怕的还是她将不能再和往常一样看见墨尔本勋爵了。

墨尔本勋爵非常得体地回了一封信。他努力安慰女王，劝她面对现实，接受新的形势。对于托利党领袖们，他只是说了些好话。至于宫廷中的女士们，他说女王应该把自己的愿望明白无误地表达出来，因为那是她个人的私事，“但是，”他补充说，“如果罗伯特爵士不能容许，那么，拒绝和推迟磋商都是没有用的。”

在这一点上，墨尔本毫无疑问是对的。这个问题微妙而复杂，过去从来没有发生过。但在后来实施的宪法中，规定当朝女王选择女性宫室人员必须同意她首相的要求。可是，墨尔本勋爵的心思白费了。女王不受安抚，更不愿接受劝告。托利党人要赶走她的宫廷女官，这简直欺人太甚了。那天晚上，她决定不管罗伯特爵士可能说什么，她决不同意在名单中除去任何一人。第二天早晨皮尔再次露面时，她作好了行动的准备。他先详细叙述了内阁成员的任命事项，接着补充道：“现在，陛下，谈谈女士们——”女王突然打断了他的话。“我不能让我的任何一位女官离去。”她说道。“什么？陛下！”罗伯特爵士说，“陛下的意思是将她们全部留下？”“全部！”女王说。罗伯特爵士的脸奇怪地扭动着，他掩饰不住他的激动。“服装女官和侍臣们？”他终于又蹦出这么一句。“全部！”女王又说了一遍。于是，罗伯特爵士又是请求又是争辩，可是全然无用。他越来越夸张其辞，越来越忐忑不安，他说到宪法，说到历代当朝女王，说到公众利益等等，可是没有用处。他可怜巴巴地用脚比划着小步舞，那也无法令他镇定下来。她坚定不移，毫无商量余地。他呢，尽管又窘又急，也没有让步的迹象。最后他离开她时，什么也没能决定下来——全部组阁大事悬而未决。维多利亚现在陷入极度兴奋中。她怒不可遏，认为罗伯特爵士要想打败她，要把她的朋友弄走，把自己的意志强加于她，而且那还不是全部。当那个可怜的人在她面前局促不安时，她突然感到，她唯一渴求的是有一个空洞，可以让她逃走。她抓起笔匆匆给墨尔本勋爵写了一张条子。

“罗伯特爵士的行为很不像话，”她写道，“他坚持要我辞掉我的女官，我的回答是我决不会答应的。我从来没见过一个人如此惶恐不安……我很平静，但主意已定，我想你要是看见我这么沉着这么坚定，一定会很高兴的。英国女王不会在阴谋诡计面前低头。你可要做好准备，也可能很快就需要你的。”她刚刚写完就得到通报，威灵顿公爵前来求见。“喔，陛下，”他边走边说，“听说出了点儿麻烦，我很遗憾。”“是啊！”女王马上回答说，“是他挑起的，不是我。”她觉得现在最需要的就是坚定的意志。一个十几岁的少女，不屈不挠、泰然自若地逼视着一位击败过拿破仑的德高望重的老臣。女王寸步不让，威灵顿公爵一筹莫展。最后，她甚至敢于挖苦他：“难道罗伯特爵士是那么软弱无能，连内宫女官们也得跟他意见一致？”公爵谦恭地劝诫了几句，深深地鞠躬告退。

女王胜利了吗？时间将揭示结论。在此期间她又草草写了另一封信。“墨尔本勋爵，切不可以为女王行为鲁莽……女王认为这是一次尝试，看看她是否还是像孩子一般任人引导任人摆布。”在她看来，托利党人不仅坏，而且荒唐可笑。照她理解，皮尔提出的希望本来只是想除去那些在议会中有职务的宫室人员，而现在却来反对她的女官。“我倒想知道，”她得意洋洋地讽刺道，“他们是否打算给女官们在议会里留下位置？”

这次冲突很快就有了结果。罗伯特爵士回来告诉她，如果她坚持保留她的全部女官，他无法组成政府。她回答说，她将以书面形式告诉他她的最后决定。第二天一早，辉格党内阁召开会议，墨尔本勋爵向大家朗读了女王的信。这一群年长的政治家们为一种异乎寻常的热情所震惊，至少，他们都很清楚，女王是否严格按照宪法行事是大可商榷的；女王的所作所为说明，她已经置墨尔本勋爵的劝告于不顾；事实上，没有什么公开的理由可以让他们收回辞职的决定。但是，凡此种种考虑，在维多利亚情绪激昂的敦促面前都抛到一边去了。她那坚定的决心使他们一头栽进了她的欲望之海。他们一致感到，“抛开这么一位女王、这么一个女人是不可能的。”他们忘了他们已不再是女王陛下的内阁大臣，而采取了一个史无前例的做法：写信建议女王结束跟罗伯特 · 皮尔爵士的磋商。她照做了。一切就此结束。女王取得了胜利。

那天晚上，宫中举行了盛大的舞会。所有的人都参加了。“皮尔和威灵顿公爵也来了，看上去很不高兴。”她快乐无比，墨尔本勋爵又一次担任首相，他是站在她一边的[①]。

八

快乐随着墨尔本勋爵一同返回，不过那是一种隐含着激动不安的快乐。宫内的人事纠葛有增无减，直到威灵顿公爵再次奉召入宫。威灵顿公爵谢绝担任内阁大臣，只是作为王室家庭的精神抚慰者来到宫中。最后取得一项成果，他劝说约翰 · 康罗伊爵士辞去了他在肯特公爵夫人那里的职位，永远离开王宫；他还劝导女王给她母亲写了一封充满感情的信。和解之路似乎已经打通，可是公爵夫人仍然怒气未消。她不相信信是维多利亚写的，认为那不是女王的笔迹。她派人请威灵顿公爵来，告诉他这个情况。公爵向她保证信确实是女王写的，并请求她忘掉过去的事。但这并不容易做到。“要是墨尔本勋爵跑来我该怎么办？”“是么？夫人。好嘛，那就待之以礼嘛。”好吧，她将努力……“不过，要是维多利亚要我跟勒曾握手，我又该怎么办呢？”“是么？夫人。好嘛，拥抱她，跟她亲吻嘛。”“什么？”公

① 原注：“他们想把我当一个女孩，可我要让他们知道，我是英国女王！”这句话常被作为女王的话引用，但实际上是误传。这只是格雷维尔对两封致墨尔本信函的部分概括。原信见《维多利亚女王书信集》162，163。

爵夫人火冒三丈，随即哈哈大笑。“不，夫人，不，”公爵也笑了起来，“我不是要你拥抱和亲吻勒曾，而是要你拥抱亲吻女王。”

若不是出现了一个悲剧性的事件使一切和解的努力付诸东流，公爵可能已经成功了。据查，弗洛拉女士患了一种可怕的体内痼疾，而且目前正在迅速恶化，她必死无疑。女王的声望比任何时候都更加低。她不止一次在公众场合受到侮辱。当她出现在阳台时，有人冲她喊“墨尔本夫人”；在阿斯科特赛马会上，蒙特罗斯公爵夫人和萨拉·英格斯特里夫人走过她身旁时向她发出嘘声。弗洛拉女士死了。宫内丑闻再次被抖出来，一时闹得沸沸扬扬，甚至超过当初。在宫中，两个阵营势不两立，划下了不可逾越的鸿沟。

不管怎样，墨尔本勋爵回来了。他的出现，他的谈话产生了一种化解一切烦恼的魔力。在墨尔本勋爵这方面，他是一个饱经沧桑、阅历丰富的人。由于意识到自己的过错，他更加感到沮丧。他清楚地认识到，如果他当初适时进行干预，黑斯廷斯事件本来可以避免；在内宫纠葛问题上，他任维多利亚的个人感情和急躁情绪否定了自己的判断，在行动上他也犹豫不决。但他不是那种会过分受到良心谴责的人。尽管宫中沉闷刻板，他跟女王的关系成了他生活中最富情趣的事。如果失去这种关系，那可太痛苦了。如今这种可怕的结果已经避免，他又一次以胜利者的姿态站稳了脚跟。让墨尔本勋爵去充分享受那转瞬即逝的美好时光吧！这株秋天的玫瑰，受到君王额外的恩宠，得到少女热烈的崇拜，在1839年秋天的几个月里，竟奇妙地盛开起来。这将是美丽的花瓣最后一次绽开。在这段不期而遇、不相般配、几乎难以置信的交往中，这位上了年纪的享乐主义者最后一次尝到了风流艳遇的微妙甘美之处。守护、教导、约束、鼓励他身边的年轻君王，这已经很够了；如此朝夕相处地感受她那热烈的情感和光彩夺目的青春活力，那就更是喜出望外了；也许，最主要的是还可以萦回于想入非非，悠悠忽忽之中，可以断断续续谈心聊天，讲一个有关苹果或裙褶的小笑话，可以沉浸在白日梦中。他原来深藏心底的感情，现在难以抑制地要流露出来。当他弯腰吻她的手时，他常常发现自己情不自禁地会满眼泪花。

在维多利亚方面，尽管她个性很强，这样的交往不可避免地对她产生影响。她两年前就已不再是一名单纯的女学生了。这个变化可见于她在公众场合露面时的举止变化。她的表情，最初曾经是“天真安详的”，而现在，据一位敏锐的观察家说，已显得“大胆而不满足”了。她已经从权力带来的苦和乐中学到了一些东西，但这还不是一切。墨尔本勋爵以温和的指导方式试图引领她走上一条智慧与中庸的道路，但是他性格中所有不自觉的冲动都把她推向一个完全不同的方向。这块坚硬明净的玛瑙石，长期不间断地处于回旋水流悄悄的作用下，已经受到奇妙的侵蚀，它看上去真有点儿软、有点儿混浊了。人性和人的易犯错误性是有传染性的东西。勒曾的拘谨端庄的学生有可能已经染上这两种毛病了吗？她开始相信蛊惑动听的言辞了吗？自我表现甚至自我放纵的内心冲动已经控制了她吗？这个新时代的产儿一时间回首 18 世纪踌躇不前了。这是她事业中最为关键的时刻。如果那些影响持续下去，她性格的发展，她生命的历史，都将彻底改变。

为什么那些影响不持续下去呢？就女王来说，她是非常希望它们继续存在的。让它们永世长存吧！她周围全是辉格党人，她有墨尔本勋爵，她可以为所欲为，她不相信她还会拥有更多的快乐。任何改变都只能变得更坏；而最坏的改变是……不，她根本不想听。若是要她结婚，那简直不能忍受，简直要天翻地覆了。可是，似乎人人都希望她结婚——广大民众，内阁大臣，萨克森 – 科堡的亲戚……说来说去众口一词。当然，她也非常清楚，人们有充分理由要求她这样做。举个例子，要是她一直没有孩子，她死后就要由她叔父汉诺威国王坎伯兰来继承英国王位。那无疑是一件极为糟糕的事情。她完全谅解所有希望避免出现这一局面的人。不过，用不着仓促行事，她最后自然是要结婚的，但不是现在，也不是在最近的三四年内。

令人心烦的是她舅舅利奥波德直言不讳地表明态度，不仅认为她应该结婚，而且认为她的丈夫应该是她表弟艾伯特。她舅舅利奥波德就是这么一个人，什么事都想染指。不过话再说回来，在维多利亚即位以前的遥远日子里，是她自己在写给利奥波德舅舅的信中鼓励他产生了这种念头。当时她告诉他，艾伯特“拥有一切可以使她非常快乐的理想品质”，恳求她最亲爱的舅舅关心那人的健康，“对我来说他是如此可爱，望你对他特别加以照顾”，还补充说，“我希望并相信在这个对我关系重大的问题上一切顺利妥善。”可那已是多年前的事了，当时她只不过是个孩子。从语言上看，这封信还有可能是根据勒曾口授记录下来的。不管怎样，她的感情，整个客观环境，现在已经完全变了，她不再对艾伯特有任何兴趣了。

在后来的生活中，女王说，除了她表弟她从没有想过要跟其他任何人结婚。事实上，她的书信和日记则显示了完全不同的信息。1837 年 8 月 26 日她在日记中写道：“今天是我亲爱的表弟艾伯特 18 岁生日，我祈祷上天把最美的祝福抛洒在他可爱的头上！”可是，在随后的两年中，这个日子没有再被注意过。眼下，根据安排，由斯托克马尔陪伴艾伯特亲王去意大利，这位忠实的男爵为此离开了维多利亚的左右。他不止一次地写信给她，以赞许的笔调描绘他年轻的旅伴。但此时她已暗暗下定了决心。她喜欢艾伯特，对他也颇有爱慕之心，但她不愿嫁给他。1839 年 4 月她告诉墨尔本勋爵：“目前，我对结婚很反感。”当她表弟即将结束意大利之行时，她变得紧张起来。她知道，根据传统约定，艾伯特的下一次旅行的目的地将是英国，他很可能在秋天到达。7 月前后她的不安加剧了。她决定写信给舅舅，明确自己的态度。她说：“必须弄清楚，我们之间没有婚约。”即使她喜欢艾伯特，她也“不能在今年作出最后许诺，因为，这类事最早也得在两三年后才能进行。”她还说，对要改变自己的现状存在着一种“强烈的厌恶感”；若是她不喜欢艾伯特，她“殷切希望大家能够承认，她没有任何毁约之嫌，因为她从来没有答应过什么”。对墨尔本勋爵她说得更加坦率了：她“不怎么希望看见艾伯特，这件事从头到尾令人作呕”。然而，她不得不做出决定，这使她感到烦躁。她一再重申看见艾伯特是“一件不

年轻的艾伯特，英俊潇洒的美少年。维多利亚女王对这位表弟留下了深刻的印象，可以说，她一开始主要是看中他英俊的外貌而决定嫁给他的，但在婚礼前，女王曾经很紧张，担心未来的婚姻是否会幸福。后来的事证明，艾伯特是个非常称职的模范丈夫。

愉快的事”。可是讨厌的事情无法回避，艾伯特的访问也无法取消，届时她一定要会见艾伯特。夏季悄悄溜走了，秋天已经来到。10 月 10 日夜晚，艾伯特在他哥哥恩斯特陪伴下抵达温莎。

艾伯特来了。维多利亚的整个生活构架像一座纸板房子给摧毁，顷刻化为乌有。他很漂亮，她喘了口气，除此以外她就不知道了。接下来的一瞬间，无数的难以想象的事物一下子展现在她面前，过去的，现在的，都以全新的面貌向她扑来，郁积在女王心中的愁结给解开了。那双蓝眼睛闪出的光芒里，那可爱的嘴角边漾出的微笑里，显现出了一种异乎寻常、不可抗拒的自信。接下来的时光过得如痴如醉。但女王还是能够注意到艾伯特表弟的一些细微之处——“近乎完美的鼻子”，“雅致的八字须和很淡很淡的胡须”，“漂亮的体形，宽肩细腰”。她和他一起骑马，跟他跳舞，跟他谈天，一切美妙无比。她已经没有丝毫不安和不快乐。艾伯特是星期四晚上来的，到星期天早晨维多利亚就告诉墨尔本勋爵，关于结婚的事她的“主意有了很大改变”。第二天晨，她又告诉墨尔本勋爵，她已经决定和艾伯特结婚。星期二早晨，她把她表弟请来，单独接见了他。“几分钟后我对他说，我认为他一定知道我为什么希望他们到这里来。如果他答应我希望的事（跟我结婚），我将非常高兴。”接着，“我们相互拥抱，他是那么善良，那么温柔亲切。”她说她配不上他，他咕咕哝哝地说“和你一起生活”将非常幸福。墨尔本勋爵进来时，他们分开了，她感到自己是“世界上最幸福的人”。起初女王顾左右而言他，谈谈天气和一些不相干的事。不知怎么的，她在她老朋友面前有点儿紧张。最后，她鼓起勇气说：“那事我跟艾伯特已经讲好了。”“好啊！你们讲好了。”墨尔本勋爵说[①]。

① 原注：格雷维尔声称（1939 年 11 月 27 日）“女王对自己的婚姻作出了全部安排，没有跟墨尔本进行过任何商量，甚至没有告诉过他她的意向。”这种说法事实上是没有根据的。女王的日记证实，她在每一细节上都是跟墨尔本商量的（《维多利亚女王的少女时代》第二卷，伊谢尔编）。

Cosplay（角色扮演）的历史远比我们想象的要长得多——维多利亚女王夫妻就是Cosplay的爱好者，其实他们在生活中并非总是那么严肃：这是二人在扮演英国历史上另一对伟大的君主夫妇——爱德华三世和王后菲利帕的场景。爱德华三世是五百年前英法百年战争时期的英国国王，把法国打得落花流水，在位50年之久。其实，对Cosplay的爱好并不受东西方地域的限制，清代的雍正皇帝也有此嗜好，至今故宫仍藏有他头戴假发、打扮成西洋人的画像。

第四章　结　婚

一

这是明确无误的家族通婚。萨克森－科堡－哥达的弗朗西斯·查理·奥古斯都·艾伯特·伊曼纽尔亲王——这是他的全称——只比她的表姐维多利亚迟出生三个月，他们是由同一个产婆接生的。两个孩子的祖母和外婆科堡老公爵的遗孀从一开始就希望他们能够结婚；在他们的成长过程中，公爵、肯特公爵夫人以及利奥波德国王同样也有着这个愿望。在亲王三岁的时候，他的保姆告诉他，有一天"小小的英国五月花"[①]将会成为他的妻子。自那以后，亲王就从来没有想到过要娶别的什么人。在斯托克马尔男爵最终表示赞同后，这件事似乎已经定了下来。

公爵还有一个孩子恩斯特亲王，他比艾伯特大一岁，是公国的继承人。公爵夫人金发碧眼，是一个活泼美丽的女人，艾伯特很像她，是她口口声声念叨的心肝宝贝。但在他五岁的时候，他和母亲被永远分开了。公爵的

① 指维多利亚。

宫廷素以道德尺度宽松闻名，公爵本人就是一位风流男士。有谣言说公爵夫人也在仿效她的丈夫。宫廷里传出了丑闻，人们谈论着一位犹太血统的漂亮而有教养的侍臣。最终公爵夫妇分居，随之而来的是离婚。公爵夫人隐退巴黎，1831 年在悲哀中去世。对母亲的记忆，在艾伯特心中永远是亲切和美好的。

艾伯特长成了一个漂亮、聪明、勇敢的男孩。通常他的举止行为端正文雅，但有时也会十分暴烈。他有自己的主见，而且坚持不变。他的哥哥感情不那么直露，也不那么有决断，在他们发生争吵时，艾伯特总占上风。这两个孩子大部分时间住在公爵的这个或那个乡间别墅里，周围有美丽的小山、树林和溪流，从很小的时候起——艾伯特还不到四岁——就不再由保姆抚育，而是交给一位家庭教师照管，直到进入大学，他们过着简单朴实的生活，因为公爵并不富有，领地也很小，而且位置很不重要。从一开始，人们就可以清楚地看出，艾伯特是一个标准的好孩子。他聪颖勤奋，深受他这一代人严肃道德观的影响；11 岁的时候，他告诉他父亲希望自己成为一个“善良有用的人”，这使他父亲大为惊讶。但艾伯特倒也并不过分严肃、刻板，他可能缺少点儿幽默感，但他很风趣，喜欢恶作剧，善于模仿人。他也不是什么软蛋包，他会骑马、射击、击剑，特别喜欢户外生活。他最开心的事是跟他哥哥长时间地在他亲爱的罗森诺的旷野里遨游，追寻麋鹿，欣赏风景，归来时带着许多标本充实他的自然史藏品。此外，他酷爱音乐。人们发现有一点他跟他父亲很不一样：由于他特殊的生长环境或是他个人天生的独特癖性，他对异性有一种明显的厌恶。五岁的时候，在一个孩子们的舞会上，一个小女孩被领到他面前做他舞伴，他讨厌而恼怒地尖叫起来。尽管后来他不露声色地很好掩饰了他的这种情绪，但他对异性的厌恶感依然存在。

恩斯特和艾伯特这两兄弟在科堡很受欢迎。他们行坚信礼之前要经过一次预考。按照古老的习俗，这次考试在城堡的“伟人厅”里当众举行，有一大群热情的听众参加，其中有政府官员、牧师、公国各村镇的代表，以及一些零散的旁听者。除了公爵、老公爵遗孀以外，到场的还有尊贵的符腾堡的亚历山大和恩斯特亲王殿下、莱宁根亲王、霍恩洛厄－兰根堡亲王夫人和霍恩洛厄－希灵斯菲斯特亲王夫人。宫廷牧师雅可比博士在圣坛上主持考试，简朴的圣坛稍作装饰，设在大厅的一端。考试开始前先由唱诗班唱圣歌的第一首《圣灵降临》。雅可比博士说了几句开场白后便开始进行考试。据一份当时的报道说，"二位亲王庄重得体，他们对所提问题十分专注，他们的回答坦诚、果断而正确，给到场的众多听众留下了深刻的印象。最打动人的莫过于那些证明他们坚定信仰和内心力量的回答。主试人提出的问题不是那种可以简单地用'是'或者'不是'来回答的。他的问题经过仔细斟酌，有助于让听众洞悉两位年轻亲王内心的思想感情。最令人感动的细节之一是当主试人问世袭亲王他是否打算坚信路德教派时，亲王不仅回答'是'，而且以清晰而坚定的声音补充说：'我和我的兄弟坚定不移地永远忠诚于公认的真理。'"考试进行了一个小时，最后，雅可比博士作了总结性的评论，接着是简短的祈祷，唱诗班唱开场圣歌的第二首和第三首。至此仪式完毕。两位亲王走下圣坛，公爵和老公爵遗孀拥抱了他们。目睹这一切的科堡的王公贵族们对于他们的表现感到非常满意。

艾伯特的心智现在又有了迅速发展。17 岁时他开始认真学习德国文学和德国哲学。他告诉他的家庭教师，他正深入研究伟大诗人克洛卜施托克[①]的思想。"虽然在这方面，"他谦虚地补充说，"总的说来我还没有取得较大的进展。"他还写了一篇关于"德国人的思维方式和德国文明史概要"的文章。"在文章的大纲中，"他说，"我使用了处理这个题目所要求的分类方法"，结尾处"回顾了当今时代的缺陷，呼吁人人从自身做起改正缺点，为其他人树立良好榜样。"他曾在布鲁塞尔利奥波德国王的照顾下度过几

① 克洛卜施托克（Friedrich Gottlieb Klopstock，1724—1803），德国诗人，德国启蒙运动重要代表之一。著有史诗《救世主》及颂歌《苏黎世湖》、《春天的庆典》等。

个月的时间，在那里他受到数学教授阿道夫·凯特尔[①]的影响。凯特尔特别感兴趣的是用概率论法则解释政治和道德现象。这一研究思路吸引了艾伯特亲王，他与凯特尔建立了友谊，并一直持续到生命结束。艾伯特又从布鲁塞尔前往波恩大学，在那里他很快以过人的智慧和广泛的社交活动能力引人注目。他把精力花在玄学、法律、政治经济学、音乐、击剑和业余戏剧演出上。30 年后，他的同学们还愉快地回忆起当年艾伯特亲王惟妙惟肖地模仿他人滑稽形象的表演所引起的阵阵笑声。如亲王殿下曾劲头十足地模仿一位教授的声调和姿势，此人常指着画有一排威尼斯房屋的图画说："此里尔特桥是也"；他还模仿另一位教授参加赛跑时摔倒在地满地找眼镜的窘态。亲王的模仿才能颇得人们叹赏。

在波恩待了一年后，安排亲王去国外观光的时间到了。斯托克马尔男爵从英国赶来，陪伴亲王去意大利考察。利奥波德国王在两年前已经就拟议中的艾伯特与维多利亚的婚姻征询过男爵的意见。他的回答值得注意。斯托克马尔以他特有的洞察力，特有的不盲目乐观的态度，以及特有的遇事考虑道德因素的观念提出了自己的意见，指出什么是使婚姻成功的基本条件。他写道：艾伯特是一个好小伙子，就他的年纪来说，成长得很不错，有着讨人喜欢的宝贵品质；很可能几年以后，他会成为一个和蔼单纯而举止严肃的强壮英俊的男子汉，"因而，从外表看他拥有一切能取悦异性的条件，在任何时候任何国家都一定能够。"因此，如果维多利亚本人赞成这门婚事，下一步的问题是艾伯特的精神品质是否适合他成为英国女王的丈夫。男爵继续说，在这一方面，可以听到很多称赞艾伯特亲王的话，诸如亲王既谨慎又聪颖等等，不过所有这些判断都不免有所偏颇，男爵宁愿保留他的意见，直到他能根据自己的亲身体验和观察得出可靠的结论。接着他又说："但这还不够。年轻人不仅应该有大才，还应该有**良好**的抱负，

---

① 阿道夫·凯特尔（Adolphe Quetelet，1796—1874），比利时数学家、天文学家和社会学家。以用统计学和概率论解释社会现象著称。著有《社会物理学》等。

有坚强的意志。要终生从事一项艰难的政治事业，要求的不只是精力和爱好，还要求严肃认真的态度，具有这种心态才能主动牺牲个人享乐，去追求真正的效用。要是他今后不满足于得到这个欧洲最有影响的地位，那么他会经常对自己经历的事感到后悔！要是他没有从一开始就把它作为一个严肃的职责来接受，并认识到他的荣誉和幸福有赖于这一职责的有效履行，那么，他成功的希望就非常渺茫。”

斯托克马尔认为．这些是艾伯特完成家族为他规划的使命所必不可少的先决条件。他希望通过这次意大利之行，对亲王到底具备多少条件作出某种判断。在艾伯特这边，他对男爵印象很好。他以前见过他，不过次数极少。他平生第一次结识了一位英国人，那是奉命前来陪伴他的弗朗西斯·西摩中尉，他发现此人非常和蔼可亲，他们之间建立了亲切的友谊。他很喜欢佛罗伦萨的画廊和景色。对于罗马，他印象并不深刻，“除了一些美丽的宫殿外，”他说，“它就跟德国任何一个城市差不多。”在跟教皇格列高利十六世的一次会见中，他抓住机会显示了他的博学多才。当教皇提到希腊人的艺术源自伊特鲁里亚人①时，艾伯特回答说，在他看来并非如此，他们是从埃及人那里引入的。教皇陛下有礼貌地默然同意。不论走到哪里，他都迫切地渴望吸收更多的知识。在佛罗伦萨的一次舞会上，人们发现他对女士们并不在意，而是专心致志地跟学问渊博的卡波尼②先生交谈。“瞧，这是一位能使我们引以为傲的亲王，”走过他们旁边的托斯卡纳大公说，“漂亮的舞伴等着他，可学者们更吸引他，让他忙个不停。”

回德国后，斯托克马尔在给利奥波德国王的报告中仍持审慎态度。他说，艾伯特聪颖善良，和蔼可亲，充满最良好的意愿和最崇高的决心，他

---

① 伊特鲁里亚人，意大利中西部古代民族，其文明在公元前 6 世纪前后发展至顶点，对罗马文化有直接影响。

② 卡波尼（Gino，Marchees Capponi，1792—1876），意大利历史学家、政治家。他在佛罗伦萨的客厅，曾是欧洲著名自由思想家的聚会场所。著有《佛罗伦萨共和国史》等。

对许多事情的判断，超过了他年龄所能。但他厌恶劳累，似乎过于宽容自己，他的良好决心也往往得不到什么结果。特别糟糕的是他对政治丝毫不感兴趣，从不读报。他的举止也还有值得改进之处。“他跟男人打交道，”男爵说，“常常比跟女人打交道更容易获得成功。在女人的社会里，他表现得太没有热情了，显得过于冷淡、过于退缩。”这位老医生还敏锐地注意到：亲王的体质不很强壮。但从整体上看，他对这门拟议中的婚姻是赞成的。现在主要的障碍似乎是另一个问题。维多利亚明显表示不愿作出任何承诺。因此，艾伯特去英国时，拿定主意准备从这件事中完全撤出。他曾对一位朋友表示，要他稀里糊涂地等待，他是决不干的，他宁愿马上一刀两断。他在温莎受到的热情款待，使得形势大为明朗。命运之轮突然间飞速转向，艾伯特在维多利亚的怀抱里发现不可抗拒的命运向他作出了坚定不移的保证。

二

他并没有跟她相爱。一位身为女王、活泼年轻的表姐对他作出了无条件的奉献，爱慕和感激就成了他的自然反应——他有的是这种感情，却不是互爱互恋的激情。尽管他很喜欢维多利亚，但他所处的奇特地位使他最感兴趣的倒不是她，而是他自己。骑马、跳舞、唱歌、欢笑，温莎的辉煌使他眼花缭乱，满心欢愉。他意识到自己有了一种新的感觉，他胸怀的抱负受到激发，他明白自己将获得的地位确实很高，确实令人羡慕不已。但这马上被另一个想法所淹没，宗教的教诲，斯托克马尔的告诫，他自己内心的信念，全都响起了同一个调子。他不应该在那里为自己寻欢作乐，而是应该有一个完全不同的目的——要有所作为。他必须“在所有事情上表现得高尚、果敢、有王者风度”，他应该“为了他新祖国的利益而奋斗并献出自己的生命”，“运用自己的权力和全部精力为大多数同胞谋求福利”。

严肃的念头一个接一个。英国宫廷的财富和排场可能暂时使他感到快乐，但是，占有他的心的毕竟是科堡。“一方面我要坚持不懈地作出努力，”他写信给他祖母说，“为这个我将归属的国家贡献自己的力量，因为我被召唤到这里来接受一个多么高的位子；另一方面我将永远是一个真正的德国人，科堡人，哥达人。”现在，他必须永远离开科堡了！他寂寞而悲伤，幸有哥哥恩斯特陪伴，可以从中得到一些安慰。两位年轻人把自己关在一起，坐在钢琴前，逃避现在和未来，躲进海顿[①]二重奏营造出的甜美亲切的欢乐气氛中。

他们回到了德国。艾伯特在这告别祖国的几个月中，最后一次享受家庭之乐。与此同时，维多利亚则在伦敦和温莎最后一次过她往昔的生活。尽管她每天跟她的未婚夫用混合着德语和英语的文字通信，但日常生活重新纳入了老一套的轨道：每天的事务和娱乐不受干扰，墨尔本勋爵又像从前那样终日不离左右；托利党人照样叫人难以忍受，这种感受愈来愈烈。在这最后的时刻，旧仇宿怨以加倍的狂暴迸发出来[②]。急躁的女王恼怒地发现，做这个国家某个大党的公开敌人可能是不利的。有两次托利党直接挫败了她，使她的愿望不能实现。例如，她希望她丈夫的地位以法令形式固定下来，由于托利党的反对没有成功；她希望她丈夫每年从国库得到50000英镑的俸禄，又是由于托利党人的反对，给压缩到30000英镑。真是坏透了！当这个问题在议会讨论时，有人指出，大多数英国人还穷得很，30000英镑是科堡一年的全部收入。可是，她舅舅曾被授予50000英镑的年俸，给艾伯特的若是少于那个数目，岂不有失公允？罗伯特·皮尔爵士

① 海顿（Joseph Haydn，1732—1809），奥地利作曲家，维也纳古典乐派代表之一，著有交响曲、歌剧等多种。

② 原注：“我跟考珀夫人谈到宫廷的事，我们谈得很多。她抱怨女王脾气固执，她认为，女王这样今后必然会招致大灾大祸。她说她的偏见和厌恶深而强烈，她的性情十分倔强。女王对皮尔的憎恨有增无减，并对威灵顿公爵不满，因为在过去的争执中公爵跟皮尔站在一起，而不是跟她站在一起。”（《格雷维尔回忆录》未出版部分）

竟然厚颜无耻地发表演说，还投票赞成只给30000英镑。维多利亚非常气愤，决心在她举行婚礼时不邀请一个托利党人，以示报复。只有一个人作为例外，那就是年迈的利物浦勋爵，除此之外，即便是威灵顿公爵，她也拒绝邀请。有人向她提出，要是公爵不参加她的婚礼，那将会成为国家的丑闻。维多利亚听了更是火冒三丈。“什么！那个老奸贼！我就不要请他。”（据说她说过这样的话）。最后，经过多方劝说，她勉强给公爵发了一份邀请，但她并不想掩饰自己的悻悻之心，公爵本人对这一切有深切的感受。

维多利亚的不满并不仅仅只限于对托利党人。随着婚礼的临近，她的脾气变得越来越暴躁，越来越不近人情。阿德莱德王后惹恼了她，利奥波德国王的信也“不像话”。她用刻薄的语气告诉艾伯特说：“亲爱的舅舅老以为到处要由他来当家。可那是没有必要的。”甚至艾伯特本人也并非无可挑剔。她认为他长期生活在科堡人中间，不能领悟英国事务的复杂奥妙。他的家庭有许多困难。他只有一个想法：不应该被那些激烈的辉格党人包围。这显然没错，但他不了解，不是激烈的辉格党人就是激烈的托利党人，二者必选其一；如果他选定的那方勋爵和绅士们投票反对女王的勋爵和绅士们，那将是十分荒谬的。艾伯特希望由自己指定私人秘书。但他怎么才能找到合适的人呢？墨尔本勋爵显然最有资格来确定人选。而墨尔本勋爵决定让亲王任用勋爵自己的私人秘书——乔治·安森，一个铁杆的辉格党人。艾伯特提出异议，可全然无用。维多利亚径自宣布了对安森的任命，并指示勒曾写信向亲王解释详情。又一次，艾伯特在信中急切地论述了保持宫廷道德纯洁无瑕的必要性。不想，墨尔本勋爵的这位女学生认为，亲爱的艾伯特未免过于古板，然后以夹杂着德语的英语对以上的问题作了长篇大论的陈述：“我很喜欢A女士，只是她有点儿拘谨、挑剔，对别人要求过严，这是不妥当的。因为我总这样想，一个人永远应该待人宽厚，如果我们没有得到很好照顾，我们有可能已经误入歧途了。这是我一贯的思想。表示自己不喜欢见到别人犯显而易见的错误，这当然是对的。但是，过于严厉却十分有害。我敢肯定，这样的人总是非常后悔，懊悔他们年轻时没有像本该做到的那样小心谨慎。我解释得很糟，写得也很糟，恐怕你会弄不清我的想法。”

在另一个问题上她也坚持己见。自从弗洛拉·黑斯廷斯女士事件后，詹姆斯·克拉克爵士倒了大霉。他原来兴旺的行医业务濒临垮台，再没有人去找他看病了。可是女王仍然对他信任有加。她要向世人表明，她对克拉克爵士受到的非难毫不介意。她要求艾伯特让“可怜的克拉克”做他的日常保健医生。他按照女王的话做了。可后来的事实证明，这一任命并不正确。

结婚的日子定了下来。艾伯特强使自己离开家庭和童年生活环境的时刻来到了。他怀着痛苦的心情重访他经常游玩的心爱的故地——在那些树林和山谷里，他曾花去那么多时间追猎兔子，收集植物标本。他无限惆怅地坐在宫廷告别宴会的席位上，聆听国家乐队演奏的《自由射手》[①]。离别的时间到了。他的马车经过街道时两旁挤满了人，他看到一大片友好的德国面孔，听见人群中发出的好听的喉音，一时间他的眼中露出了高兴的神色。他停下来向他祖母最后道别。这情景令人心碎。“艾伯特！艾伯特！”老公爵夫人尖声叫嚷着。当艾伯特的马车驶离时，她昏倒在侍从的手臂中。他像被一阵旋风急速地卷向他命运的归宿。一艘汽船在加来[②]等着他。他垂头丧气地跟父亲和哥哥一起登上了汽船。过了一会儿，他的情绪更加低落了。这次渡海风浪很大，公爵匆匆走到下面舱里，两位亲王各据舱房楼梯一侧躺着，“几乎陷入绝望之中。”在多佛尔[③]，码头上聚集了大批观望的群众，“艾伯特亲王勉强站起来，向人群鞠躬致敬，

① 《自由射手》，德国作曲家韦伯（1786—1826）所作三幕歌剧，被认为是德国第一部浪漫主义歌剧。

② 加来，法国北部港口，与英国的多佛尔隔海峡相望。

③ 多佛尔，英国港口，与法国的加来隔海峡相望。

直到他生命的最后一刻，他一直忍受着这样的痛苦。”他的责任感获得了胜利。这是一个奇怪的兆头：他在英国整个生活的前景，在他一踏上英国土地时就得到了预示。

此时的维多利亚越来越激动不安，神经紧张，喜怒无常。终于她发烧了，詹姆斯·克拉克爵士宣布她患了麻疹。但詹姆斯爵士的诊断又一次失误。她患的不是麻疹，而是一种心病。她是因为被那些突如其来的忧虑、懊恼、疑惧所压倒。到现在为止，这两年来她一直是自己的主人，这是她生活中最快活的两年。如今一切将要结束，她将要受外人的支配。她必须承诺她将尊敬、服从……某一个人，此人可以阻挠她、反对她，那是多么可怕啊！她为什么要着手这一冒险的试验呢？她为什么不满足于墨尔本勋爵呢？她爱艾伯特，这是没有疑问的；但她也爱权力。无论如何，有一点是可以肯定的：她可以做艾伯特的妻子，但她永远要做英国女王。当他穿着精美的制服再次出现在她的眼前时，她的疑虑和不安如同阳光照射下的雾霭，顿时化为乌有。婚礼在 1840 年 2 月 10 日举行。这一对新人驱车前往温莎；当然不只是他们两个人，还有他们的随从陪侍左右，特别是斯托克马尔男爵和勒曾男爵夫人。

三

艾伯特已经预料到他的婚姻生活不会是一帆风顺的，但他决没有意识到他面临的困难将是那么沉重、那么复杂。在政治上，他是一个无足轻重的人。墨尔本勋爵不仅是首相，实际上他还是女王的私人秘书，因而控制着国家的全部政治实体。至于女王的丈夫，应当承担怎样的职责，在英国宪法上尚未有过任何规定。在国家事务上，艾伯特亲王似乎没有什么发言权，维多利亚本人也丝毫没有要改变这种状况的意愿。在他们订婚时有人提议给亲王一个贵族头衔，她曾这样对亲王说：“英国人最忌外国人干预他们的政府，一些报章已经表示不希望见到你干预朝政。尽管我知道你是决不会的，但是，如果你成了英国贵族，他们还是会说，亲王想参与政治。”“我知道你是决不会的！”实际上，她也不能肯定。不过她希望亲王理解她的想法，希望他成为一个完美的丈夫。至于管理国家的事，他将看到她和墨尔本勋爵会安排得好好儿的，用不着他来帮忙。

但是亲王发现，不仅在政治方面分派给他的是一个无关紧要的角色，即使作为一个丈夫，他的作用也极为有限。维多利亚的全部私生活都由勒曾男爵夫人一手掌管，这位男爵夫人决不乐意她的无上权威受到一丁点儿的削弱。自女王即位以来，她的权力大大增强。除了通过处理女王私人信件对女王施加巨大的无形影响外，她现在还是女王官邸的主管，并担任管理女王私用金的要职。艾伯特不久就意识到他并不是自己家庭的主人。他自己和他妻子的生活，事无巨细都要受到第三个人的监督：若不先征得勒曾的同意，什么事情也办不成。而维多利亚对勒曾的推崇从未有所减弱，她不觉得这里面有任何不对的地方。

亲王在社交场合也并不快活。他是一个年轻腼腆的外国人，跟女士们在一起总感到很窘。加上他的性格内向而又自负自傲，因而在任何情况下他都不可能在社交界取得成功。他的外貌对他也不利。尽管在维多利亚眼中他是男性美的典范，但她臣民们的眼睛并不是按日耳曼人的模子铸就的，他们跟她的看法不一样。在他们看来——特别是对于那些达官贵妇，他们见到他的机会自然最多——艾伯特的面孔和全部举止，给人最直接、最令人不快的印象是他的非英国外表。他的容貌很端正，那是没有问题的，但脸上好像总露出一种圆滑和沾沾自喜的神情；他长得很高，但显得笨手笨脚，走路有点儿低头垂肩。他们认为这个年轻人简直就像一个外国的男高音歌手。在他们眼中，这些都是严重的缺陷。而亲王一到英国后采取的行事方式，又远远不能弥补这些缺陷。由于天生的局促不安，由于害怕逾越常规，还由于希望不出丝毫差错，他显得异乎寻常地刻板和拘谨。每当他出现在人群中时，他仿佛陷入了礼仪的荆棘丛中。他从不外出参加一般的社交聚会，从不到伦敦的街道上散步，他骑马或驱车时必有一名侍从武官陪伴。他希望没有一点过错，如果那意味着他将没有朋友，那也只好如此。同时，他对英国人的评价也不高。就他所知，英国人只关心猎狐和守安息日；他们一会儿表现得过分轻浮，一会儿又表现得过分阴郁；若是你跟他们谈友谊的快乐，他们会睁大了眼睛瞪着你；他们既不懂思维法则，也不懂德国大学里的风趣。他跟这些人很少有共同之处，这是明摆着的，因此他也没有理由为了这些人而抛弃礼仪细节。在绝对无外人时，他也能轻松自如，讨人喜欢。西摩和安森对他很忠心，他对此也还之以礼。但是他们只是他的属下，接受他信任和执行他意愿的人。而他从真诚友谊中获得支持和安慰的道路完全被切断了。

事实上，他有一个朋友，或者不如说有一位导师。再次在王室内宅立足的斯托克马尔男爵，决心全心全意为亲王的利益工作，就像二十多年前他为亲王的叔父工作一样。此时和彼时的环境在许多方面有相似之处，可也有很大的不同。也许两者所遇到的困难同样艰巨，但目前的问题更加复杂，更加有趣。当年那位默默无闻、地位低微的年轻医生，唯一的财富是他的才智和跟一位无足轻重的亲王的友谊；如今他已经是帝王将相们多才多艺的密友，年纪、声望和来自经验的智慧都已臻于成熟。他有可能慈父般地给予艾伯特某些权威性的指导。但另一方面，男爵很清楚，艾伯特不是利奥波德，他不像他叔父那样执著地追求理想，也不像他叔父那样自负地要成为一位伟人。艾伯特秉性正直，心地善良，聪明而见多识广，但他对政治不感兴趣，没有迹象能说明他性格中具有任何支配指挥的能力。如果听其自然，几乎可以肯定，他会堕落成一个光有高超思想却一无用处的废物，一个漫无目的忙于修身养性的半吊子，一个无权无势的宫廷附庸。然而艾伯特并没有被放任自流：斯托克马尔承担起了照管他的任务。这位藏在幕后的男爵一直在他学生左右，以坚韧不拔的精神，努力推他沿着许多年前利奥波德走过的道路前进。而这一次要达到的目标，比利奥波德所得到的二等王国要更高一筹了。斯托克马尔竭尽全力决心要让艾伯特得到的，确实是一个惊人的猎物。

事实证明，这一事业的起步是最艰难的。艾伯特做事一向容易气馁：为了扮演一个使他心烦的角色而努力奋斗，那又有什么意思呢？何况，除了亲爱的好男爵外没人要他这样做。让一切顺其自然，那不更简单更不费劲儿吗。可是斯托克马尔不愿意。他不停地拨动两根弦——艾伯特的责任感，艾伯特的自尊心。亲王难道忘掉了将为之献身的高尚目标了吗？亲王将听任他自己、他妻子、他家庭、他一切的一切受勒曾男爵夫人的统治了吗？他用这两个问题来提醒艾伯特。后者的刺激显然是巨大的。艾伯特从不习惯于屈服，现在更加不能屈服，否则就太丢脸了。确实，艾伯特经常因男爵夫人在王室家庭特殊的地位而感到恼怒。此外，还有着另一个更为严重的使他不快的原因：他心中非常明白，在智力上他比他妻子强，然而他发现，他的影响无法到达他妻子头脑中的某些部位，这使他十分恼火。有时，受到男爵的怂恿，他试图跟维多利亚讨论政治，可她竭力回避这个题目，先是偏离具体问题谈些一般原则，接着谈一些其他事情。维多利亚对付他的办法也就跟她曾经用来对付她舅舅利奥波德的办法一样。终于，他表示了自己的不满；她回答说，她之所以这样只是出于懒惰，当她跟他在一起时，她实在受不了枯燥沉闷的政治之类的东西来烦扰她的脑子。这个解释比犯错误还要糟糕：难道他是妻子她是丈夫吗？看上去几乎就是这样了。男爵告诉他，祸害的根源在勒曾。是勒曾，鼓励维多利亚保留自己的秘密；更有甚者，她还损害了维多利亚天真坦率的本性，引诱她编造——当然是无意识地——虚假的理由来解释自己的行为。

在一些小事上的不一致使事情变得更糟。这一对王室夫妇兴趣相左。艾伯特在一种斯巴达式的体制中长大，生活简朴，凡事赶早，觉得宫廷的盛大宴会乏味难熬，一过晚十点半，人们就会发现他坐在安乐椅里打盹；

而女王最喜欢的消遣是通宵达旦地跳舞，然后走到宫外的廊柱下，观看从圣保罗教堂后面升起的太阳，以及威斯敏斯特的塔影。她爱伦敦，而他讨厌伦敦。只有在温莎，他才感到可以真正自由地呼吸。但是，温莎也有可怕之处：尽管白天他可以画画、散步、弹钢琴，一到晚饭后，阴郁沉闷的气氛就笼罩一切。他本希望召集一些科学界和文学界的名流，听听他们对学术和艺术的不同看法，也谈谈自己的观点。不幸的是，维多利亚“并无兴趣鼓励这号人来”，她知道自己没有同等的学识可以加入这样一群人的谈话，因而她坚持晚间的活动仍按老样子进行：先跟官员们交换几句无关痛痒的陈词滥调，然后照例围桌而坐，桌上还是那些版画集；亲王则跟三个随从一盘又一盘地玩四人象棋。

在这样一种特殊的情势下，权力、感情、自尊以奇怪的比例各占一席位置，自然有时会出现一些更甚于恼怒的东西：两种愤怒的意志力的较量。维多利亚和艾伯特一样，不习惯充当副手。她专横的脾气一触即发。她的活力、她的固执、她对自己地位的绝对自信，本可以把他的优势和权利悉数摧毁。但她在争斗中处于不利位置；她实际上已经不再能主宰自己了；她被一种深刻的需求所支配，这种需求为了达到自己的特殊目的，利用了她内心深处的意向。她坠入爱河难以自拔。我们不知道那些奇特争吵的细节，可恩斯特亲王留在英国陪伴弟弟的这几个月中，带着友好和惊讶的眼光注意到一些。流传下来的一个故事，尽管没有得到证实，甚至也可能是虚构的，但却有这类故事常常具备的特色，颇能反映事实的基本真相：一天，亲王在盛怒之下把自己锁在房间里，维多利亚同样怒气冲冲地敲门要进去。“谁？”亲王问道。“英国女王，”回答说。他一动不动，于是又是一阵槌门声。同样的问题和回答重复了许多遍。最后，沉寂了一刻，接着是一下比较轻柔的敲门声。“谁？”房内传来的仍是这个毫不留情的问题。但这次的回答不一样了。“你妻子，艾伯特。”门马上开了。

慢慢地，亲王有所改变。他开始发现研究政治并不如他原来想象的那么乏味。他读布莱克斯通[1]的著作，听英国法律课程；女王接见内阁大臣时他也偶尔在场；经墨尔本勋爵建议，他阅读有关外交事务的全部急件；有时他会把自己的看法写下来，读给首相听，首相极为谦和有礼，全神贯注地聆听着，可难得给予什么答复。在长公主出世前，做出了一项重大决定：如果女王去世，将委任亲王为摄政王。这项决定在议会未遇到任何反对。所以能够出现这样美满的结果，全靠斯托克马尔从中斡旋，说服了托利党人。现在，斯托克马尔觉得可以抽时间跟科堡的家人一起度一段假期了，但他还是写了许多信，从远处关注着他的学生。"亲爱的亲王，"他写道，"你告诉我的消息令我满意。错误、误解、障碍与人的良好愿望相悖，令人烦恼，但宜实事求是地看待——也就是把它们看作生活的自然现象，它们反映了生活的一个方面，阴暗的一方面。为了体面地战胜它们，你的头脑必须进行自我锻炼，自我教育，自我启迪；你应具有刚强有力、隐忍自持的性格和必要的铁石心肠。"迄今为止，亲王做得不错，但他必须继续走在正确的道路上。最主要的是他"决不能松懈"——"在严格求证上决不能马虎；在合理区分重要大事与琐碎小事上决不能含糊；在对自己保持高要求上决不能松劲；不断更新、坚韧不拔、勇往直前的精神决不能失去。"对于一个 21 岁的年轻人来说，要做到这些也许是很艰苦的，可这里面蕴藏着某种触及艾伯特灵魂深处的东西。他叹了口气，但他还在听着，就像倾听一位受神启示的精神导师在讲话。"你命运所需要的，"那声音继续说，"是爱、正直和诚实，你不仅现在需要，也许过些时候也需要。所有那些思想扭曲和缺少真实感情的人都惯于误解你，他们会说服自己和全世界人，要大家相信，你本来不是你现在这个样子的——或至少你将来不会变得像现在这个样子……因此，你是否能及早警惕起来眼观八方呢？……我祝愿我的亲王有一颗伟大、高尚、热烈、真诚的心，这样的心将为出自人性的最高贵

① 布莱克斯通（William Blackstone，1723—1780），英国法学家，担任过法官、议员和大学行政人员。主要著作有《英国法释义》。

的理想提供最坚实可靠的基础，并将以最坚定的决心使之发展成长。”

不久，决定性的时刻来到了。英国将举行一次大选，托利党人终将上台执政，这已无可怀疑。女王仍像往常一样讨厌他们，但托利党人在议会取得了绝大多数席位，他们现在已经有条件使他们的意见不得不受到重视。墨尔本勋爵第一个意识到有必要尽量减少摩擦，平稳地实现这次势在必行的过渡。在墨尔本的同意下，亲王把《摄政条例》开创的友好关系继续发展下去，他通过安森跟罗伯特·皮尔爵士进行磋商。经过一系列会谈，就艰难复杂的内宫问题达成了彻底谅解。双方同意，此事可不涉及宪法，但在组成托利党政府时，主要的辉格党内宫女官必须隐退，她们的空缺由罗伯特爵士任命人员替补。这实际上——虽不是在形式上——意味着女王放弃了1839年的要求，她的那些要求此后也没有再提出来过。处理这一事件，是亲王事业上的一个转折点。他圆通老练地主持了一次重要的谈判，跟新首相建立了紧密而友好的关系。显然，难以估量的政治前途展现在他的面前。维多利亚为此很受感动，并深深地感激他。她告诉利奥波德国王：“我最亲爱的安琪儿确实给了我极大的安慰。他一直密切注视着事态的发展，他同情我、体谅我，尽管我们在这个问题上谈得很多，他克制自己，不使我产生这样那样的偏见。他的判断力就如你所说的，可靠而稳健。”她需要艾伯特所能给予的全部安慰和帮助。墨尔本勋爵要走了，她实在不愿跟皮尔讲话。是的，现在她要跟艾伯特讨论所有的事情了！

斯托克马尔已经回到英国，高兴地看着墨尔本勋爵离去。如果一切顺利，亲王将会对维多利亚产生巨大的政治影响。但是一切会顺利吗？一种意想不到的新情况使男爵感到极度不安。当可怕的时刻终于来临，女王痛苦地跟她亲爱的首相告别时，她与墨尔本勋爵约定，尽管他们不宜经常会面，但他们可以经常通信。随后发生的事，最清楚不过地显示了墨尔本性格中的反复无常。他在位掌权时对皮尔的态度可谓无可指责，他尽自己的一切力量帮助政府平稳更迭，他甚至通过不止一条渠道，暗地里向已获胜利的政敌提出建议，告诉他们赢得女王好感的最佳方法。但是，他刚一下野就不能自持。墨尔本勋爵一想到他将整个儿地放弃为女王出谋划策的特权和愉悦，彻底失去长期来他拥有的大量权力和与女王的亲密关系，便感到难以忍受。尽管他宣称他给女王写信将极为谨慎，但他忍不住利用女王提供给他的这个口子，详细分析了有关朝政事务的各种问题，特别是就人员任命问题向女王提出许多建议。墨尔本勋爵向女王推荐海特斯伯里勋爵，他说，海特斯伯里勋爵是一位有能力的人，应该让他担任驻维也纳大使。一个星期后，女王写信给外交大臣，竭力主张委派海特斯伯里承担一项“重要任务”，她相信他是一个非常能干的人。斯托克马尔十分紧张。他写了一份备忘录，指出墨尔本勋爵的做法违背宪法，并指出若是这些情况被皮尔发现，女王将陷入不愉快的境地。斯托克马尔指示安森把备忘录交给前首相。墨尔本勋爵斜倚在安乐椅里，紧闭双唇看完了这份文件。“这倒是一份井井有条的意见书哩，”他说。安森试图进一步提出忠告，婉转地指出，反对党领袖与君王保持亲密的关系是不合适的。此时老墨尔本发火了，从安乐椅中一跃而起，在房间里快步走来走去，嚷嚷道：“永远见鬼去吧！我的血肉之躯受不了这个！”他仍像往常一样继续给女王写信。男爵不得不又给了他两次猛烈的轰击，才使他恢复理智。于是，他的信逐渐减少，信中涉及朝政事务的地方也越来越少，最后，他的信终于全是些无关痛痒的内容了。男爵笑了，墨尔本勋爵无可奈何地接受了眼前的事实。

1841 年 9 月，辉格党内阁辞职，但一年多以后才出现另一个意义同样重大的变革——勒曾的解职。这位神秘的女家庭教师终于被打倒了。无人知道采取什么办法使维多利亚最后勉强地、也可能是宽慰地接受了勒曾的离去。然而有一点是清楚的，艾伯特的家庭地位由于孩子们的出现而大为加强。在长公主出生以后，1841 年 11 月，维多利亚生了威尔士亲王①，

① 威尔士亲王为英国太子的封号。

“当需要爸爸当马的时候，亲王就是大马。” 图为当时出版物上关于亲王给孩子当马骑的漫画。充满了家庭的温馨气氛，没有什么威严之处，但国民会感受到第一家庭的人情味。

在不太长的时间里，女王又怀了孕。男爵夫人空有一腔慈情，只能遥领这一份家庭乐趣了。

男爵夫人的失宠是早有苗头的。曾有人注意到这样的迹象：有一两次王室外出旅行，她被留在温莎。亲王处理此事非常谨慎。在内阁更迭时，墨尔本勋爵曾劝他抓住机会采取断然行动，但他权衡下来，认为还是等待更为明智。时间对他有利，形势的必然发展也将会对他有利，他的主导地位每天，还有每夜，变得更加稳固。最后，他意识到，他已没有必要再犹豫不决，他的一切大小愿望，只需要同时作为维多利亚的愿望表达出来就行了。他说话了，于是勒曾在他们的生活中永远消失，她再也不能统治女王的心和宫中的那些殿堂，再也不能站在温莎宫的一个窗口，以得意爱怜的目光看着她的学生、她的君王在一群奉承拍马之徒的簇拥下走过露台。勒曾夫人回到家乡汉诺威，定居在布克堡一幢舒适的小屋里，四壁挂满女王陛下的画像。斯托克马尔男爵尽管深受消化不良之苦，但他又一次笑了：艾伯特了不起。

四

早期的不融洽已经完全消失，婚姻生活变得无比和谐。维多利亚被一种难以想象的新的生活魅力所征服，把自己的全部身心交给了她丈夫。她现在明白，当初使她很快就委身于他的美和魅力，实际上只不过是艾伯特的外部表征，他所具有的内在美和内在光芒，当时她视而不见，只不过隐约感知一些，但如今她的每一根神经都领略到了。他真好！太好了！她怎么还会想到以她的意愿来戕害他的智慧，以她的无知来反对他的学识，以她的幻想来扼杀他完美的鉴别力呢？她真的竟然喜欢过伦敦，喜欢过夜生活和胡闹的玩乐吗？现在，她觉得只有在乡间才快乐。每天一早，她和艾伯特从床上一跃而起——多么早啊！——早饭前散个步，只跟艾伯特一个

孩子们陆续降生了。两位公主，可爱的小天使们

人！听他的教导有多美妙！他告诉她树与树的区别，告诉她有关蜜蜂的一切！饭后，她或者坐着一面绣十字花，一面听他高声朗读哈勒姆[①]的《英国宪法史》，或者听他弹他新买的风琴（“风琴是各种乐器的起源，”他说），或者给他唱一首门德尔松[②]的歌，小心翼翼地注意拍子和呼吸，只不过极偶然唱错一两个音符！晚饭后的时光他们也这样度过。啊！他是多么好啊！艾伯特不再走四人象棋了。他们可以在圆桌上玩轮回纸牌，或者，按照各人想得出的最有趣的方式消磨夜晚的时间：讲故事，做游戏，等等，如果孩子们来，那就更加叫人高兴了。“猫咪”是个非常聪明的小姑娘（“我不是猫咪！我是大公主！”一次小女孩愤怒地嚷道）。还有伯蒂，维多利亚女王只想最虔诚地为他祈祷，希望小太子“长大起来各个方面都像他天使般的最可爱的爸爸，身体像，头脑也像。”女王的亲爱的妈妈也再次被请进了家庭圈子，艾伯特促成了这次和解，而勒曾的离去有助于消除过去的芥蒂。在维多利亚眼中，她的生活已成了一首田园诗，充满了幸福、爱情、纯朴，这首田园诗可以使忒奥克里托斯[③]也自愧不如。“艾伯特带着亲爱的小猫咪走进来，”女王陛下在日记中写道，“她穿着妈妈送给她的那套镶蓝边的白羊毛裙衫，戴着一顶漂亮的帽子。他把她放在我的床上，在她身旁坐了下来，她非常乖，也非常可爱。我们的小乖乖坐在我和我亲爱的无价之宝艾伯特之间，这时，幸福的感觉和对上帝的感激之情充溢着我的心窝。”

她回顾过去——这过去只不过三年，可似乎已经十分遥远、十分陌生。对此，她只能作这样的解释，那是某种误会，那是一个不幸的错误。她翻

① 哈勒姆（Henry Hallam，1777—1859），英国历史学家。主要作品有《英国宪法史》、《中世纪欧洲》等。

② 门德尔松（Felix Mendelsshn，1809—1847），德国作曲家、指挥家、钢琴家，作品遵循古典传统，兼有浪漫主义风格。

③ 忒奥克里托斯（Theocritus，约公元前310一公元前250），古希腊诗人，始创田园诗，其中最著名的有《泰尔西斯》。

全家福。这是一个大家庭，他们有 9 个孩子。在那个时代的英国，也讲究“多子多福”。

开一本旧时的日记，看到了这样的句子："说到'君主的信任'，请上天为证，没有一位首相，没有一位朋友，能像这位无比卓越的墨尔本勋爵拥有我的信任——如此完全的信任！"她骤然感到一阵痛楚，拿起一支笔在页边上写道："重读这一段，我不禁要说，我当时的幸福是多么虚假，我多么庆幸现在我从我亲爱的丈夫那里得到了真正的实实在在的幸福，任何政治，任何人间逆境都改变不了这种幸福。从前的那种幸福是不可能长久的，因为，尽管墨尔本勋爵善良优秀，他待我又是那么好，但我只有在社交场合，只能靠那种肤浅的消遣生活才得到快乐。当时我还以为那就是幸福！感谢上帝！对我，对别人，这一切都改变了，我知道真正的幸福是什么了。——维多利亚女王。"她是怎么知道的呢？真正的幸福和自以为是的幸福到底有什么区别呢？一位哲人，或者墨尔本勋爵可能会这样问。然而，她可不是哲人，墨尔本勋爵也只是个影子，而艾伯特在她身旁，这就够了。

她要所有的人都知道，她是那么幸福。在她给利奥波德国王的信中，充满了如痴如醉的喜悦之情。"哦，我最亲爱的舅舅，要是你知道我拥有这么一个完美无缺的丈夫有多幸福，多幸运，多骄傲，我肯定……"这种无法抑制的感情从笔下不断涌出，几乎不能自已。有一天，利特尔顿夫人未加思索地向女王描述某人"幸福得像个女王"，说完后有点儿窘。"没关系，利特尔顿夫人，"女王陛下宽容地说，"女王确实是一个非常幸福的女人。"

但是，这种新的幸福生活并非安逸忘忧之梦。相反，它令人振奋，而不是松懈。维多利亚从来没有如此紧迫地感觉到履行自己职责的必要。她比以往更加尽心尽力、有条不紊地处理国事；她不知疲倦地呵护她的孩子们。她要处理大量的来往信件，还要从早到晚忙于她的农场事务——她的乳牛棚，以及其他一大堆五花八门的家庭副业。她那活跃而充满渴望的矮小身躯，步履急促地跟着艾伯特的大跨步匆匆走过温莎的走廊和过道，这仿佛就是她内在精神的体现。在所有温柔美妙、纯净无瑕的欢乐中，在所

女王第一次出国旅行，期间会晤了法王路易·菲利普——自从1520 年以来，由于英法两国长期敌对，英法两国君主三百多年没有见过面。女王的这次出访结束了这一记录。这是夫妻俩与法国国王路易·菲利普同乘一个包厢。

有洋溢胸怀的无尽情爱中，她刚烈的本性依然保留。“一种坚毅的气质，蕴含在她出类拔萃的性格中。”利特尔顿夫人如是说。她作为王室的家庭教师有条件对她做很好的观察。

有时这种愉快的日常家庭生活不得不暂时中断。维多利亚必须从温莎转到白金汉宫，宣布议会开幕，接见官员，偶尔也会在温莎堡招待外国客人。于是宁静的王宫突然间装点得富丽堂皇，外国来的君王们，路易·菲力普，或者普鲁士国王，或者萨克森国王，在温莎得到了皇家第一流的招待。外界一致公认，在欧洲其他国家很少见到如此宏伟的场面。在滑铁卢宴会厅里，挤满了戴着闪闪发光钻石饰物，穿着金碧辉煌制服的宾客，四周的长墙上悬挂着威严的英雄画像，宴会桌上摆着历代英国国王置备的华丽的金盘。但是。在那一片辉煌之中，最为光彩夺目的形象是女王。这位娇小的女人，前一天还同其他家庭主妇一样领着孩子走进走出，查看她的牲口，在钢琴上练颤音，在日记上赞美她的丈夫，现在顷刻间光芒四射，没有做作，不需努力，自然而然地就表现出帝王的万般威仪。这给俄国的沙皇留下了深刻的印象。而维多利亚对那位了不起的尼古拉也暗怀敬畏之意。“他的来访当然是一件大事，是一种荣幸，”她告诉她舅舅，“这里的人感到十分高兴。他无疑是一位非常吸引人的男子，仍然仪表非凡。他的侧影很美，他的形象极为威严，风度极为优雅，礼数非常周到——周到得叫人害怕。他总是那么专注，那么彬彬有礼，但是他的眼光令人畏惧，我以前从来没见过这样的眼睛。”她说，她和艾伯特，还有和善的萨克森国工　　他当时正好也在，“我们很喜欢他，他一点架子也没有”——在那只可怕的老鹰面前就像一群驯顺的家禽。等尼古拉走后，他们交换意见，谈论尼古拉的脸，以及他的不幸，他对千万民众的专制权力。是的！就她本人来说，她禁不住对他怀有怜悯之心。她感谢上帝她是英国的女王。

轮到女王夫妇回访的时候，他们乘自己的游艇出发，这使维多利亚非常满意。“我实在喜欢船！”她大声地说，灵活敏捷地在扶梯上跑上跑下，不时跟水手们开个玩笑。亲王则比较矜持。他们去沙托欧访问路易·菲力普；去布鲁塞尔访问利奥波德国王。碰巧一位更加出色的英国妇女也在比利时首都，但此人当时并不引人注目。维多利亚女王的车经过M．赫格尔寄宿学校时，她不知道人群中有一位女教师正注视着她。“一位矮小、肥胖、活泼的女士，穿着很朴素，不怎么威严，也没有装腔作势。”这就是夏洛蒂·勃朗特[①]对女王的评论。当时女王的六驾马车在她身旁飞驰而过，她不得不退让在人行道上，她的思路被打断了一会儿。维多利亚兴高采烈，甚至成功地在她舅舅阴沉沉的宫廷里营造出一丝欢乐气氛。利奥波德国王非常满意。他最热切的愿望满足了，他的全部抱负实现了。在他的余生中，他只需要安然得体地享受他的王位、声望、长辈身份，按部就班履行令人生厌的职责就行了。但可悲的是，他周围那些人并没有这么好的福气。人们私底下议论，他的宫廷沉闷得就像秘密宗教集会场所，而受这沉闷之苦最深重的是他妻子。在他们结婚初期，她曾想说句不怎么好玩的笑话，“不要开玩笑，夫人。”他向这位夏洛特公主的不幸后继人嚷道。难道她不懂得一位立宪君主的配偶不容许有半点轻浮的举止吗？她终于明白了，太明白了。当布鲁塞尔的王宫内的四壁回荡起维多利亚响亮的谈笑声时，这位可怜的女人发觉自己几乎已经不知道怎么笑了。

另一年，女王夫妇访问德国，艾伯特向维多利亚展示了他家乡的美丽景色。当车队越过边境时，维多利亚非常兴奋，也很吃惊。“听见人们说德语，”她在日记中写道，“看见德国士兵，等等，对我来说似乎都很新奇。”她从小小的惊讶中恢复过来后，发现这个国家的风土人情令人着迷。她到处受到款待，周围小国的群众蜂拥而来，对她表示欢迎；一群群美丽可爱的农家孩子，穿着节日盛装，把一束束鲜花献给她。科堡公国美妙奇特的景色和谦恭有礼的百姓使她感到特别温馨。一天早晨她醒来发现自己在“可

---

① 夏洛蒂·勃朗特（Charlotte Bronte，1816—1855），英国女作家，著有《简·爱》、《雪莉》等小说。1842年她与妹妹艾米莉同去布鲁塞尔学习语言，次年受雇担任教师。

PRINCE ALBERT'S STUDIO

13. *Punch* in 1843 satirizing Albert's design of military paraphernalia, especially the shako hat

A CASE OF REAL DISTRESS

14. *Punch* in 1846 taking note of the royal family's alleged needs as its numbers burgeon. The waifs in the foreground represent widespread public distress

PRINCE ALBERT "AT HOME."

15. *Punch* in 1847 displayed a plethora of Alberts. The Prince was soldier, statesman, academic administrator, sportsman, designer of army regalia, courtier, and whatever else was needed

16. When Albert was admitted to the Guild of Merchant Tailors in 1845 – many City guilds so honoured him – *Punch* put him in his Field-Marshal's uniform for the investiture, doubling the satire by turning the tailor's iron into the torso of a rocking-horse

拿亲王殿下开涮。这几幅漫画都是当时英国报刊上关于亲王的调侃。右上角的图片：身穿博士服的亲王殿下雄心勃勃地要改革英国古老的教育制度；右下角，是亲王成为一个缝纫协会的荣誉成员后的八卦，画他身穿元帅服，威风凛凛地骑在一个用裁缝熨斗做成的摇摆木马上。英国当时出版业的自由风气可见一斑。

爱的罗斯瑙，我的艾伯特的出生地”，这“真像一场美丽的梦”。她回家后，在给利奥波德国王的一封信中，详细描述了这次旅行带给她的快乐，特别提到了她对艾伯特的故乡的深厚感情。她说：“我对我们亲切可爱的德意志怀着一种感情，这种感情我无法加以描述。在罗斯瑙我有很深的感受，那是一种能触动我心弦的感觉，几乎让我要哭。我在别的地方从来没有感觉到那种发人幽思的欢乐和安宁。我真怕我过于喜欢那地方了。”

五

丈夫并不像妻子那么高兴。对艾伯特来说，尽管他的地位有很大提高，尽管他有了一个不断扩大的家庭，尽管他得到维多利亚的崇拜，他仍然身在异乡为异客，得不到精神上的满足，内心难以宁静。确实，那些是他所置身的环境中占首要地位的东西，但那还不够，而且，在他取得圆满成功的背后，不无某种辛酸。维多利亚把他当偶像崇拜，但他渴望的是理解，而不是盲目崇拜。维多利亚对他崇拜得五体投地，可她对他又有多少理解呢？犹如吊桶对水井能有多少理解呢？他感到孤独。他去弹风琴，以精湛的技艺作即兴演奏。琴声抑扬顿挫，如潮涨潮落，给他的心带来一丝安慰。之后，他又带着年轻人的开朗，忙着去跟孩子们玩耍；要不，就去设计一个猪栏，或是给维多利亚朗读《苏格兰教会史》，或是像芭蕾舞演员似的在她面前作单脚旋转，脸上带着微笑，教维多利亚在公众场合露面时应如何举动。他就这样以此自娱。但是有一项消遣他是不感兴趣的，他从来不与女人调情，即使是看到宫中最美丽的女人。在他们订婚时，女王不无自豪地对墨尔本勋爵说，亲王不注意其他任何女人。那位玩世不恭的勋爵回答说：“不，那种事情很可能以后才发生。”为了这句话她狠狠责骂了墨尔本勋爵，然后她匆匆赶到斯托克马尔那里，告诉他墨尔本勋爵的话。男爵让她放心，告诉他说，这种事情在别人身上可能发生，但艾伯特不会。男

晚年的王夫艾伯特。此时他其实仅仅四十余岁，但多年勤于政事，已经使那个翩翩美少年变成了谢顶、憔悴的病夫。

爵的话没错。在他们的整个婚姻生活中，从没有任何美丽的女性成为维多利亚的竞争对手，引起她片刻的妒忌之苦。

越来越吸引他的是他的工作，工作带给他奇特的享受。随着皮尔的到来，他开始积极参与国家事务。这两个人，在智力方面，在道德的追求上，甚至局促拘谨的举止，彼此都十分相似，他们之间有一种共鸣，因而皮尔很乐意听从斯托克马尔的劝告，怂恿亲王出来参加公众生活。一个皇家委员会将要成立，这个委员会的任务是研究可否利用重建议会建筑的机会在联合王国提倡美艺术。皮尔独具慧眼，要求亲王领导这个委员会。这项工作对于艾伯特是再合适也没有了：他爱艺术，他爱井然的秩序，他爱跟名流接触——密切而又不失尊严的接触，现在这一切都可得到满足。他精神饱满地投入了工作。在首次亮相的致辞中，亲王指出，有必要将委员会待商讨的主题划分为若干“范畴”。这使得委员会中的某些成员感到吃惊，他们认为“范畴”这个词危险地带有德国形而上学的味道。但是他们注意到，亲王殿下对湿壁画的作画技法极为熟悉，这才恢复了信心。当人们争论新建筑物墙壁的装饰画应不应具有道德含义时，亲王发言竭力主张作肯定的答复。他说，尽管许多人在作品前走过时只不过给予匆匆一瞥，但画家不应因此而忘记还有许多人可能会比较专注地审视这些画。他的观点说服了委员会，委员会决定，壁画描绘的主题应该具有教育意义。湿壁画是按照委员会的指示进行绘制的，但不幸的是没有多久这些画就变得隐而不见了，即使对那些目光最专注的人也是如此。看来亲王殿下对湿壁画技法的熟悉程度也很有限。

亲王从事的下一项工作更为艰巨：他决定改革王室内宫的组织。这项改革早就应该进行了。许多年前，王室住地特别是白金汉宫的混乱、不安、奢侈已经臭名昭著。在男爵夫人独揽内宫大权的情况下，任何改革都是行不通的，可现在她的职权已经移交给亲王了。1844 年亲王开始着手解决这一问题。三年前，斯托克马尔经过细致的调查，在一份精心拟就的备忘录中揭示了这一不同寻常的事件：王室内宫的控制权极为奇特地被一些掌权者瓜分，这些人互不相涉，每人分别拥有一些模糊而捉摸不定的权力，既不对谁负责，也不相互协调。这些人中最主要的是王室总务官和宫务大臣——他们都是高级贵族，有显赫的政治地位，随每届政府调任，既不属于宫廷，在政府中也没有他们的位置和代言人。他们的职责含混而奇特。据说，在白金汉宫，除了厨房、洗涤室和配膳室这几个地方由王室总务官管理外，宫务大臣管理所有的房间，而宫室以外的地方则都不归这两位官员控制，而是由林务处管理。因此，窗子的室内一面由宫务大臣，在某种情况下也可能是由王室总务官派人擦拭，而窗子的室外一面则由林务处负责擦拭。仆役、女管家、侍从和女佣隶属于宫务大臣，厨房管理员、厨子、看门人则归在王室总务官麾下，但是马夫、号衣门房、管家助手又听命于另一位官员——王室掌马官。在这样的情况下，宫廷内的服务自然极为差劲，仆人中纪律松弛，丑闻迭出，不论何时，他们可以随心所欲地不去上班。正如男爵所说，“每间宿舍住 10—12 名马夫或其他人等，如果在宿舍出现抽烟、酗酒或其他不检点行为，谁也奈何不得。”更有甚者，竟没人引领女王陛下的客人去自己的房间，他们时常会被撂在外面荡来荡去，迷失在错综复杂的过道里达一个小时之久。管辖权的奇怪划分不仅涉及到人，也涉及到事物。女王注意到，餐厅里从来不生火炉。她查问原因，回答是“总务官放燃料，宫务大臣点火”，两位大贵人的属下没有能协调一致，那是无可奈何的，女王只好在寒冷中吃饭。

一起惊人的事件使人们大开眼界，看到了王宫管理的混乱和司职人员的疏忽。在长公主出生后的两个星期，保姆听见女王卧室隔壁的一个房间里有可疑的声音。她喊来一位侍从察看，这位侍从发现在一只大沙发下面蜷伏着一个“面目极为可憎”的人。那就是所谓的“男孩琼斯”。这个神秘的人物是一个身材特别矮小的 17 岁少年，他是裁缝的儿子，他的恶作剧行为在以后的几个月中成了报纸的热门话题，而他的动机到最后也没有弄清。他显然是爬过花园的墙走进一扇开着的落地窗进入王宫的。两年前，他曾经乔装扫烟囱工人进行过类似的“探访”。他说他这次已在宫中待了三天，先后藏在一张又一张床下，“自请自拿，享用肉汤和各种食物”，他还“坐过女王的宝座，看见过女王，听见长公主啼哭”。人们饶有兴趣地谈论这件奇事的每一个细节。《泰晤士报》报道说，男孩琼斯“自幼喜爱读书”，但“脸色极为阴沉”。该报还说：“据我们了解，男孩琼斯躲藏的那张沙发，材料非常昂贵，做工精美绝伦，是特地赶制出来以供那些向女王陛下致敬的王室贵宾使用的。”琼斯被送往“教养院”管教三个月。他出院后马上又回到白金汉宫。他被发现并被送回“教养院”又关了三个月。之后，有关方面给他 4 英镑一星期的工资让他去一家音乐厅跑龙套，可他拒绝了这份工作。不久，警察发现他在白金汉宫周围游荡。当局采取了有力措施，未经任何审判和法律程序就把男孩琼斯送到一条出海的船上。一年后这条船驶进朴次茅斯港重新装修，男孩琼斯立刻下船步行前往伦敦。在到达王宫之前，他又被捕，并被送回到那条叫“沃斯派特号”的船上。这一次人们注意到“他的仪容已大大改观，而且长得胖乎乎的”。此后，男孩琼斯逐渐被人们遗忘。最后一次我们见到他是在 1844 年的一个夜晚，他在从突尼斯到阿尔及尔的途中掉进了大海，他被捞了起来。有人猜测，他的坠海不是意外事件。据“沃斯派特号”的一名高级船员给《泰晤士报》写信所作的解释是：男孩琼斯是自己跳进地中海去的，是为了去“看看救生圈上的灯是否点燃”。对于一个有那样前科的孩子，还能作出什么别的假设呢？

然而，不安和惊恐并不是王室内宫管理失当造成的唯一不良后果，因为管理失当而导致的铺张浪费和侵吞公款行为，使大量金钱流失。宫中存在着形形色色荒谬的外快收入和营私舞弊行为。例如，有一条亘古不变的规则：一支蜡烛一经点燃，熄灭后就决不能再次燃点。没有人知道那些点过的未用完的蜡烛究竟是怎么处理的。又如亲王在查看账目时发现每周有

艾伯特亲王实际上是女王的首席秘书，每天都有大量的外交文书、政府公文需要及时阅读、处理，女王非常需要丈夫为她分担一部分。富于责任感的亲王工作很勤奋，仅仅四十岁出头，他就已经谢顶了。

35 先令“红室酒”的开支，他感到迷惑不解，进一步查究这个问题，费了很大的劲才弄清原委。原来在乔治三世时，温莎堡内有一间悬挂红毯的房间曾用作卫士室，每天拨出 5 个先令给那里的军官们买酒喝。卫士室早已迁到别处，而“红室”的酒钱依然照付，这笔钱被一名领取半薪的军官收去，而此人现在是一个挂名的管家助手。

亲王经过大量艰苦的调查，跟众多因多年疏虞而出现的既得利益者进行了不懈斗争，终于成功地进行了彻底的改革。相互争斗、各管一方的当权者，不得不把权力交到一位官员手中，那就是王室主管，由他负责内宫的全部管理工作。宫中厉行节约，一大堆陈年弊端给扫除了。其中一例是那位倒霉的领半薪的“红室”军官，他面临两种选择：要么放弃每周的外快，要么真正履行管家助手的职责。甚至原先在马夫之辈中存在的不检点行为也比过去大大减少了。与此同时，抗议和抱怨之声四起，亲王被指责多管闲事，办事不公，还有积攒蜡烛头等等。但亲王不为所动，没有多久，他对王室内宫的出色管理得到承认，还被认为这是他坚毅性格和干练才能的一个佐证。

与此同时，亲王在一个更加重要的领域打开了局面。他成了女王的私人秘书、秘密顾问和左右手。现在，女王会见内阁成员时他总在场。他跟女王一样，对外交政策特别感兴趣，但在其他公共事务方面，他的影响也无所不及。一个双重变化的局面正在形成：一方面，维多利亚越来越为他的才智所折服；另一方面，他越来越倾心于高层政治——一个大国永不间歇纷繁复杂的事务。再也没有人说他是半瓶子醋了。他是一个工作者，一个公众人物，一个处理重大事务的人。斯托克马尔高兴地看到了这个变化。他写道：“亲王近来大有进步。他显然很有政治头脑。同时，他变得更加有主见了。他脑力劳动的量不断增加，他把自己的大部分时间用于处理各种事务而没有一点抱怨。”“他们夫妻之间的关系，”男爵补充道，“也尽如人意。”

图为温莎堡圣乔治礼拜堂的内景。维多利亚时代的建筑艺术达到了极高的水准。

在皮尔内阁结束前很长时间，维多利亚对皮尔的态度已有彻底转变。皮尔对亲王的欣赏使女王对他油然产生好感，他性格中的诚恳和热情起了推进的作用。对于那些私人交往中他想取悦的人，这种诚恳和热情有助于逐渐消除他那尴尬表现所造成的不良印象。她对他产生了深深敬意和喜爱之情。她谈到“我们可敬的皮尔”，她说她对他“极为钦佩”，他证明了自己“是一个无比忠诚、勇敢、爱国和高尚的人，我可以说，他对我几乎是体贴入微的”。她非常害怕他去职，差不多达到了跟她一度害怕墨尔本勋爵去职同样的程度。她称那将是一场大灾祸。六年前，要是有位预言者告诉她，有一天她将因辉格党的胜利而感到恐惧，她会说些什么呢？但是，现实无可逃避，她必须面对她老朋友重返政坛这一现实。在1845年和1846年的内阁危机中，亲王起着举足轻重的作用。大家都承认，亲王是谈判的真正中心人物——实际掌握着王室方面的势力和职能。达到这一结果的进程非常缓慢，几乎难以察觉，但可以肯定地说，到皮尔内阁快要结束时，艾伯特实际上已经成了英国国王。

六

亲王终于跨上英国的政治舞台，随之而来的是墨尔本勋爵的最终消失。墨尔本勋爵在去职后一年突然瘫痪，当瘫痪明显好转后，他昔日的开朗性情一去永不复返。他变得郁郁寡欢，焦躁不安，常常像幽灵似的在城里到处游荡，无缘无故地在公共场所突然大声独白，或问些稀奇古怪的、令人摸不着头脑的问题。“阁下，要是我替你干那件事，就不得好死。”有人看见他独自站在布鲁克斯家大厅里，沉思良久后这样对着空中大声嚷嚷。在霍兰家，他曾在谈话间歇突然倾身向前，隔着餐桌问一位客人：“你认为亨利四世为保住王位而改变宗教信仰是不是最可耻的行为？”他在家里时，可怜而孤独地沉思冥想，一坐就是好几个小时。他老是翻阅他的古典著作和圣约书，但这些书不能带给他丝毫安慰。他渴望回到旧日的时光，念想着不可能的事，因为他已分辨不出什么是可能的，什么是不可能的；他还渴望有卡罗的魔法，渴望重回温莎宫作快乐的空谈。他的朋友们离他而去，这不足为奇。他愤愤地说：“火已经灭了。”他从心底里希望能重新掌权，格外关注报上的消息，偶尔还在上议院作一次演说。他继续跟女王通信，还不时地在宫中露面，但他现在只不过是旧我的一个幻影罢了。对此，维多利亚写道：“梦，俱往矣。”至于对墨尔本勋爵的政治观点，她已经难以接受。亲王是自由贸易的狂热倡导者，因而，女王当然也是。废除《谷物法》[①]时，在温莎宫的一次晚宴上墨尔本勋爵突然嚷道：“陛下，那是个骗人的混账法令！”在座的人都感到非常尴尬。女王陛下哈哈大笑，试图转换话题，但是没有用，墨尔本勋爵一而再再而三地重复着他的指责：“我说，陛下，那是骗人的混账法令！”直到女王说“墨尔本勋爵，我求求你别再说这些啦”，他这才闭上了嘴。女王待墨尔本勋爵还是很和善，给他写长长的信，总不忘记他的生日，但那是一种保持距离的善意，墨尔本勋爵也知道，他已经变成了“可怜的墨尔本勋爵”。一种深深的不安折磨着他。他试图把思想集中于农业问题和牛津运动[②]。他撰写了一篇又一篇的长篇备忘录，但是笔迹潦草，几乎无法辨认。他相信自己已经微不足道，不再可能弄一个嘉德勋位爵士的称号。他什么都没有了。要是皮尔去职，可能会要他去，为什么不会呢？可是始终没有人请他去。辉格党在磋商中把他置诸脑后，党的领导位置交给了约翰·罗素勋爵。当约翰勋爵成为首相时，对他执礼甚恭，可就是没有邀他参加内阁。他温厚地接受了这个打击；他终于理解，结局就是那样的。

他又过了两年多苟延残喘的生活，慢慢地丧失智能和知觉。有时，他

① 《谷物法》是英国为限制谷物进口而立的法令，1846 年全部废除。

② 牛津运动，19 世纪英国基督教圣公会内兴起的一场运动，反对圣公会内的新教倾向，主张恢复传统教义和礼仪。运动以牛津大学为中心，故名。

图为奥斯本庄园，女王在怀特岛上的行宫。女王夫妻每年都要长时间离开伦敦，在乡间、在海岛，过亲近大自然的生活。

从座椅上支起身子，口中念念有词，低吟着参孙[①]的一段与此情此景惊人贴切的独白：

“我深深感到我已失去欢快的心情，
我的希望全部落空，我的生命力似乎
已丧失全部功能，疲惫不堪，
我光辉的行程已经走完，
我的余生将与耻辱同行。”

在他去世前几天，维多利亚知道他已经没有好转的希望，稍稍关注了一下这位一度被她称作墨尔本勋爵的人。“你听了会感到悲伤，”她告诉利奥波德国王，“我们善良亲爱的老朋友墨尔本快要死了……谁都不会忘记他是个多么善良、多么和蔼可亲的人，这在我心中唤起了那么多的回忆。尽管，上天知道！我决不希望那段日子重新回来。”

维多利亚的处境有点儿叫人担忧。环境的变化趋势，现在正不可抗拒地指向一个完全不同的方向。艾伯特的严肃认真，她孩子们的权利要求，她本人内心的爱好，整个周围世界的动向，凡此种种结合在一起，驱使她在肩负着国家和家庭责任的狭窄道路上加速前进。她的家庭不断扩大。威尔士亲王诞生后不到 18 个月，又有了艾丽斯公主，一年后是艾尔弗雷德王子，其后是海伦娜公主，两年后又有了路易丝公主。而种种迹象表明，王室的小宝贝们还没有全部到齐。女王夫妇越来越沉溺于家庭事务，享受天伦之乐，他们对温莎的浮华排场感到讨厌，渴望有一个舒适而又僻静的退避之处。经皮尔建议，他们买下了怀特岛[②]的奥斯本庄园。他们的节约和理财本领，使得他们积攒了一笔数目可观的钱。他们靠自己的积蓄，不

① 参孙，17 世纪英国诗人弥尔顿的诗剧（力士参孙）中的主人公。
② 怀特岛在英格兰南部，位于英吉利海峡，在汉普郡岸外。

仅可以购置产业，而且可以为自己兴建一座新的房子，并拿出20万英镑用来装饰和配置家具。奥斯本庄园紧靠大海，艾伯特怀着对家乡罗斯瑙的思念，精心地在庄园周围培植了树林。这个王室家庭只要有一点空闲时间，就会从温莎或伦敦来到这里，安度愉快的时光，享受隐退和宁静的乐趣。对此，可能有少数贵族嗤之以鼻或暗暗好笑，但是公众则以赞许的眼光注视着他们，女王现在又赢得了全国大多数民众的心。中产阶级感到特别高兴，他们喜欢夫妻恩爱的美满婚姻，他们喜欢一个把王者之尊与高尚道德结合起来的家庭。他们仿佛从一面光亮的镜子中，从这样的家庭里看到了自己生活的理想影像。他们自己的生活，虽然没有那么高级，但瞧！多么相似啊，早起早睡，生活宁静而有规律。朴素的花边，轮回牌游戏，奥斯本的烤牛肉和约克郡的布丁，这一切都使女王的家庭生活变得更加和谐、美妙，更加丰富多彩。这确实是一个模范的王室家庭。中心人物举止得体堪称楷模，任何丑闻和不得体的行为都沾不上边。现在，维多利亚带着一个转变观点者的全部热忱维护纯洁的道德标准，她的坚定性甚至可能超过艾伯特的。她一想到过去曾认为一个人不能在这些问题上过于刻板挑剔，一个人对别人的可怕罪行应该持宽容态度——她曾经当真这么对亲王说过——就不禁感到汗颜。不过，她现在已经不再是墨尔本勋爵的学生，而是艾伯特的妻子了。更有甚者，她是人类历史上一个新时代的标志，一个鲜活的顶峰。18世纪的最后残迹消失了，玩世不恭和诡秘狡诈化为尘埃，取而代之的是责任、勤奋、道德、爱家守业，甚至桌椅家具的样式也作出了奇特的反应，变得端庄结实。维多利亚时代正处于全盛时期。

七

只有一件事还需要做：新的理想、新的力量必须得到有形的体现，使

第一届世博会主体建筑全景。后世公认第一届世博会的成功是与艾伯特亲王的名字相连在一起的。

之以可见的光辉呈现在世人惊讶的目光下。这要由艾伯特来实现。艾伯特亲王沉思默想，最后，举办万国博览会的念头闪现在他脑海中。

亲王没有跟任何人商量，细致周详地考虑了实现他想法的各个细节。世界上曾经举行过一些博览会，但这个博览会必须超过所有的那些。这个博览会陈列的展品应包括一切国家所能出产的原料、机器、机械发明、制造品以及应用和造型艺术品。这个博览会不仅有实用和装饰意义，还应提出崇高的道德教诲，应该是人类文明最高幸福——和平、进步和繁荣的国际里程碑。在过去的一段时间里，亲王已经对商业和工业问题给予不少关注。他对各种机器发生兴趣，他目光敏锐，曾不止一次地以专家的精确眼光发现某复杂的大型机械中少了一个嵌齿轮。一次亲王去利物浦为艾伯特码头举行揭幕，现代工业无比巨大的力量给他留下了深刻印象，尽管在给维多利亚的一封信中，他仍然保持他一贯的轻松笔调，叙述了他的体会。他开玩笑地说："我写这信时，你就要开始你晚间的梳妆打扮，而且直到晚餐时还来不及完成。我也必须着手同样的工作，但我希望达到不同的效果……这里居民们的忠诚和热情真了不起，但这里的炎热更加厉害。我感到满意，若是利物浦人早晨秤了体重现在再秤的话，你会发现他们轻了许多。码头的工程令人惊叹，停泊的船只多得难以置信。"他从小对艺术和科学有浓厚兴趣，他对王室内宫的改革明确无误地证明了他的组织才能，因而从任何角度看亲王都完全有资格来承担这项任务。他将自己的计划考虑成熟后，组成了一个人数不多的委员会，提出了计划的纲要。委员会同意了他的计划，于是这项伟大的事业立即开始运作起来。

但是，历经两年时间，准备工作仍然没完成。在这两年中，亲王以他非凡的精力坚持不懈地努力工作。开始时一切都还顺利，主要的制造商们热烈拥护亲王的设想；殖民地和东印度公司也表示赞同；一些大国都急于想送自己的展品来；罗伯特·皮尔爵士给予有力的支持，内阁批准在艾伯特选定的海德公园内划一块地方作为博览会会址。在234个会场建筑设计方案中，艾伯特选中以设计大型温室著称的约瑟夫·帕克斯顿[1]的方案。可当工程正式开始实施时，却出现了一系列不曾预料到的困难。反对这个计划的意见，在各个方面酝酿已久，现在一下爆发出来。以《泰晤士报》为首的一派意见是反对把海德公园用于博览会。一时间似乎会址得要迁往郊区。但经过下议院的一场激烈辩论，支持会址设在海德公园的人取得了胜利。接下来的问题是工程计划看来还缺少足够的财政支持，不过这个困难也被克服了，最后募到了 20 万英镑作为保证金。庞大的玻璃建筑物越升越高，覆盖在大片土地上，把高耸的榆树也封在它的屋顶下面。于是，反对者的愤怒达到了顶点。时髦的人，谨小慎微的人，贸易保护主义者，笃信宗教者，全都加入了吵吵闹闹的抗议行列。传言博览会会场将成为英国所有流氓坏蛋的集中地，也将成为欧洲一切不满分子的汇聚场所；博览会开会那天准定要发生一场骚乱，很可能是一场革命。还有人断言玻璃屋顶会渗漏，五千万只麻雀的屎将彻底毁掉屋顶下面的所有展品。激动的不从国教派信徒宣称，博览会是一场傲慢邪恶的冒险，肯定要招致上帝对英国的惩罚；西布索普上校在会址问题的辩论中，祈祷上天让冰雪和雷电降临在那该死的东西上。亲王不受干扰，不屈不挠、十分耐心地坚持向目标挺进。为此，他的健康受到很大损害，他长期失眠，几乎精疲力竭。但他记住斯托克马尔的嘱咐，决不松懈。他付出的劳动一天比一天大。他在委员会辛勤工作，主持群众集会，发表演说，跟文明世界的每一个角落保持通信联络。他的种种努力终于得到了回报。1851 年 5 月 1 日，盛大的万国博览会在一片灿烂辉煌中，在兴高采烈的气氛中，由女王向云集在这里的大片人群宣布开幕。

---

① 约瑟夫·帕克斯顿（Joseph Paxton，1801—1865），英国园艺师，温室设计师。1851 年伦敦万国博览会玻璃展厅（俗称水晶宫）的设计人。他采用铸铁预制构件，尽管该展厅覆盖面积为罗马圣彼得大教堂的四倍，建筑工期仅用了六个月时间。这一建筑促进了 19 世纪中叶的建筑技术。

第一届世博会主体建筑的耳堂。

维多利亚本人也极为兴奋。她带着狂喜、感激和惊讶的心情主持了开幕仪式。在仪式完成后，她把她的思想感情一股脑儿倾泻在她的日记中。这一天充满了说不尽的风光，道不完的荣耀，或者直截了当地说，那是一个人的耀眼的光辉，艾伯特的光辉。她边回忆边写，用飞快速度尽量记下一个又一个辉煌的场面。她所看到的一切，她所感到和听到的一切都是那么美，那么神奇：无数彬彬有礼、忠心耿耿的民众；高高飘扬的万国旗；会场内部广阔无垠，人头攒动，阳光透过屋顶照射进来；一间小小的休息室，我们把披巾放在那儿；棕榈树和机器；亲爱的艾伯特，那地方大得连风琴的声音也很难听清；达官名流的奇怪聚会；"阿萨里"中的进行曲；上帝保佑我最亲爱的艾伯特，上帝保佑我最亲爱的祖国；玻璃喷泉；公爵和安格尔西勋爵挽臂而行；基斯[①]所作的美丽的亚马孙铜像；帕克斯顿先生，一个普通花匠的儿子，他完全有理由感到自豪；乔治·格雷爵士热泪盈眶，每一个人都感到惊讶和高兴……以至于女王连着重号都来不及标注。

在坎特伯雷大主教作简短祈祷，六百人组成的歌队唱起"哈利路亚合唱曲"的时候，又出了一件引人注目的事情。就在那时候，一个中国佬，穿一身民族服装走进场地中央，慢慢地走向王室诸人站立的地方，向女王行礼如仪。女王很受感动，认为他是一位重要的中国官员，在参观队伍最后形成时，传下命令，既然天朝中国没有派代表参加，此人应列入外交队伍的行列。于是，他十分严肃地紧跟在各国大使们的后面。最后他不知去向。据那些坏心眼的人们传说，他根本不是什么官员，只不过是个骗子。但没有人真正弄清，那不动声色的黄皮肤的人所说的话到底是什么意思。

几天后，维多利亚向她舅舅倾诉衷肠。她说，5 月 1 日"是我们历史上最伟大的一天，在这一天，我见到了从未见过的最美、最雄伟、最感人的景象。这是我亲爱的艾伯特的胜利……这是我一生中最快乐、最自豪的

① 基斯（August Kiss，1802—1865），德国雕塑家，代表作有《被猛虎袭击的亚马孙》、《腓特烈大帝骑马塑像》等。

一天，我的脑子完全被这些占据了。艾伯特这最亲爱的名字，由于这个伟大的构想将永垂不朽，他无愧于他自己的祖国，也无愧于我自己的亲爱的祖国。这次成功是无可比拟的”。

确实如此。热烈的情绪普遍存在。就连当初那些最恶毒的冷嘲热讽者也转变了态度，加入了唱赞美歌的行列。公众团体的祝贺信如潮水般涌来；巴黎市设宴招待博览会委员会；女王和亲王踌躇满志地巡视英格兰北部。博览会的经济收入也很可观，全部收益达 16.5 万英镑，这笔钱将用来购买土地，在南肯辛顿建造一座永久性的国家博物馆。博览会在海德公园举行的六个月中，前来参观者达六百万人次，没有发生过一次事故。但事情总得有个结束，水晶宫终有一天要搬到西德纳姆的一个有益健康的僻静去处。维多利亚尽管伤心，但也无可奈何，她去作最后一次参观。“它看上去实在太美了，”她说，“我真不能相信，这是我最后一次看见它。风琴在演奏，由一只名叫萨默风的好听而嘹亮的管乐器伴奏，乐声几乎让我心烦意乱。帆布已经很脏，红帷幕褪了色，许多东西都沾上了尘土，但效果依然如往常一样新鲜，依然非常美。玻璃喷泉已经搬走……挖掘机、采煤机就像当初开始施工时一样在小小的护匣旁转动着。我们大家都感到非常伤感。”不过，随之而来的是较为愉快的思想。当一切过去以后，她在给首相的一封热情洋溢的信中，表示了她极其满意的心情。她说她亲爱的丈夫的名字将永垂不朽，这一点已举国公认，并成了她巨大喜悦和不尽感激的源泉。女王陛下最后说：“感谢上天让我跟一个如此伟大、如此高尚、如此优秀的亲王结合，今年将成为我一生中最值得骄傲、最幸福的一年。博览会闭幕的那一天（女王以未能亲临而感到非常遗憾），恰好是我与亲王订婚的 12 周年纪念日，这实在是一个奇特的巧合。”

在生活和工作上，两个人都是亲密的一对，夫妻二人的关系达到如胶似漆的程度。

第五章　帕默斯顿勋爵

一

1851年,亲王的好运达到了最高峰。万国博览会的成功使他名扬天下,为他此后在国家生活中的领导地位奠定了基础。在这一年还未结束前，他又在一个完全不同的活动领域内取得了另一胜利，这是一个巨大而具有决定性意义的胜利，是一系列复杂因素汇合的结果。经过多年，这些因素的汇聚达到了高潮。

艾伯特在高层社会不受欢迎的程度，并未因时间的推移而有所减弱。贵族人士仍然不喜欢他。在他这方面，他对贵族们也越来越藐视和疏远。有一段时间，上流社会对他的厌恶态度似乎有可能转为友好，那是因为他们惊讶地听说，亲王在一次下乡旅行中竟骑马驱狗打猎，而且表现非常出色。他们原以为亲王的骑术理所当然地只有外国佬的二流水平，现在，他竟然能一连跃过五座栅栏门猛追逃窜的狐狸，仿佛他是在莱斯特郡[1]生养

① 英国英格兰的一个郡。

长大的。这令他们难以置信：难道是他们弄错了？艾伯特本来就是一个好样的小伙子吗？如果艾伯特真要别人这么想，他当然会不失时机，买几条好猎狗，经常骑马打猎。可是他不想这样。他讨厌打猎，打猎会使维多利亚感到紧张。但他和过去一样继续骑马，照他自己的说法，那是为了锻炼和方便，而不是为了娱乐。人们都认为，亲王的马上功夫无疑是不错的，但他不是什么运动家。

这可是件严重的事情。它不仅使艾伯特受到绅士淑女们的嘲弄讥笑，而且，婚前在社交界颇出风头的维多利亚在丈夫影响下也几乎完全不再骑马了。自从查理二世以来，英国历代君王总是不合时尚，只有一人例外，而作为例外的乔治四世，似乎证明了这种例外对国家统治具有特别重要的意义。严重的问题倒并不在于合不合时尚，而在于缺乏其他更为重要的品质。上流社会的敌意，表明了一种对立，这种对立更甚于气质、趣味的对立。而归根结底，问题出在亲王是“非英国人”。“非英国人”一词的准确含义到底是什么倒也很难说清楚。但“非英国人”这个事实对每一个人都是一目了然的。帕默斯顿勋爵也不合时尚，辉格党的大贵族们对他侧目而视，而他们之所以能容忍他，只是把他作为命运硬塞给他们的一种不合意的需要。但是帕默斯顿勋爵是一个彻头彻尾的英国人。他身上能生气勃勃地表现出英吉利民族的某些品质。而他跟亲王正好形成鲜明的对照。一个奇特的机会，这位标准的英国人碰巧比其他同胞更加密切地与这位海外来的外国人有了接触。事实表明，分歧如果有合适的条件本来可能消除；但它也可以变得更为尖锐激烈。在后来漫长而激烈的冲突中，艾伯特内心所有的神奇力量全部迸发出来跟他的对手作战，几乎像是在跟整个英国战斗。

帕默斯顿一生都致力于治理国家。他 22 岁时当上内阁大臣，25 岁被提名为财政大臣，但他谨慎地谢绝了，这种谨慎不意竟成了他性格的一个部分。他初次在内阁任职后就不间断地干了 21 年。格雷勋爵掌权时，他接受了外交大臣的职位，一做又是 21 年，其间中断过两次。在这段时间里，他在公众中的声望稳步上升，1846 年他第三次任外交大臣时，他在国内的地位几乎——如果不是完全的话——可以与首相约翰·罗素勋爵比肩。他 62 岁，身材魁梧，大脸盘，蓄着染色八字须，长长的上嘴唇带讥讽的神情，一副无忧无虑的样子。他早先的私生活实在不敢恭维，但是他后来通过婚姻大大加强了自己在社会中的地位。他娶了考珀夫人，她是墨尔本勋爵的妹妹，辉格党最有影响的女主人之一。他有权有势，经验丰富，再加上极端的自信，自然不会把艾伯特放在眼中。他干嘛要呢？亲王对外交事务感兴趣，不是吗？那好，让亲王对他尊重点儿才是，他做内阁大臣时，艾伯特还在摇篮里哩。他是上帝选定的一个大国的领袖人物，他整个一生中做任何事情都没有失败过。当然，并不是说他要艾伯特对他献殷勤——根本不是。在他看来，艾伯特在外交方面只不过是个毛孩子，连缺德的事也没干过，他想出人头地，唯一的资本只不过是他碰巧娶了英国女王。然而，他在花了很大代价以后才弄清楚，他的估计是错误的，艾伯特绝非等闲之辈。在艾伯特身后，还有另一位不容小看的人物，那就是斯托克马尔。

不过帕默斯顿忙于他的计划，忙于实现他的野心，忙于管理一个庞大的部门，他根本没把这些问题放在眼里。这也是他喜爱的行事方式。他靠本能过活，眼明手快手腕强硬，能老到敏捷地处理危机，凭一种若有若无的感觉把握形势的基本要素。他非常大胆，他最为高兴和激动的事是驾驶国家之舟，张开船上所有风帆，顶风航行在惊涛骇浪中。但是，大胆也得有个限度，超过了这个限度就变成鲁莽了。帕默斯顿对这个限度单凭直觉察知，而不是靠理智。通常，帕默斯顿不会超过这个限度。当他看到情势要求他放慢脚步时，他也能走得很慢、很慢；尽管他的整个事业充满了惊心动魄的冒险色彩，他又是谚语“善等待者万事如意”的最好范例。但他若决定要快步前行，那么谁也赶不上他。一天他从奥斯本回来，误了去伦敦的火车，于是他命令开一列专车。车站站长告诉他，在那段时间里线路上插入一列专车会有危险。可他不答应，坚持要开，说他有要事必须赶到伦敦去，不能等待。车站站长在全体官员们的支持下继续顶牛，说大家负不了这个责任。“那就由我负责！”帕默斯顿说，摆出了他一贯的那副满不在乎的傲慢态度。车站站长只好调来一列车。最后，外交大臣及时到达伦敦办他的事去了，途中并没有出什么事故。这个故事颇有代表性地反映了帕默斯顿勋爵无论是办理私人事务，抑或国家大事，都具有一种快乐而勇敢的精神。他常说：“英国已经强大得足以面对任何后果而无所畏惧。”诚然，在帕默斯顿的领导下，英国确实有如此力量。当官员们吓得瑟瑟发抖，提出异议时，他会用一句傲慢的“我负责”把他们赶到一边，让整个国家沿着他选定的路线快速前进，直达胜利的目标而不出一点事故。他之所以极得人心，部分是由于他外交事业上的成功，部分是由于他本人异常和蔼可亲，但更主要的则是由于他能真正满怀激情地对同胞的感情作出反应，并维护同胞的利益。公众知道，在帕默斯顿身上，你不仅可以看到一个奋发图强的主人，你还可以看到一个全心全意的仆人，在任何意义上他都堪称是一个关心公众的人。在他当首相时，有一次他注意到格林公园的草地上放着一些铁栅栏，他马上写信给有关负责大臣，用极严厉的语气命令立即将铁栅栏搬走，称那些东西为“令人难以容忍的劳什子”，还指出设置草地的目的是“让人，不论老幼，能自由自在不受阻碍地在上面行走，兴建公园就是为了让人们享用”。作为外交大臣，他也是以这种精神关注着英国人的海外利益的。英国民众对此感到再合心意不过了。可外国政府就没有那么高兴。他们觉得帕默斯顿勋爵好管闲事，惹人讨厌，怪可怕的。在巴黎，人们说起这位“可怕的帕默斯顿勋爵”就倒抽一口冷气；在德国，人们还给他编了一段顺口溜：

“如果魔鬼有儿孙，
肯定就是帕默斯顿。”

但是，外界的抱怨、威胁、激动对帕默斯顿来说毫无作用。帕默斯顿撅起带讥讽的上嘴唇，勇敢地面对后果，依然我行我素。

他返任后遇上的第一次外交危机，尽管有亲王和女王的密切关注，并未造成王室和内阁的严重不和而安然度过。在过去几年中，一个奇特的问题一直困扰着欧洲各国的政府。西班牙自拿破仑时代以来。一直是内部动乱的受害者，直到克里斯蒂娜和伊莎贝拉母女相继当女王时，才进入一个为期不长的相对稳定时期。1846 年，伊莎贝拉的婚姻问题突然变得敏感起来。这个问题长期以来一直是外交界极为关注的议题。人们提出了各种各样可供选择的对象，其中有她自己的两位表兄弟：一个是另一位西班牙亲王；还有一个是萨克森－科堡的利奥波德亲王，维多利亚和艾伯特的嫡亲表兄弟。然而由于种种原因，这两位年轻人似乎都不理想。伊莎贝拉还不满 16 岁，她的婚姻本来可以推迟几年再考虑，但这被认为是不可能的。一位高级权威人士说："你们不知道，这些西班牙公主是什么样的人，她们心怀歹念，如果我们不抓紧，继承人就会抢在丈夫前面到来了。"也可以这样认为，年轻女王的婚姻是一件要由她本人、她母亲以及西班牙政府共同决定的事，而这一点又是很难成为现实的。这个问题也就成了法国和英国外交政策上举足轻重的问题。这种在 18 世纪常见的现象，现在又重新出现，而且，据说至今在外交上仍不罕见。几年来，路易·菲力普和他的首相基佐在暗中谨慎地制定了一个巧妙的计划。这位法国国王的目标是重复路易十四光辉的妙计，把自己的一个孙子放到西班牙王位上，以取代比利牛斯和约[①]。为了实现这个计划，他没敢建议让自己的小儿子蒙庞西耶公爵娶伊莎贝拉，那样过于露骨，将立即招致无可避免的反对。于是，他提议伊莎贝拉跟她表兄弟加迪斯公爵结婚，让蒙庞西耶娶伊莎贝拉的妹妹

① 比利牛斯和约（1659），法国国王路易十四与西班牙王腓力四世之间的和约，其中包括路易十四与西班牙公主结婚的协议，这一和约和婚事，使路易十四成了当时欧洲最有权势的君主。

费尔南达公主。试问，对这样安排还会有什么反对意见吗？这位诡计多端的老王偷偷在基佐干净的耳朵边道出其中奥妙：他有充分理由认定，加迪斯公爵不能生育，因而费尔南达的子女将继承西班牙王位。基佐闻言，搓搓手，立即着手必要的准备工作。当然，没过多久，整个阴谋就暴露无遗，为世人所知。英国政府对这一事件高度重视：大国间的均势显然受到了威胁，对法国的阴谋必须不惜冒任何风险加以挫败。随后是一场极为紧张的外交斗争，第二次西班牙王位继承战争[①]似乎一触即发。最后，这场战争总算避免了，这场纠葛的结果却影响深远，而且与有关各方猜测的全然不同。

在漫长而复杂的谈判中，有一点是路易·菲力普特别坚持强调的，那就是关于萨克森－科堡的利奥波德亲王的候选地位。他声称：如果科堡亲王跟西班牙女王结婚，对欧洲均势的威胁与蒙庞西耶公爵跟费尔南达公主结婚不相上下。对于这场纷争，可说的确实还很多。拿破仑战争给科堡家族带来的灾难，显然更激励了这个家族，使之更加奋发图强。现在，这个王侯家族已经以异乎寻常的势头，将自己的势力扩展到整个欧洲。利奥波德国王稳固地坐在比利时；他的外甥女是英国女王，他的一个侄子是英国女王的丈夫，另一个侄子是葡萄牙女王的丈夫，还有一个则是符腾堡公爵。这还有完没完？看来有那么个科堡托拉斯，随时随刻准备派出它的一个成员，去填补欧洲某国统治家族的任何空缺。甚至有迹象表明，这种传染病还将蔓延到欧洲以外的地方去。有一个来到布鲁塞尔的美国人，郑重其事地告诉利奥波德国王，在美国存在着一种强烈的情绪，赞成君主制而不赞成暴民们的无政府主义。他还暗示，科堡家族的某个分支可以担当此重任。这当然使国王陛下感到高兴，可那样的危险也许还遥远，而西班牙的危险近在眼前。如果利奥波德亲王娶了伊莎贝拉，法国的地位即使不能说十分

---

① 西班牙王位继承战争（1701—1714）：西班牙国王查理二世死后无嗣，为王位继承问题引起以法国、巴伐利亚为一方，以英国、荷兰、神圣罗马帝国等为另一方的战争。战争结果是法国和西班牙的利益受到损害．英国力量上升。

危险，也要蒙上屈辱。这就是路易－菲力普坚持其观点的关键所在。英国政府无意支持利奥波德亲王，虽然艾伯特和维多利亚很想成全这门婚事，但聪明的斯托克马尔劝说他们打消了有关此事的一切想法。于是，解决问题的道路似乎打通了：如果法国在蒙庞西耶问题上采取明智态度，英国在利奥波德问题上也将采取克制态度。在沙托埃[1]，经过以法国国王和基佐为一方，以维多利亚女王、艾伯特亲王和阿伯丁勋爵为另一方的一系列会谈，英法双方终于达成协议。阿伯丁作为外交大臣宣称，英国既不承认也不支持利奥波德亲王作为西班牙女王婚姻对象的候选者；而路易·菲力普则庄重地对阿伯丁和维多利亚许诺，蒙庞西耶公爵在女王结婚并生育子女以前，不与费尔南达公主结婚。

一切进行得很顺利，危机似乎可以度过了，可在帕默斯顿接替阿伯丁担任外交大臣后，整个问题又突然被重新提出。帕默斯顿发给英国驻马德里公使一封快件，在一份可能作为女王伊莎贝拉婚姻对象的名单中提及科堡的利奥波德亲王；同时，他还利用机会以激烈的言词对西班牙政府的暴政和无能进行了谴责。这封在任何情况下都称得上为鲁莽轻率的信件，在转达给基佐后，就显得更加不妥了。路易·菲力普看见机会来到，立即抓住不放。尽管帕默斯顿的信中并没有表示他承认或支持利奥波德亲王，但这位法国国王立即断言，英国人破坏了协议，因而他也可以自由行动。路易·菲力普于是致信西班牙女王的母后，声称英国人正在阴谋策划科堡的这门婚事，要她警惕帕默斯顿对西班牙政府的敌意，劝他同意伊莎贝拉跟加迪斯公爵、费尔南达跟蒙庞西耶的婚姻，以摆脱困境并保证与法国的友谊。女王母后既惊恐又愤怒，很容易地相信了路易·菲力普的话。现在，剩下的困难只有一个：伊莎贝拉一见到她表兄就感到讨厌。但这一困难很快也克服了。宫中举行了一次疯狂的晚会，那位年轻姑娘被弄得晕头转向，

---

① 沙托埃，法国北部市镇，16 世纪时建有城堡，后毁于大火。

别人要求什么她就答应什么。在这以后不久，同一天里举行了两场婚礼。

这消息像炸弹一样在英国政府头上爆炸开了。英国政府看到自己中了狡诈的法国国王的诡计，惨遭失败，感到既愤怒又丢脸。特别是维多利亚，更是怒不可遏。路易·菲力普曾向她本人作过保证，而且还曾赠送英国太子一盒玩具兵，送给长公主一只美丽的活动眼波斯布娃娃，因而赢得了她的好感。而现在她得到的却是羞辱和伤害。法国王后给她的一封正式信函，平静地宣布了他儿子蒙庞西耶的婚事，王后把这说成是一桩家庭私事，相信维多利亚对此一定会有兴趣——“这使我们内心增添了幸福感，这是这个世界中唯一的幸福。而这种幸福，女王陛下，您会十分欣赏的。”然而，英国女王并不需要等待很长时间对之进行报复。不到 18 个月，路易·菲力普王朝声名狼藉，不得人心，加上英国撤回对它的支持而大大地削弱了王朝势力，最终被扫进历史的垃圾堆，路易·菲力普和他一家也成了拜倒在维多利亚脚前摇尾乞怜的亡命者。

二

在这一事件中，女王和亲王都全神贯注对付路易·菲力普的胡作非为，对于帕默斯顿已无余怒可迁，况且，在主要问题上，帕默斯顿的态度跟他们的态度完全是一致的。然而这只是一个独一无二的例外。在随后的年代里，在所有其他外交纠葛中——这些纠葛多而严重——女王夫妇与外交大臣之间分歧不断，鸿沟渐深。在葡萄牙问题上，他们就发生了激烈的争吵。在葡萄牙，相互仇视的派别进行着你死我活的斗争。维多利亚夫妇自然对葡萄牙女王和她的科堡丈夫寄予同情，而帕默斯顿则支持那里的进步分子。不过，直到 1848 年，紧张的局面才发展到真正严重的地步。在那革命的一年，各个地方不断传来可怕的消息，王族们的脑袋纷纷落地，艾伯特和维多利亚惊恐地发现，在德国、在瑞士、在奥地利、在意大利、在西西里，英国的政策正被顽固地导向有利于造反势力的一方。这样的形势恰恰就是帕默斯顿内心所喜爱的。有危险，有激情，有做决定的必要，有采取行动的机会，什么都不缺。作为坎宁[①]的信徒，帕默斯顿的内心深处具有英国绅士那种对外国君主的蔑视和厌恶，他看到民众起义和大批压迫者灰溜溜地给撵出被他们玷污了的宫殿，感到无比欣喜。他决心已定，在这场遍及欧洲的伟大斗争中，英国站在哪一边已是不用多作考虑的事了。这倒并不是因为他有哪怕一丁点儿激进主义的色彩，他根本就没有任何哲学倾向，他对自己的表里不一——在国内是个保守主义者，在国外又是个自由主义者——感到挺满意。要那些爱尔兰人安分守己，是有着充分理由的，但这跟外国的事又有何干系？关键还是在这儿——任何一个正派人读到有关那不勒斯政治犯监狱的描述时都会义愤填膺。他并不要战争，但他看到，通过巧妙而强有力的手段，运用英国的影响力，没有战争也可以大大促进欧洲自由主义的事业。这可是一场难度大而又危险的游戏，但他兴致勃勃地试图玩它一玩。然而，正当他需要集中精力并拥有一切可能的行动自由时，他突然发现，在每一个紧要关头，他都受到住在奥斯本的那些人的阻挠和扰乱，这使他极为恼火。他明白那是怎么回事。反对的意见是那么系统而有根有据，女王一个人是提不出来的，整个事情的后台是亲王。这太叫人伤脑筋了。可时间紧迫，帕默斯顿不能等待，若是亲王定要干预，那就不得不把他扫到一边去。

对此，艾伯特非常气愤。他完全不同意帕默斯顿的政策，也不同意他的行事方式。他反对专制；在他看来，帕默斯顿的做法简直就替代了满欧洲的专制——无法无天的派系暴力和乱民暴力——不会好些，只可能更糟些。这种革命骚乱的危险性是严重的，甚至在英国也有猖獗传播的宪章运

---

① 坎宁（George Canning，1770—1827），英国托利党人，曾任外交大臣、首相，推行独立自主政策，使英国脱离“神圣同盟”，支持希腊独立。

动[1]——一个可怕的运动，随时可能推翻宪法，废除王朝。毫无疑问，国内有这种危险存在，再去鼓励国外那些无法无天的行为，当然是极不合适的。艾伯特对德国的局势自然特别关心，他的本能、他的感情、他的偏爱，都根深蒂固是德国人的。斯托克马尔也深深卷入了德国政治的漩涡，他在德国统治集团的家族中有一大堆亲戚，处在革命骚乱氛围中的斯托克马尔每周给亲王写一封充满激动情绪的长信。亲王对德国的未来作了全面估量，在斯托克马尔的指导下得出结论：每一个爱德国的人，应该以实现普鲁士君主领导下的德国统一为伟大目标。当时的局势极为错综复杂，时好时坏，瞬息万变，不可捉摸。亲王发现帕默斯顿除了毫无理由地不相信普鲁士之外，既不了解也不打算去了解这个重大问题的微妙之处，而是莽撞行事，东一榔头西一棒槌，没有一点儿章法，甚至没有目的。对此，他感到十分可怕。

亲王跟帕默斯顿在对外政策细节上的分歧，实际上也反映出两人截然不同的性格。在艾伯特眼中，帕默斯顿是一个骄纵粗野的个人主义者，他的自傲与无知相结合，必然导致蠢事和灾难的产生。最令他反感的，莫过于那种令人难以理解的缺少耐心、不会思考、不讲原则、没有推理习惯的头脑。在他看来，不假思索匆忙做出决定和按照莫名其妙的本能行事是难以容忍的。任何事情都必须按规矩进行，都必须事先经过仔细考虑，都必须有坚实的前提，才能采取某个立场；必须经过一系列合乎逻辑的步骤，才能作出正确的结论。对复杂的问题——如果正确对待，哪个问题是不复杂的呢？——把思考的内容写下来是最明智的做法。艾伯特本人向来就是这么做的，尽管可能很费力。同样地，在事情完了以后要写出一份论述详尽的报告，就像在事前所做的那样。因而，不管发生什么事，人们都会发现，亲王已经撰就了备忘录。一次，他把跟罗伯特·皮尔勋爵秘密谈话的内容压缩在六大张纸上，高声朗读给他听，要求他在上面签字，而罗伯特

[1] 宪章运动（1838—1848），英国无产阶级为争取实行《人民宪章》而发动的革命运动，组织过三次大规模的请愿，后被镇压而遭到失败。

勋爵从不喜欢承担义务，因而相当狼狈。见此情景亲王觉得有必要迁就一下英国人独一无二的敏感性，乖巧地把那份详尽的备忘录丢进了火炉。至于帕默斯顿，他甚至从不让人有机会向他念一份备忘录；看来，他绝对不喜欢讨论。他常常在人们还没有摸着头脑时，不打一声招呼就已经着手施行一项轻率疯狂的计划了，而这项计划很有可能引发一场欧洲战争。艾伯特则要求从各个角度彻底审视问题，对事情追根究底，严格按某个明确无误的原则行事，与此紧密相联系的，是他那种严谨审慎、苦心追求的合理性。在斯托克马尔的影响下，他不断扩大自己的视野，努力从理论和实践两个方面精确而深入地探究重大问题。对于艾伯特这样一位习惯于用脑的人来说，帕默斯顿那样凭经验办事而不知原则为何物，就像一个讨人厌的儿童在忽发奇想。帕默斯顿知道什么经济学、科学和历史呢？他在乎什么道德和教育呢？在他整个一生中，他对改善工人阶级条件，对全人类的完善又考虑过多少呢？这些问题的答案再清楚不过了。而且你可以很容易地想象出，帕默斯顿会怎样无忧无虑地作出评论："啊！殿下正忙于作精细的规划和有益的计算——一点儿不错！很好。至于我嘛，我对我今天早晨做的事很满意——我把那些铁栅栏弄出格林公园了。"

然而，那位令人讨嫌的人倒并不打算作什么评论，他面带微笑地保持沉默，不可原谅地继续走他的路。他的"不理睬"方针很快付诸实施。外交部的重要急件或很迟才送交女王，使她来不及作任何更改，或根本就不送给她；再不然，文件是送到了，女王提出一些反对意见，建议作某些修改，但文件发送出去时还是原封未动。女王有意见，亲王也有意见，他们在一起抱怨，可是全然无用。帕默斯顿抱歉之极——弄不懂怎么会发生这样的事儿——得好好训斥那些办事人员——女王陛下的意愿必须倾听，那是天经地义的，这样的事儿决不允许再发生了。可是，这样的事儿很快又发生了。女王夫妇的抗议更加强烈。维多利亚派性观念极强，在她的抗议中加进了浓厚的个人情绪，这是艾伯特所没有的。难道帕默斯顿勋爵忘记她是英国女王了吗？她怎么能容忍未经她的同意，甚至她都不知道，就以她的名义将文件发到国外？她不得不接受那些收到信件的外国君王们怒气冲冲的抗议信——她都不知道该怎么回信，因为她是“完全同意”那些信的内容的——难道还有比这更使她威信扫地的吗？她对首相说：“任何抗议对帕默斯顿勋爵都不起作用。”另一次，她告诉首相：“帕默斯顿勋爵仍像往常一样，声称在发出文件前没有时间把草稿送给女王看。”她召来约翰勋爵，倾诉了自己的愤怒心情，然后，在艾伯特的建议下，她把经过情形写进一份备忘录：“我说，我认为帕默斯顿勋爵对待问题常常持一种有损英国荣誉的、带有偏见的片面观点，他的文字苦如胆汁，给人很大伤害。对此，约翰勋爵完全同意。我还说，我经常感到焦虑不安。”她又给她舅舅写信。综观欧洲形势，她感到绝望，“德国的状况很可怕，”她写道，“人们为那个一度多么宁静幸福的国家感到羞耻。我可以肯定，那儿还有很好的人民，但是，他们容忍别人对他们任意摆布、威胁和羞辱。在法国，一场危机看来也已近在眼前，在调停这件事时，我们出了多么大的洋相！爱尔兰在我们的控制下颤抖，并随时准备背叛我们，而我们却强迫奥地利放弃它的合法所得，这其实是不道德的。要是加拿大、马耳他等等都来找我们麻烦，我们又将说些什么呢？这真叫我痛心疾首。”可是帕默斯顿勋爵哪里在乎这些呢？

约翰勋爵的处境变得越来越难以忍受。他不赞成他同事对待女王的办法。当他恳求帕默斯顿多加注意时，得到的答复是：每年经过外交部的急件有 28000 份，如果每一份都要交王室审阅，势必会产生严重耽搁。对于一位工作过度的大臣来说，由于把文稿送到挑剔的艾伯特亲王手中而产生的时间浪费和担忧，更是难以承受的负担。事实上，由于这一原因而导致重要决定的延误。在外交上已产生了很不愉快的后果。这些借口如果不是因为约翰勋爵本人也受到过同样的忽视，本来是会产生良好效果的。可是，帕默斯顿连首相的账也不买，时常把一些十分重要的急件直接发送出去。这位外交大臣几乎成了独揽大权的人物，想干什么就干什么，自作主张，使英国的政策变得摇摆不定。1847 年，有一次他竟然既不和内阁也不和首相商量就发出警告，要中断跟法国的外交关系。这一类事件频频发生。亲王知道这情况后，明白他的机会来到了，他只要在两位政治家之间打进一个楔子，只要跟约翰勋爵结成同盟，抑制甚至除去帕默斯顿勋爵几乎不成问题。亲王充分发挥他的顽强精神，着手这项工作。他和女王对首相施加各种各样压力。他们或是写信，或是发表言辞激烈的讲话，或是重新陷入可怕的沉默。他们想到一位重要的内阁成员克拉伦登可以成为他们的传声筒。他们请克拉伦登到宫内用餐，一吃完饭，“女王就爆发了，”克拉伦登事后描述道，“带着强烈不满和愤怒的情绪，诉说帕默斯顿的所作所为，还有这些作为在全世界造成的全部后果，以及她自己对这事的全部感受和看法。”女王讲完后，亲王又接过话茬，虽不那么激动，但有同样的力度。克拉伦登勋爵发现自己处境尴尬，他不喜欢帕默斯顿的政策，但帕默斯顿是他的同事；他也不赞成他主人女王夫妇的态度，照他的看法，他们“错在希望由侍臣而不是由阁员来管理国家大事”，他认为他们“为一个奇特的错误所困惑，那就是误把外交部当作他们自己的一个特殊部门，认为他们有权控制——如果不是指导的话——英国的外交政策。”因此，他极其礼貌地使女王夫妇了解，他不想以任何方式承担义务。另外，实际上也不需要再对约翰勋爵施加压力。他上面受到君王的指摘，下面遭到外交大臣的怠慢，已经很不好受。随着石勒苏益格 - 荷尔斯泰因问题[①]的出现——那可能是整个欧洲外交史上最复杂的问题——他的地位，在上下磨盘的碾压下，变得完全无法忍受了。他急切地要把帕默斯顿弄出外交部，并把实现这个目标置于一切事务之首。但是——如果帕默斯顿不愿离开呢？

大约就在这时，亲王的一份备忘录记载了他自己、女王和首相之间的一次会谈，从中我们可以大致看到这三位高层人士有趣的心理状态——约

① 石勒苏益格 - 荷尔斯泰因问题，19 世纪时有关德国北部石勒苏益格公国与荷尔斯泰因公国地位问题的争议。

翰勋爵的焦虑和恼火，维多利亚的愤怒的讥刺，艾伯特的理性的憎恶——这三种心态在一个看不见的“存在”的阴影下给凑合在一起，那个“存在”就是引起天怒人怨的无忧无虑、傲慢自大的帕默斯顿。谈话中约翰勋爵一度提到，他相信外交大臣会同意换个职位；他说，帕默斯顿勋爵意识到他已失去女王的信任——虽然只是由于公务原因而不是由于个人原因。但对那一点，亲王记道，“女王打断约翰勋爵，说她不信任他，也由于个人原因。但我说，帕默斯顿勋爵本人到现在为止至少还看不出有什么过错，女王讨厌他不是由于他这个人，而是由于他的政治行为。女王同意这一点。”接着，亲王指出，内阁有可能崩溃，帕默斯顿勋爵有可能出任首相。关于这一点，约翰勋爵要他们放心，他“认为帕默斯顿勋爵已经太老了，今后不可能再有什么作为（他已经过了65岁）。”最后决定，目前还没有什么可做，但必须绝对保密；秘密会谈就这样结束了。

1850年，解脱的机会终于近在眼前。有迹象表明，广大公众对帕默斯顿在外交上引起的惊恐和产生的偏差越来越感到忧虑；在英国臣民唐·帕西菲科[①]与希腊政府的争执中，他支持唐·帕西菲科，从而几乎使英国卷入一场不仅跟希腊，而且跟法国，甚至还可能跟俄国的战争。不信任和不满的乌云似乎正在聚集，快要在他上空爆发一场暴风雨了。在上议院，一项反对帕默斯顿的动议以绝大多数票通过。下一步是将此问题交下议院讨论，在那里很有可能出现另一次不利于他的投票，从而决定这位大臣的最终失败。帕默斯顿若无其事地承受攻击，然后，在最后的适当时刻进行了反击。他作了长达四个小时的演说[②]，以高超的演讲艺术和精彩的

---

① 唐·帕西菲科为犹太人，生于直布罗陀，属英国国籍。后在雅典经商，在一次反犹骚乱中住宅被焚，帕西菲科要求希腊政府赔偿，得到英国外交大臣帕默斯顿的支持。帕默斯顿派出海军，胁迫希腊接受帕西菲科的要求。

② 帕默斯顿在演说中有一段著名的话：“罗马人只要一说出‘我是罗马公民’，在世界上的任何地方，他的权利都能得到保障。英国臣民也是一样，他在任何土地上都可以深信：如果他受到不公正的对待，英国政府马上就会用强大的力量来保护他。”

措辞把解释、痛斥、抗辩、抨击、朴实的言词、激起共鸣的雄辩全糅合在一起，最终打败了他的对手。敌对的动议给击败了，帕默斯顿再次成为当代英雄。与此同时，命运之神也眷顾于他。罗伯特·皮尔爵士从马上摔下一命呜呼。由于这一悲剧，帕默斯顿看到，在他前进的道路上，一个足以与他为敌的对手给搬掉了。他判定——判断得很正确——他已是全英国最受欢迎的人。当约翰爵士旧事重提要想把他调离外交部时，他断然加以拒绝。

艾伯特十分失望；维多利亚大为恼怒。“下议院正在变得极难控制，叫人伤透脑筋，”女王写道。亲王意识到帕默斯顿的地位比过去更加稳固，决心采取激烈的手段。5 个月前，有先见之明的斯托克马尔男爵曾拟就一份备忘录，以备紧急时刻启用。这份备忘录给小心地贴上标签，放在手边的文件格内。现在紧急时刻已经来到，必须启用这份备忘录了。女王抄写了斯托克马尔起草的文句，将一封信送交首相，要他把信交给帕默斯顿看。“为了防止将来出现任何差错，”维多利亚写道，“女王认为将她对外交大臣所寄托的希望作一简单说明是恰当的。她要求：(1) 他将明确陈述他对处理某个事件的建议，以便女王得以同样明确地知道是否该给予恩准；(2) 一旦女王对某一措施给予恩准，大臣不得随意加以变换或改动，否则，女王将视此类行为是对君王的不忠，并将合法地行使宪法赋予她的权利，将该大臣撤职。”约翰·罗素勋爵按女王要求做了，把信转交给帕默斯顿勋爵。这个在宪政史上具有重大意义的事件，外界完全无人知晓。

如果帕默斯顿是个敏感的人，他收到女王的信函很可能会主动提出辞呈，可他一点儿也不敏感。他爱权力，而他的权力现在比以往任何时候更大了。一种一贯正确的本能告诉他，这不是他走开的时候。不过，他仍然感到极为心烦。他终于明白，他在跟一个很难对付的敌人斗争，此人的手段和力量若不加以遏制，可能给他的事业带来不可弥补的损害。于是他写信给约翰勋爵，以简短的语言同意了女王的要求：“此备忘录我已录下一份，我将不会违背其中所含指示。”同时，他要求会见亲王。艾伯特立即召他进宫。亲王惊讶地注意到——如他后来在一份备忘录中所记——帕默斯顿走进房间时“显得非常不安，全身颤抖，眼中含着泪水，这使我相当感动。我从未见到过他现在那副模样，就我所知，他在任何情况下总是面带温和微笑的。”这位老年政治家说了许多辩解的话；年轻的亲王则冷淡而彬彬有礼。最后，经过漫长而无结果的谈话，亲王挺直身子说，为了给帕默斯顿勋爵“举个例子，说明女王到底要求什么”，他要“直截了当地问他一个问题。”帕默斯顿勋爵默默地洗耳恭听，亲王继续说道：“你一定知道，女王反对石勒苏益格协议，你也清楚女王这样做的理由，然而女王的意见遭到了否决；欧洲大国希望保存完整的丹麦王国，表达他们要求的协议签订了，就这样丹麦国王入侵了石勒苏益格，使那里战火纷飞。如果荷尔斯泰因也受到攻击——这是很可能的——德国人免不了要赶去援助，而俄国则威胁，如果石勒苏益格获胜，它将进行武力干预。要是出现了这样的危急局面（极有可能引起欧洲大战），你准备怎么办？当我们在巴尔莫勒尔[1]，而约翰勋爵在苏格兰的另一头时，非常可能出现这样的危险。女王期望你已经预见并考虑过这种可能性，要求你明确回答，一旦发生这样的事件时，你将如何对付。”奇怪得很，对于这个直截了当的问题，外交大臣竟然回答不上。他说，整个事情复杂得很，亲王殿下提到的那种紧急情况简直是不可能出现的。亲王坚持他的意见，他花了整整一个小时想逼帕默斯顿勋爵给一个明确回答，可是全然无用，直到这位勋爵躬身退出，亲王仍然没有得到答复。艾伯特举起双手惊讶万分：对这样一个人你还有什么办法呢？

确实，还有什么办法呢？因为，认错也好，许诺也好，只不过过了几个星期，这位不可救药的浪子又在耍花招了。奥地利将军海瑙来到英国，

① 巴尔莫勒尔为苏格兰阿伯丁一城堡，由艾伯特亲王改建为王室私家邸宅，后成为女王夫妇及后继君王们的消夏地。

突然心血来潮打算去看看巴克莱－珀金斯酿造厂。此人以残酷镇压匈牙利和意大利革命，特别是以鞭打妇女而臭名远扬，人们管他叫“鬣狗将军”[①]；他的容貌——阴沉瘦削的脸，花白的大八字须——已经使他赢得恐怖的声名。在酿造厂里正好有一位职员是从维也纳来的流亡者，他把这位将军的德性向他的同事们作了第一手的描绘。奥地利大使已感觉到了危险，请求他的朋友不要在公众场合露面，或者，如果他必须露面的话，先把他的八字须剃掉。但这位将军从来不听劝告。他前往酿造厂，马上给认了出来。一群愤怒的板车工人围住他，对他推推搡搡，大声怒骂，还击打他肋骨，扯他胡子。当他沿着一条小巷落荒而逃时，一群暴民挥舞扫帚高喊“鬣狗”紧紧在后追赶。他躲进一家小酒店后，总算在几个警察的保护下得以脱身。奥地利政府感到愤怒，要求解释。帕默斯顿对此当然暗暗高兴。他对发生的事件表示遗憾，但补充说，照他看来，这位将军“在现在这个时刻来到英国显得很不合适”。他把这份照会直接送达奥地利大使，事先未提交女王或首相审阅。这件事被发现后自然又引起轩然大波。亲王特别恼怒，他对板车工人的行为既鄙视又担忧，认为那“多少向我们预示：一伙失去控制的无知群众什么事都干得出来”；约翰勋爵要求帕默斯顿撤销照会，换一份删除所有指责海瑙将军言词的照会。对此，外交大臣以辞职为要挟，但首相坚持己见。一时间女王夫妇感到大有希望。可是由于对手忍辱屈从，这个希望再次落空。帕默斯顿突然间变得像绵羊似的温顺，什么都同意了。照会被收回并被调换，一切又恢复宁静。

这种宁静持续了一年。1851 年 10 月，由于科苏特[②]来到英国，又带来了一次危机。帕默斯顿打算在他伦敦的住宅中接待这位匈牙利爱国者，

① 海瑙原文为 Haynau，与英语中“鬣狗”（hyaena）拼法相近，“鬣狗”在英语中还可指残酷、贪婪、阴险的人。

② 科苏特（Lsjos Kossuth，1802—1894），匈牙利民族解放运动领袖，匈牙利独立后（1849）曾任共和国元首，后在俄、奥军事干涉下被迫辞职，流亡国外。

遭到约翰勋爵的否决。尖锐的矛盾再次出现；帕默斯顿再次以辞职相威胁，但最终又一次屈服了。然而这位桀骜不驯的人仍不安分。几个星期后，一个从芬斯布雷和伊斯灵顿来的激进分子代表团到外交部谒见他，在致辞中指责奥地利和俄国皇帝为“令人憎恶的刺客”和“残酷无情的暴君”。外交大臣在致答辞时对这些用语只温和地表示了不赞成的意思，却让自己的真实感情极不得体地随意流露。顷刻间流言四起，宫廷里充斥着愤怒和咒骂。“我认为，”斯托克马尔男爵说，“这个人已经疯了好一阵子了。”维多利亚在一封情绪激烈的信中敦促约翰勋爵行使他的权力。但约翰勋爵明白，在这一事件上外交大臣得到了公众的支持，他认为还是等待时机更为明智。

约翰勋爵没有等得太久。在这一年里，发生了一连串愈演愈烈的冲突、威胁和使情势恶化的事件。12 月 2 日，巴黎发生了路易 · 拿破仑[①]的政变；第二天，帕默斯顿未与任何人商量，在跟法国大使的一次谈话中表示他赞成拿破仑的行动。两天后，他得到首相指示，根据女王的一封信，英国政府在对待法国问题上的政策应严守中立。尽管如此，帕默斯顿在给英国驻巴黎大使的一份正式文件中，重申他支持法国政变的立场，这个态度，他已经对法国驻英大使作过口头表示。这份急件既没有给女王看过，也没有给首相看过。约翰勋爵的耐心如他自己所说“已经抽完了最后一滴”。他撤了帕默斯顿勋爵的职。

维多利亚欣喜若狂。艾伯特知道，这次胜利与其说是约翰勋爵的，不如说是他的。亲王希望年轻的格兰维尔勋爵接任帕默斯顿的职务，他相信格兰维尔会接受他的影响。格兰维尔勋爵得到了委任。从此以后，亲王似乎可以随心所欲地处理外交事务了。经过多年的斗争，经受了几多屈辱，

① 路易 · 拿破仑（Louis Napoleon，1808—1873），即拿破仑三世。拿破仑一世之侄，1848 年任法兰西第二共和国总统。1852 年发动政变，成为法兰西第二帝国皇帝。普法战争中战败投降，被废黜。

胜利在各方面向艾伯特亲王招手。他在家庭中是一位备受爱戴的主人；在国内，万国博览会的成功带给他尊敬和光荣；现在，在这把隐蔽的权力交椅上，他已获得了新的绝对优势。他曾跟那位可怕的帕默斯顿勋爵苦苦搏斗，如今那个难以对付的敌手已经垮台。在这位敌手身上，体现了英国精神中所有与他敌对的东西。英国是不是就此受他支配了呢？也许是。但是……据说英国人都具有一种令人生厌的品质：他们从不知道自己已被打败。说来奇怪，帕默斯顿居然还是那样无忧无虑。这可能吗？尽管他妄自尊大，难道他会认为他丢脸的去职也是一件可以不予理睬的事情吗？

三

亲王的胜利并未持续多久。几个星期后，由于帕默斯顿的影响，内阁在下议院遭到失败，约翰勋爵辞职了。接着，在短期间隔后，辉格党和皮尔的追随者建立联合阵线，上台执政，由阿伯丁勋爵担任首相。帕默斯顿再次成为内阁成员。所幸的是，他没有回到外交部。在内政部，他的活动可望少些危险，不那么令人讨厌。但外交大臣已不是谦恭的格兰维尔而是克拉伦登。亲王知道，这不是一位好对付的大臣，尽管他言行谨慎，彬彬有礼，可很有主见。

这些变化只预示将有一个复杂得多的前景。形势的发展正从各个方面指向一场灾难。突然间，英国发现自己即将卷入一场可怕的战争[①]。几个月来，变幻无常的外交和千头万绪的政治煽动把有争议的问题弄得更加难以捉摸，更加令人忧虑，英国人民的情绪已经达到快要爆发的程度。就在漫长而倒霉的谈判进入危急关头时，宣布了帕默斯顿去职的消息。人们压

① 指俄土之间的克里米亚战争。

抑着的怒火一下子迸发出来。他们觉得，在这极端复杂的形势下，他们得到的指导出自软弱无能、惹是生非者之手；他们相信在权力中心有一个有力量、有勇气、有决心的人，有一个他们可以信赖的人。现在，他们得知，那个人已经不再是领导人之一，那是为什么？他们愤怒、焦急、忧虑不安地四下寻找，渴望找到一个鲜为人知的可怕理由，能说明为什么会发生这样的事。他们怀疑这里面有阴谋，似乎嗅到了卖国行为的气味。要找到发泄怒气的对象并不困难。在最高层的位置上不是有一个外国人吗？这个外国人对他们心目中崇拜的英雄怀有恶毒的、毫不隐瞒的敌意。当帕默斯顿去职的消息一传出来，到处都是抗议的呼声，一场愤怒和仇恨的特大风暴骤然掀起，对着艾伯特亲王劈头盖脑地袭来，其势猛不可挡。

到处相信并且断言女王的丈夫是这个国家的叛徒，是俄国朝廷的工具，他听从俄国的旨意把帕默斯顿撵出了政府，他正根据英国敌人的利益引导英国的外交政策。一连几个星期，报纸上都登满了这些指控，公众集会重复着这些指控，私下里谈话细细讨论着这些指控，这些指控传遍整个英国，每时每刻变得越来越极端、越来越离奇。为此，正派的报纸义正辞严地发出猛烈的抨击，而大街小巷兜售的廉价小报则以庸俗的打油诗作为响应，重复着同样的情绪和同样的怀疑。荒诞透顶的谣言不胫而走。

1854 年 1 月，人们私下传说亲王已经被扣，并说已发现他犯有叛国罪，即将把他送去伦敦塔关押。有些人还称，女王本人也已被捕。大批的群众聚集在伦敦塔周围，想一睹囚禁这一双王室败类的情景。

这些荒唐的幻觉是由一场临近的战争所带来的狂热气氛造成的。其实，帕默斯顿去职的原因仍然未为人知，也许那是由于王室持续的敌意所致，但把艾伯特的影响说成是被俄国人利用来为俄国利益服务的假设则毫无事实根据。就像在这种形势下常常出现的情况，政府摇摆于两种互不相容的政策之间，一种是不干预，另一种是以武力为后盾进行威胁。如果能坚持执行其中的任何一种政策，很有可能取得成功与和平，但如果把两者混合在一起，那只能导致战争。艾伯特以其特有的谨慎，试图在欧洲复杂的外交迷宫中找出一条道路，但最后终于迷失方向。整个内阁又何尝不是如此。等到战事一起，艾伯特的反俄情绪跟那些最好战的英国人同样激烈。

对亲王的那些最严厉的指责虽然毫无根据，在这局势中仍然存在着一些反映公众思想状态的潜在因素，尽管这些因素并不能说明公众的思想是正确的。诚然，女王的丈夫是外国人，他在外国的宫廷中长大，注入的是外国的思想观念，跟一大堆外国的王公贵族保持着密切的联系。这些尽管也许是不可避免的，但显然仍是不受欢迎的因素。反对的意见并不仅仅限于理论上的假设，事实上，这种反对已经产生了令人不快的严重后果。亲王的德国习性永远使英国大臣们感到遗憾。帕默斯顿勋爵、克拉伦登勋爵、阿伯丁勋爵[①]，众口一词这么说：在关系到国家政策的重大问题上，一直有必要跟王室的先入之见斗争，在王室中，德国观点和德国情绪已经占据了过大的比例。至于帕默斯顿，他在这个问题上说话往往失控。在他因解职而带来的麻烦达到高峰时，他愤愤地说，他是外国阴谋的牺牲品。后来，他降低了指控的调子。但是如此高层的人士发出如此暗示，仅仅这个事实就可以让我们看到，艾伯特的外国出身和教养会导致怎样不幸的后果。

可这还不是一切。亲王在英国的地位问题还引发出一个极端重要的宪法问题。他的出场使一个老问题产生了新的重大意义——王室职能和王室权力的确切定义到底是什么。那些职能和权力实际上已归他所有；那么他利用它们做些什么呢？艾伯特亲王对王权在宪法中的位置自有看法，这一

① 原注："阿伯丁谈到女王和亲王，谈得很多，当然都是赞颂的话。他说亲王的看法通常总是稳妥和明智的，但有一个例外，那就是他激烈而根深蒂固的德意志联合主义的观点，他不遗余力地紧跟普鲁士。"（《格雷维尔回忆录》第六卷》）

点不难弄清，因为他的观点就是斯托克马尔的观点。我们恰好有一封斯托克马尔写给亲王的长信，细述了他对这个问题的看法。此信写于这次危机发生时，即克里米亚战争[①]爆发前夕。照男爵的看法，君主立宪制自从《改革法案》通过后就已黯然失色。至于现在，“它一直处于危险之中，有可能变成一种纯粹的内阁制”。老托利党一族“在维护王室特权问题上有直接的利害关系”，但他们已经消亡；辉格党人“只不过是有意无意的共和分子，他们跟王室的关系就像狼和羊羔的关系”。有一条规定：在议会就宪法问题进行辩论时，引入“不承担责任的君主的名字和君主本人”属违宪行为，这是“一种宪法上的推定，尽管由来已久，但带着危险”。男爵警告亲王，“若英国君主允许某届辉格党内阁实行这一规定，不要多久你一定会发现，人民中大多数人将会相信，根据法律观点国王只不过是一个官僚形象，他将按阁员的好恶点头同意或摇头否定，到那时你可别感到惊讶”。要阻止这样的事发生，男爵说，“极端重要的是绝不可在维护君主法定地位的问题上有任何闪失。”“这并不难做到，”他补充说，“像女王和亲王这样正直、忠诚的人，决不会使阁员感到为难。”照男爵的意见，王室特权的最低要求应包括“国王有权担任他内阁会议的永久主席”；君主必须“处于永久首相的位置，具有高于内阁临时首脑的地位，在有关纪律问题上行使最高权力”。君主“甚至可参与提出和完善政府措施，因为一位跟他最优秀的大臣同样有能力、有才干，同样爱国的国王，不让他发挥自己的这些长处参加他内阁会议的讨论，那是不合情理的”。男爵最后说：“当然，要英明地行使这一权利，需有过人的才华，而这点不仅是君主立宪制最好的保证，而且将使它达到强大有力、稳固匀称、迄今从未达到过的更高境界。”

对宪法的这一解释也许是可行的，尽管很难看出它如何跟内阁责任制

① 克里米亚战争（1853—1856），本是俄国和土耳其之间的战争，后英、法等国进行干预，也参加了对俄作战。

的基本原则协调一致。威廉三世[①]曾主持他的内阁会议，他是一位立宪君主。看来，斯托克马尔有关王权的观念是想在宪法中给国王一个类似威廉三世时代国王的位置。但是，他的这一理论所赋予王室的权力比乔治三世时所拥有的还要多得多。这显然违反自革命[②]以来整个英国公众生活的发展趋势，而这个思想为斯托克马尔所有，并由他灌输给艾伯特，这一事实也同样具有极为重要的意义。人们有充分的理由相信，艾伯特不仅支持这些观点，而且正处心积虑坚持不懈地要将它们付诸实施。王室与帕默斯顿之间的斗争过程就提供了令人吃惊的证据，证明事实确实如此。这场斗争以 1850 年斯托克马尔的备忘录为高潮的标志。在备忘录中，女王声称，如果外交大臣擅自更改经她批准的文件，她有“宪法赋予她的权力”撤销他的职务。这份备忘录事实上明确宣布，国王意欲不通过首相独立行动。当时约翰·罗素勋爵正不惜一切代价急于加强自己的力量来反对帕默斯顿，他接受了这份备忘录，从而默认了王室方面的要求。不仅如此，在撤去帕默斯顿职务后，约翰·罗素勋爵在下议院为这一措施辩护时，突出提出 1850 年备忘录，把它作为一个依据。事情越来越清楚，君主的好恶可以作为一个理由，以决定一位强有力而得人心的大臣的去留。看来果真如此，在斯托克马尔和艾伯特的指导下，“君主立宪制”仿佛确实可以上升到一个“强大有力、稳固匀称、迄今从未达到过的最高境界”。

然而，这个有关国王地位问题的新进展，尽管并不显眼，但由于处在非同寻常的环境下而变得特别令人不安。国王的职能现在实际上由一位未被宪法确认的人在行使，而此人对君王施加着一种无形的、不受限制的影响。此人正是君王的丈夫。这个事实说明影响的确存在，不可避免，而且举足轻重，不容忽视。一个难以捉摸、坚强有力的人物，前来干扰历史悠

---

① 威廉三世（William Ⅲ，1650—1702），英国国王，与其妻玛丽二世共同执政，接受国会通过的《权利法案》，确定英国君主立宪制。

② 指 17 世纪英国资产阶级革命。

久、细致微妙、小心守护均势的英国宪法。这就是艾伯特开始他那试探性的、怯生生的政治生涯时遇到的意外情况。艾伯特无意于减少他所行使的职能的多样性，也不打算降低其重要作用。他于 1850 年告诉威灵顿公爵，他认为，他的责任就是“把他个人的存在融入他妻子的存在……——不在公众面前承担什么独立的职责，但把自己的立场完全化为她妻子立场的一部分——填补她在行使法定职能时所留下的每一个空缺，作为一个女人，她自然会有所遗忘的——一刻不停地、密切地注视公众事务的每一个部分，以便能在任何时刻，对放到她面前的任何艰难复杂的问题或任务提出建议并给予帮助。这些问题有时是有关国际事务的，有时是有关政治事务的，还有的是有关社会或个人的。作为她家庭的一家之长和她宫室的主管人，作为她私人事务的经理者和政治事务独一无二的机要顾问，作为她与政府官员联络的唯一助手，他除了是女王的丈夫外，还是小王子小公主们的监护人，君王的私人秘书和永久的大臣。”斯托克马尔的学生学得很好，肯定大有前途。斯托克马尔的学生！——不折不扣。公众痛苦地意识到了艾伯特的主导地位，他们越来越不安地察觉，主宰维多利亚的人还受另一个人的主宰。在深沉的黑暗之中，有一个高高在上的男爵。又是一个外国人！面对这样的情势，公众产生恐慌自然是合乎情理的。一个外国男爵控制着一个外国亲王，而这个外国亲王又控制着英国的国王。王权缓缓匍匐前进，在它的阴影下，男爵和亲工皱了皱眉，丁是一位人民爱戴的了不起的大臣就倒台了。这一切要发展到什么地步才结束呢？

几个星期后，帕默斯顿撤回了他的辞呈，公众的狂热很快消退了，就像它很快升起一样。在议会开会时，上下两院的两党领袖都发言支持亲王，断言他对国家怀有无可怀疑的忠诚，确认他有权对一切国家大事向君王提出建议。维多利亚感到高兴。“我亲爱的丈夫和老师的地位，”她告诉男爵，“永远地得到了确认，他的优点从各个方面得到了最合适的肯定。我们去上议院时，大片人群聚集在那里，他们都非常友好。”紧接着，英国

1854 年的女王（下图）。英国此时正在进行克里米亚战争，战争期间，除了经常去医院慰问伤兵的女王外，现代护士制度的创始人——南丁格尔（上图）是另一位伤兵心目中的女神。

终于投入了克里米亚战争。在随后的斗争中，人们对艾伯特的爱国心不再有丝毫怀疑，过去的敌意已经丢在脑后。但是，战争造成了另一个使女王夫妇不那么满意的结果：帕默斯顿勋爵的野心得到最大限度的实现。1855年，这位5年前被约翰·罗素勋爵宣布为“年纪太老难以在将来做很多工作”的人当上了英国首相，而且，除了一次短期的间歇，保持首相的位子达10年之久。

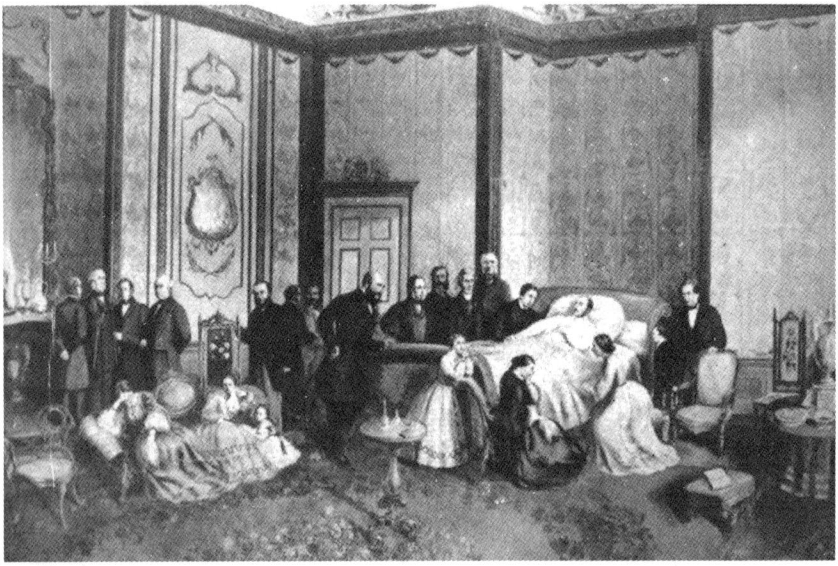

艾伯特亲王辞世。失去最亲爱的人，女王的哀痛从此持续了四十年！“渺万里层云，千山暮雪，只影向谁去”！自此，女王几乎总是以一身黑色丧服的形象出现在公众场合，直到她离开这个世界。那个曾经光彩照人、全身珠光宝气的快乐的女人再也不见了——爱美的女人，她的美丽只为心爱的人而展示。女王对爱情的一往情深，无法不让后人动容。

第六章　皇夫的晚年

一

那个本来对政治毫无兴趣、从不读报的优柔寡断的青年人，已经成长为一个不屈不挠、坚定果断的男子汉。他精力充沛，一刻不懈地关注着艰难的政府事务和国家最重大的问题，从早到晚忙个不停。冬天，天还没亮，人们就可以看见他坐在写字台前，在一盏绿色台灯下工作。这盏台灯是他从德国带来的，他在台灯下加了一个灵巧的装置，对台灯的结构作了很大改进。维多利亚起得也很早，但没有艾伯特早。她在寒冷的黑暗中坐在自己的写字台前，这张写字台与他的写字台并排放置，她总会发现桌上整整齐齐地放着一堆文件，安排好让她审阅和签署。一天就这样开始，并在持续不断的勤奋工作中度过。早饭时，报纸——一度被认为讨厌的报纸——送来了，亲王专心地阅读着，不回答任何问题。如果有哪篇文章引起了他的注意，他就会高声朗读起来。早饭后，跟大臣们或秘书们会见，有一大堆信件要处理，还有无数的备忘录要撰写。维多利亚珍视亲王写下的每一个词，铭记每一个字母，全神贯注，唯命是从。有时艾伯特竟然要听听她的意见。他跟她商讨他的英文："仔细读一读这个，告诉我里面有没有错误。"他会这样说，或者，他递给她一份文稿要她签字，并会说："这是我替你起草的文稿，你读一读。我想这就行了。"时光就在这样勤奋、认真、专注的氛围中度过。女王夫妇用来娱乐和锻炼身体的时间越来越少，社交活动也减少到了最低限度，即使有活动，也只是勉强应付而已。尽早上床睡觉，以便第二天早晨及时起来工作，这不只是一种乐趣，也是一种实际的需要。

重要而艰难的政府事务，终于成了艾伯特头脑中占主导位置的头等大事，但这并没有影响他原有的爱好和兴趣，他依然热爱艺术、热爱科学、热爱哲学，此外还有一大堆其他辅助活动，说明他的精力可随着客观要求而增长。任何时候需要他尽责任时，他都能全神贯注地投入工作。他以不屈不挠、锲而不舍的精神从事种种活动：给博物馆揭幕；为医院奠基；在皇家农业协会演说；参加英国学术协会的会议。国立美术馆特别使他感兴趣：他草拟了详细的规划，按照画派安排图画的陈列；他试图——虽然没有成功——把全部收藏品运到南肯辛顿去。现在已是霍恩洛厄王妃的费奥多拉[①]在访问英国后写信给维多利亚，称赞艾伯特无论于公于私都是一个杰出的人物。这并不仅仅是她个人的看法。她说："我必须抄录克隆普先生信中的一段话，他不久前写信给我，信中说得很对——'艾伯特亲王是王室中不可多见的人物，他为了原则（只要这些原则证明是正确和高尚的）可以抛弃别人死死抱住不放的观念（或感情），那些人之所以这样，是由于他们头脑狭隘或有地位偏见。'——这里面确实有一些东西就像宗教信仰一样，"王妃补充说，"而且，这种东西也是人道的、公正的，对我的感情起着极大的抚慰作用，我听到的和看到的常常伤害或困扰着我的感情。"

① 费奥多拉是维多利亚同母异父的姐姐。

维多利亚从心底里赞成费奥多拉和克隆普对艾伯特的全部称颂，只是还嫌不够。她看着她亲爱的艾伯特在辛勤处理国家文件、履行公务职责后，把余下的每一刻时间都用来料理家务、欣赏艺术和增进知识；她听着他在午餐桌上讲笑话，在风琴上弹奏门德尔松的乐曲，或是谈论埃德温·兰西尔[①]爵士绘画的长处；她跟随着他，听他指点如何饲养牲口，或是听他指挥把庚斯博罗[②]挂得高一点，或让人得以看清温特哈尔特[③]。每当这些时刻，她心中完全可以肯定，世界上没有一个妻子有过这么好的丈夫。他显然什么都懂，她知道他正有一个重要发明，把下水道污水转化为农业肥料，对此她一点也不惊奇。他解释说，他这项设计的基本原理是通过某种合适的中介物，自下往上进行过滤，把固体物质留住，把污水送去灌溉。他说："以往所有的设想都要花费几百万英镑，而我的设想几乎不花什么钱。"遗憾的是，由于一个微小的计算错误，这项发明未能付诸实施。但艾伯特的聪明才智是无可否认的，他继续前进，以他惯常的全部热情投入石版印刷术原理的漫长研究。

但是，他的个人兴趣，还有维多利亚的兴趣，最集中、最关注的自然是他们的孩子。皇家育儿室从没有空置的迹象。1850 年生了阿瑟王子，三年后接踵而来的是利奥波德王子，1857 年，又有了比阿特丽斯公主。任何情况下，一个九口之家终究是一个沉重的负担。亲王充分意识到他子女们的命运取决于父母的关爱程度。他充分相信教育的重要意义，这是必然的，他本人就是教育的产物，斯托克马尔造就了他，使他成为现在的样子。对于这些由他带到这个世界上来的小东西，现在轮到他来做斯托克马尔了——甚至比斯托克马尔还要斯托克马尔。维多利亚会帮助他，但毫无

① 埃德温·兰西尔（Edwin Landseer，1802—1873），英国画家和雕塑家，擅长画动物，代表作有《钉蹄铁》、《科马斯的宴会》等。

② 指英国肖像画家和风景画家庚斯博罗（Thomas Gainsborough，1727—1788）的画。

③ 指德国油画家、石版画家温特哈尔特（Franx Xaver Winterhalter，1805—1873）的画。

疑问，她很难成为另一个斯托克马尔，可她永远会小心留神，她会把严厉和柔情结合起来，她无论何时都会树立一个良好的榜样。这些考虑当然首先要落实在王太子威尔士亲王的教育上。每一点影响对造就一个未来英国国王都具有多么巨大的意义！艾伯特开始执著地工作，跟维多利亚一起关注着孩子们体育、智育和德育上的每一个细节。不久他忧虑地发现，他们的长子在成长中有某些不如人意的地方。长公主倒是一个绝顶聪明的孩子，可是长子伯蒂似乎对一切动脑筋的事都深恶痛绝，尽管他脾气好，温文尔雅。这非常令人遗憾，但补救办法也很简单：父母亲应加倍努力。必须多加指导，教育一刻也不能放松。为此，他们挑选了更多的家庭教师，对课程安排作了修订，学习时间表也作了调整，对可能发生的每一情况都精心草拟了处理意见。最基本的还是不得有任何松懈。“工作，”亲王说，“必须工作。”那确实是工作。威尔士亲王就这样在没完没了的词形变化、句法练习、家谱图、海岬表的包围下成长。亲王、女王、家庭教师间频繁地传递着短信，有的询问情况，有的报告进展，有的提出详细建议。这些短信都给小心地保存起来以备将来参考。此外，对这位王位继承人还必须严加保护，使之不受外界污染。威尔士亲王和别的孩子不一样，他可以偶尔邀请一些品行端正的贵族子弟来白金汉宫的花园跟他玩，但必须在他父亲密切注视之下，并由父亲主持他们的游戏。一句话，亲王采取了一切可能的防范措施，作出了一切可能的努力。但说来奇怪，所有这些警惕和关怀仍然达不到满意的效果——事实上，似乎适得其反。这当然令人惊讶：给伯蒂布置的功课越多，他就做得越少；越是小心翼翼地不让他兴奋和轻浮，他似乎变得越加贪玩。艾伯特十分伤心，维多利亚有时忍不住要发火。但伤心也好，发火也罢，其效果并未能超越监督指导和时间表的效果。威尔士亲王径自长大成人，没有丝毫迹象表明他“遵循并坚持了他的学习和生活计划”——像一份王室备忘录所说——这个计划，是他父亲深思熟虑、精心制定出来的。

二

要躲开险恶的政治烦恼、扰人的社交聚会、铺张招摇的国事礼仪，奥斯本庄园是一个很好的避难所。但没有多久，奥斯本似乎跟这个世界也过于近了一点。毕竟，索伦特海峡[①]只是一个微弱的障碍。要是能有一个遥远而几乎难以到达的躲避处，在那里，你可以真正过上不受干扰的家居生活，你可以跟其他人一样——至少非常非常相近——度过快乐的假期，那有多好啊！维多利亚结婚早年曾和艾伯特一起访问过苏格兰，自那以后，她感到她的心已经留在苏格兰高地了。

几年后，她又去过，她对那里的感情越来越深。那是多么富于浪漫色彩的地方啊！艾伯特也非常喜欢那里！每当他处在丘陵和针叶树的包围中，他的精神就神奇地振奋起来。“看到他那样真高兴，”她写道。在一次访问苏格兰高地时她在日记中惊呼：“啊！什么能比得上自然的美呢！”“那里有多少乐趣啊！艾伯特非常高兴，简直欣喜若狂了。”“艾伯特说，”第二天她记道，“山景的美，最主要的在于它变幻莫测。我们六点钟回家。”之后，她们又作了较长路程的漫游——爬到了一座较高的小山顶上。“这很浪漫。只有一个高地人牵着马跟在我们后面（因为我们两次下马步行）……我们七点半回家——这是我生平最愉快、最富有诗意的一次骑马和散步。我从来没有登上这么高的山，而且天气又是那么好。”还有，高地人是好得令人吃惊的民族。他们“从不制造麻烦，”她记道，“总是高高兴兴，快快乐乐，欢欢喜喜，随时准备步行，奔跑，做任何事情。”至于艾伯特，他“高度称赞他们有教养，欣赏他们的纯朴、他们的智慧，跟他们谈话感到非常愉快，甚至很有启发。”女王陛下写道：“我们总是喜欢跟

① 索伦特海峡为怀特岛与英格兰南部之间的海峡。奥斯本庄园在怀特岛上。

夫妻二人都非常喜欢苏格兰高地的乡间生活。这是巴尔莫勒尔城堡，他们在苏格兰的居所，而亲王病逝后，女王更是常年隐居于此。

高地人交谈。跟他们在一起，你就跟苏格兰高地有了更多的接触。”她喜欢跟高地人有关的一切——他们的风俗，他们的服饰，他们的舞蹈，甚至他们的乐器。“城堡里有九个风笛手，”住在布雷多尔本勋爵的城堡时她写道，“有时是一个人吹，有时是三个人一起吹奏。早餐时总要吹，在上午、在午餐时又吹；还有，在我们走进走出时吹；晚餐前再吹，进餐的大部分时间继续吹。我们都变得非常喜欢风笛了。”

这种乐趣只要享受过一次，就一定会希望一次一次重新享受。1848 年，女王租下了巴尔莫勒尔别墅，那是在阿伯丁郡旷野中靠近布雷马的一幢小小的住宅。四年后她干脆把它买了下来。每逢夏季，她就可以真正享受一番。现在，她可以过率真坦诚的生活，可以安心自在，可以有一个个潇洒浪漫的夜晚，可以整天不受一点儿干扰地爱她的艾伯特。房子的规模不大，这本身也是一种魅力。住在三两间小小的起居室里，孩子们挤到楼上，侍候的大臣只有一间小小的卧室，他在里面做所有的工作。没有什么比这更令人感到有趣的了。还有，你可以随心所欲地进门出门，可以画画、散步，可以看着那些走得很近很近的红鹿，可以到村民那里做客！偶尔，你还可以作更大些的冒险——到高纳吉莎萨的牧羊人棚舍去待一两个晚上——那是几间附有木棚的茅屋，总共只有 11 个人！那里有山可以爬，还可以砌庄严壮观的锥形石堆。“最后，当石堆快要垒成时，我想大约有七八英尺高吧，艾伯特爬到石堆顶上，安放最后一块石头，然后我们欢呼三声。那情景看上去欢愉、美丽、感人，我差不多要哭出来了。可爱的丘陵地的景色实在太美了，天气又那么好，一切都是那么舒适宜人。”晚上，有剑舞和里尔舞①。

但是，艾伯特决心拆掉那幢小小的旧房子，在原地建造一座由他自己设计的城堡式建筑。根据亲王特地拟就的一份备忘录，为新屋奠基举行了隆重的仪式。1855 年，新建的宫堡可以居住了。宫堡为苏格兰角塔式建筑，

① 一种轻快活泼的苏格兰民间舞。

用花岗石建成，宽敞豪华，其中有一塔高 100 英尺，还有较小的塔楼和雉堞形山墙。宫堡的位置经巧妙安排，可以清楚地看到周围的群山和附近的迪伊河。宫堡的内部装饰，花费了艾伯特和维多利亚很多心血。墙壁和地板用油松木，上面覆盖着特制的格子呢。巴尔莫勒尔格子呢由亲王设计，以红灰两色构成；维多利亚格子呢由女王设计，上有白色条纹。每个房间里都可以看到这两种格子呢：有格子呢窗帘、格子呢椅罩，甚至格子呢地毯。间或也可以看到斯图亚特皇家格子呢，因为女王陛下向来坚持说她是一个狂热的詹姆斯党人[1]。墙上挂着维多利亚画的水彩速写和许许多多鹿角，还有一只野猪头，那是艾伯特在德国打猎时获得的。在大厅的壁龛里，矗立着艾伯特穿高地服装的真人般大小的塑像。

维多利亚声称那里完美无缺。“一年又一年”，她写道，“我的心越来越被那可爱的乐园所吸引，现在更是如此，那里的一切都是我亲爱的艾伯特亲手创造的，都由他亲自制作，亲自建造，亲自布置……他那了不起的审美力，他那可爱的手，到处都留下了印迹。”

在这里，维多利亚确实度过了她最快活的日子。在以后的岁月里，每当她回顾这些日子，仿佛就有一种荣耀，一种天堂的神圣光辉，照亮了这些黄金时刻。每一个神圣的时刻清楚地显现出来，美丽而具有永恒的意义。因为，当时的每一个片断体验，不管是充满柔情的，还是严肃的，或者是微不足道的，都极为生动明晰地出现在她眼前，就像一道奇异的光芒在闪烁。艾伯特悄悄追踪猎物——晚间散步她迷了路——维基一屁股坐在蜂窝上——火炬光下舞蹈……这一类的事，还有千千万万类似的事，在她热烈的记忆中留下了多么深的痕迹啊！当时她是怎样奔向她的日记本记下这些事情的！公爵[2]去世的消息！那是什么样的时刻啊！——当时正好用过野餐，她坐在一个湖旁写生，周围是孤寂的小山，德比勋爵差人送来了信，

① 指英国 1688 年“光荣革命”后拥护被废黜的斯图亚特王朝詹姆斯二世的分子。

② 指威灵顿公爵。

她得知“英格兰的，或者不如说大不列颠的骄傲，她的光荣、她的英雄、她曾经产生过的最伟大的人物，已经与世长辞！”这就是她对那位旧时代“老叛逆者”的回忆。不过那过去的时日已经完全给忘却了——些微的记忆也不复存在。在好多年里，她几乎把公爵看作一个超人。他不是曾经支持过善良的罗伯特爵士吗？他不是要求艾伯特接任他总司令的职务吗？当他作为她儿子阿瑟的教父站在那里时，那是一个多么值得骄傲的时刻；阿瑟正好出生在他81岁生日那一天！她以颂扬的言辞和惋惜的心情，在日记上写了整整一页。“他的地位是一位臣民所能得到的最高的地位——在党派之上，受到所有人钦佩，得到全国人民的尊敬；他是君王的朋友……王国政府从来没有、我怕今后也绝不会再拥有这样一位忠实的、忠诚的、尽职的臣民，这样一位坚定不移的支持者！对我们来说，失去他是一个无可弥补的损失……他对艾伯特表示了最大的善意和最深的信任……全国都将为他的逝世哭泣。”这些都是真实的思想，不过，这些思想不久又被其他同样动人的思想所取代——被不可能忘掉的事件所取代——被麦克劳德先生[①]关于尼科迪默斯[②]的讲道所取代——被送给法夸尔森夫人和老基蒂·基尔的礼物红法兰绒裙子所取代。

但是，毫无疑问，最值得回忆、最令人愉快的还是那些旅行——那些登上遥远的山岭、渡过宽阔的河流、穿越陌生的乡村、一连持续好几天的难得的振奋人心的旅行，随身只带两名男仆——格兰特和布朗，用的是假名字……这倒更像故事里的事情，不像真实的生活。“我们决定自称丘吉尔勋爵和夫人及随行人员——丘吉尔夫人充作斯潘塞小姐，格雷将军充作格雷博士！布朗有一次忘记了，在我上马车时叫我‘陛下’，格兰特有一

① 麦克劳德（Norman Macleod，1812—1872），苏格兰基督教长老会牧师，1857年任维多利亚随身牧师。

② 尼科迪默斯（Nicodemus）为18世纪希腊正教修士，编订过麦卡里厄斯的《东方教会祷文集》和其他论文。

次在驭者座上叫艾伯特‘殿下’，我们都笑了起来，但没有人注意到。”强健的身体、旺盛的精力、洋溢的热情似乎给她带来了好运——高地人说她有一只“好运足”。她津津有味地品尝一切——爬山，观景，意外的窘遇，简陋的客栈，粗茶淡饭，布朗和格兰特在桌旁侍候。有艾伯特在她身边，格兰特在她马头旁，她感到无比幸福，她可以这样永远永远地往前走。但回家的时间到了，回英格兰的时间到了。真遗憾啊！她简直难以忍受。她郁郁寡欢地坐在房间里，看着外面正在下着的雪。这是最后一天了！唉！要是能被雪困住就好了！

三

克里米亚战争带来了新的感受，其中大部分是令人愉快的。昂扬的爱国热情和战斗精神，挑选合适的祈祷文在教堂诵读，听到辉煌胜利的消息，比以往更自豪地知道自己代表英国，这些都使人感到愉悦。维多利亚带着她特有的那种自发的感觉，把她的感情、她的赞美、她的怜悯、她的爱倾泻在她“可爱的士兵”身上。当她给他们颁发勋章时，她感到无比欢欣。“多么高尚的人啊！”她给比利时国王写信说，“我承认，我感到他们仿佛就是我自己的孩子。我的心为他们跳动，就像为我最亲近、最亲爱的人跳动。他们是多么激动、多么高兴，我听见很多人都哭了——他们怎么也不肯把勋章交出来以便刻上他们的名字，生怕会拿不回由我亲自放到他们手中的那同一枚勋章，这真使人感动。有几个缺胳膊少腿的从我身旁走过，令人伤心。”她和他们是一致的。他们觉得她给予他们无上光荣，而她也真心诚意地分享着他们的感情。艾伯特对这类事的态度则不一样。他生性冷峻，这使他的感情十分含蓄。当威廉斯将军[①]从壮烈的卡尔斯保卫战凯旋而归

① 威廉斯（William Fenwick Williams，1824—1904），英国军官，克里米亚战争中任土耳其军司令，以在卡尔斯成功地抵抗俄军而著名。

被引见入宫时，艾伯特以一种快速、僵硬、冷淡的鞠躬迎接他，这使在场的人有冷若冰霜的感觉。他仍然只是一个外国人。

但是他有其他事情要做，当然是比给军官们印象和给宫廷里旁观者印象更为重要的事情。他正在工作，一刻不停地工作。他要完成把战争引向胜利结束的艰巨任务。国书、急件、备忘录潮水似的从他这里涌出。自 1853 年到 1857 年，他就东方问题所写的评论，就达对开本整整 50 卷。什么也不能使他停止工作。疲倦的大臣们被他大堆的建议压得摇摇晃晃，可是他的建议依然没完没了，从一个又一个红匣子[1]里向他们涌去，在他们的写字台上越堆越高，那可不是可以置之不理的建议。艾伯特那曾经重组后宫、规划万国博览会的行政才能，在这场混乱复杂的战争中表现得毫不逊色。亲王的建议尽管开始时一次又一次被拒绝或忽视，但迫于形势的压力终于得到采纳并被发现具有很高价值。招募一个外国军团，为军队在马耳他建立补给站，对塞瓦斯托波尔的军队情况建立定期报告和列表统计制度……凡此种种，都是亲王不倦地思索出来的计谋和成绩。不仅如此，他还在一份详细的备忘录中为军队管理的彻底改革制订了方针。这个计划还不成熟，但他关于创建“战术机动营地”以便军队在其中集中和训练的提议，是后来设立奥尔德肖特[2]训练中心的缘起。

与此同时，维多利亚交了一个新朋友：她突然被拿破仑三世迷住了。起初，她很讨厌他，认为他是一个声名狼藉的冒险家，篡夺了可怜的路易·菲力普的王位；而且，他还跟帕默斯顿勋爵沆瀣一气。在很长一段时间里，虽然他是她的盟友，可她一直不愿见到他，只到最后才终于安排了一次法国皇帝和皇后对英国的访问。拿破仑三世一在温莎出现，她的看法就开始有了变化。她发现他那沉静的风度，他那轻柔的嗓音，他谈话中那种令人宽慰的坦诚，都叫她着迷。能得到英国的善待，对法国皇帝在欧洲的地位

① 指放置文件的红色木匣。

② 奥尔德肖特为英国南部一自治市，是英国军事要塞和军事训练中心。

至关重要，拿破仑三世决心要赢得女王的心。他成功了。在维多利亚内心深处有某种东西，这种东西对那些跟她性格呈夸张对比的因素产生迅速而强烈的反响。她对墨尔本勋爵的崇拜就密切地交织着一种半无意识的欣赏，欣赏她自己跟那位老于世故、深奥难测、仪态高贵的老人之间所存在的令人激动的不相似。她跟拿破仑之间的不相似，在性质上虽然完全不同，但在程度上至少也是相差很大的。她有坚如磐石的受尊敬的地位，她有一套惯常的传统做法，她有稳定的幸福生活。她从这些后面好奇而饶有兴味地向外窥视，看着那个不熟悉的、模糊闪烁的外国人；一个难以捉摸的、任性的、应运而生的生物，令人眼花缭乱地在她面前晃动。使她惊讶的是凡是她担心会引起对抗的地方，出现的却只是同情和共识。"他沉默寡言，"她说，"非常单纯，甚至有点天真；告诉他他不知道的事情他非常高兴；他是那么温和，那么机敏，那么庄重和谦虚，对我们非常关心，从不说一个字或做一件事使我为难……尽管你对他存有戒心，却仍然有一种把你拉向他的力量，令人心醉，令人忧郁，令人着迷，这种力量当然并不依靠外表，虽然我喜欢他的容貌。"她注意到，他骑马"骑得极好，坐在马上的姿势很好看,因为他坐得直直的"。他跳舞时"很庄重很精神"。最主要的，他喜欢听艾伯特讲话，极为尊重、极为专注地听。确切地说，他表示他非常高兴"听到了他所不知道的事情"；后来，还听到他说他从来没遇到过可以跟亲王匹敌的人。有一次，确确实实地——不过只有一次——他似乎变得有点不耐烦起来。在一次谈外交问题时，"我对荷尔斯泰因问题作了一些阐述"，亲王在一份备忘录中写道，"看来这问题'过于复杂'，使皇帝感到厌烦。"

维多利亚变得也非常喜欢那位皇后了，她赞赏她的外表和她的风度，没有一点儿妒忌。欧仁妮[①]正当风姿绰约的年华，穿着奇妙的令人赏心悦

① 法国皇后，拿破仑三世的妻子。

目的巴黎圈环裙，使她修长的身材显得完美无缺。这本来很可能会使女主人产生妒忌之心，因为女王又矮又胖，长相平平，穿的是过分鲜艳的中产阶级口味的服装，跟法国皇后在一起很难指望会有什么良好的自我感觉。但维多利亚一点儿也没有不安。对她来说，因天热而脸色绯红或是戴一顶去年流行的紫馅饼帽，都是无所谓的事。欧仁妮则从容、时髦，她那有无数荷叶边的长裙在她身旁飘来飘去，但她是英国女王，这不就足够了吗？看来肯定是这样的。真正的君王尊严是她的，她知道这一点。不止一次，当她们两人出现在公众面前时，使她美丽、婀娜的同伴黯然失色的正是她这个自然和艺术都吝于赏赐、完全依靠祖传的高贵气质取胜的女人。

分别的时刻来到了。客人们离开温莎时，维多利亚流了眼泪，她感到“非常悲伤”。但没有多久，她和艾伯特回访了法国，那里的一切都令人愉快。她隐匿身份，戴一顶“普通的女帽”，驱车穿过巴黎的街道。在圣克劳德的剧院看了一场戏。有一天晚上，皇帝为她在凡尔赛宫举行盛大宴会，宴会上她跟一位气度不凡的普鲁士绅士交谈了一会儿，他的名字叫俾斯麦[①]。她住的房间装饰得很合她口味，她说，那儿使她有回到家里的感觉，要是她的小狗也在，她真的会觉得她已经在家里了。法国皇帝什么也没有说，但三天后当她走进下榻处时，发现她的小狗吠叫着迎接她。皇帝本人不怕麻烦、不惜花费，亲自安排了这个出人意料的惊喜场面。他就是这样献殷勤的。她回到英国后对此更加心醉神迷。她嚷道：“上天的施舍和意愿真是奇妙啊！”

联盟[②]取得了优势，战争趋向结束。此时女王和亲王都非常担忧，害怕出现时机不成熟的和平。当阿伯丁勋爵希望进行谈判时，艾伯特在一封怒气冲冲的信中对他进行了指责，而维多利亚则骑在马背上到处检阅军队。

---

① 俾斯麦（Otto Von Eduard Bismarck，1815—1898），普鲁士王国首相和德意志帝国宰相，有“铁血宰相”之称。在他执政时期，德国由软弱的邦联统一为强大的帝国。

② 指克里米亚战争中与俄国对垒的英、法等国和土耳其的联盟。

最后联军总算拿下了塞瓦斯托波尔。消息在深夜传到巴尔莫勒尔，“在几分钟内，艾伯特和所有穿着各式各样服装的绅士们出发游行，后面跟着所有的仆人，逐渐地整个村子的人都跟随在后，看守人、助猎人员、工人……一直走到锥形路标。”人们点上篝火，吹起风笛，鸣枪庆贺。“大约在艾伯特宣布消息后三刻钟光景，狂欢的场面达到了高潮。人们痛饮威士忌，互祝健康，个个欣喜若狂。”这种“欣喜若狂”也许到明天又会被另一种感情所取代。但是，不管怎样，战争结束了——尽管可以肯定，它的结束与它的开始一样难以作出解释。上天的施舍和意愿仍然令人捉摸不透。

四

这场战争带来了一个意料不到的结果，那就是女王夫妇与帕默斯顿之间的关系有了彻底转变。对俄国的共同敌意，把亲王与帕默斯顿拉到了一起，因而当女王发现有必要召回她旧日的敌人组阁时，她也就不那么勉强了。首相的职位，使帕默斯顿勋爵的头脑清醒起来，他变得不那么急躁、不那么专断了；他注意考虑王室的建议，而且还真的被亲王的才能和知识所打动。当然，时而仍然会有一些摩擦，因为女王和亲王比过去更加热衷于外交事务。在战争结束后，他们的观点又一次跟首相的观点处于对立的位置，这在对待意大利的问题上就更加突出了。艾伯特在理论上是立宪政治的朋友，但他不相信加富尔[①]，害怕加里波第[②]，担心英国有被拉进与奥地利对抗的危险。而另一方面，帕默斯顿则热衷于意大利的独立；不过他已不再担任外交大臣，现在与王室产生矛盾首当其冲的是约翰·罗素勋爵。

---

① 加富尔（Count Carom，1810—1861），意大利自由贵族和君主立宪派领袖，意大利王国首任首相。

② 加里波第（Giuseppe Garibaldi，1807—1882），意大利民族统一运动著名领袖，曾参加反对奥地利的独立战争，组织红衫军，解放西西里和那不勒斯。

这几年内，形势有了奇怪的变化，现在扮演附属和不讨好的角色的是约翰勋爵了。不过，这位外交大臣在与王室的冲突中得到了首相的支持，而不是反对。然而，斗争是尖锐的，英国对意大利问题的政策，是在遭到王室猛烈反对的情况下贯彻的，而英国的强有力支持，成了意大利最后统一的决定性因素。

对欧洲的另一个风暴中心，亲王的态度依然与帕默斯顿的相左。艾伯特的宏愿是建立一个统一的德意志，由立宪的和公正的普鲁士领导。帕默斯顿则认为那个计划并不值得大谈特谈，不过他对德国政治没有什么特别的兴趣，随时准备同意亲王和女王热烈支持的一项提议——英国王室和普鲁士王室通过长公主与普鲁士王储的婚姻联合起来。于是，当长公主才15岁时，24岁的普鲁士王储就来到巴尔莫勒尔访问，他们订了婚。两年后，在1858年举行了结婚仪式。这门婚事在最后时刻似乎有功亏一篑之虞。普鲁士方面提出，按照惯例，普鲁士王室的王子们都应在柏林结婚，并暗示，目前的婚事没有理由要作为例外。这个信息传到维多利亚耳中时，她气得说不出话来。她给外交大臣写了一张条子，语气之重即使出自女王陛下也有点过分。她指示外交大臣告诉普鲁士大使“别**指望有这种可能**……无论是出自公或是私的理由，女王绝不可能同意这样做。至于认为普鲁士王储**到英国来与大不列颠长公主**结婚是太过分，那简直**荒谬绝伦**……不管普鲁士的王子们惯常怎么做，并不是每一天都有一个王子能娶英国女王的长公主的。因此，这个问题应该被认为已经决定，已经解决。”事情就这么决定了。婚礼在圣詹姆斯教堂举行。伦敦举行了盛大的庆祝活动——灯火通明，举办国家音乐会，人山人海，万众欢腾。在温莎，为新娘和新郎在滑铁卢厅举行豪华的宴会。维多利亚女王在日记中记道：在宴会上，“大家对维基极为友善，全都怀着炽热的感情。最好的例子是巴克勒希公爵，他一向深入群众，跟最下层的人民在一起。”几天来，女王变得越来越容易动情，当这一对年轻夫妇要离开时，她几乎控制不住自己的感情——不过还好没到那个地步。“可怜的乖孩子！”她后来写道，“我紧紧抱住她，为她祝福，不知道说什么好。我吻了亲爱的弗里茨，一而再地紧握他的手。他眼中含着泪，说不出话来。在马车旁，我再一次拥抱他们。艾伯特跟他们和伯蒂一起上了马车，是一辆敞篷车……乐队奏起音乐。我向这一行人道别。施莱根斯坦因将军非常感动。我用力握了握他的手，还有教长的手，然后很快地上楼了。”

不仅施莱根斯坦因将军，艾伯特的震动也非常大，他将失去他宠爱的孩子——一个崇拜他的学生，这孩子开始显露的智慧已经使她酷似乃父，几年后可能会成为他合适的伙伴。嘲弄人的命运决定了一个要离开他的女儿是那么跟他性情相投，那么聪明伶俐，那么喜爱艺术和科学，还有，对撰写备忘录有那么强烈的爱好，而留在他身边的儿子则不具有这些品质中的任何一项。威尔士亲王绝对没有和他父亲相似之处。维多利亚的祈祷并没有得到反应，在往后的年代里，伯蒂越来越明显地显示出，他是不伦瑞克家族真正的后裔。但这些天生特征的显示，只使他父母更加强了对他的教育。通过不断的压力和细心的捆扎，把这根嫩枝扭向正确的方向，也许为时未晚。什么办法都在试用。这孩子被送往大陆旅行，随行的有精心挑选出来的一组家庭教师，可结果并不令人满意。在他父亲的要求下，他记了日记，返回后交给父亲检查。亲王发现，他日记的内容少得可怜。本来，很可以有许许多多十分有趣的内容安排在下面的标题下的：“威尔士亲王访问教皇！”可是什么也没有。“所有人都喜欢这位年轻的亲王，”老梅特涅告诉基佐，“可他的样子局促不安，十分可怜。”在他 17 岁生日那天，女王和亲王拟了一份备忘录给他，通知他们的长子，他现在已经进入成年期，指示他今后应履行一个基督教绅士的责任。“生活是由责任组成的，”备忘录说，“只有及时而愉快地履行了应尽的责任，才能被承认是一个真正的基督徒、真正的军人、真正的绅士……你的面前将展现一个新的生活领域。在这个领域中，你将学会该做什么不该做什么，这是一门需要学习的课程，而这门课程比迄今你学习过的任何课程都更为重要。”接到这份备忘录时伯蒂哭了起来。与此同时，女王和亲王起草了另一份备忘录，题目是：“机密：威尔士亲王随侍人员指导准则。”这份冗长而详尽的文件规定了“某些原则”，规范随侍人员的“行为举止”，“据认为，这样的规定是为了有利于威尔士亲王”。这份引人注目的文件说：

“在社会中使一位绅士有别于他人的品质是：

(1) 他的外表，他的风度和服装。

(2) 他与别人的关系以及他对待别人所表现出来的品德。

(3) 在谈话中或在所处社会中从事任何职业时，使自己得到尊敬的愿望和能力。”

在这些小标题下，还有长达数页的详尽细致的分析，备忘录最后告诫随侍人员：如果他们充分重视自己的职责，以上述要点作为行动纲要，他们将会在一切场合以自己的良知按照这些原则行事，不把任何细节看作无关紧要的小事，而是坚持不懈地实行这些准则；他们会为年轻的王子提供不可或缺的服务，会证明王子的父母为他所作的喜人抉择是正确的。一年后年轻的王子被送进牛津大学，在那里采取了十分小心的防范措施，防止他跟大学生们混在一起。不错，什么都试过了——一切办法……但只有一个例外，那就是从来也没有试过让伯蒂玩得开心。但为什么要呢？“生活是由责任组成的”，游玩在一个王太子的生活中能占什么位置呢？

在艾伯特被夺走长公主的同一年，他又遭受了一次更加严重的损失。斯托克马尔男爵最后一次访问英国。正如男爵自己在给比利时国王的一封信中所说，20 年来，他作为亲王和女王的“父辈朋友和忠实顾问”，履行了“一项艰巨、劳累的任务”。他已经 70 岁了，他疲倦了，身心都疲倦了，该是他告退的时候了。他回到了科堡的家，从此外省小城的闲言碎语和家庭生活的聊天漫谈替代了欧洲治国安邦的重大机密。斯托克马尔坐在炉边的硬木椅里，聊聊往昔的故事打打盹儿，谈的不是帝王将相，而是邻居和亲戚，以及很久以前家里的奇怪事儿——他父亲的藏书室着火烧毁；一头公羊跑到楼上他妹妹的房间里，绕着桌子转了两圈，然后又跑下楼。消化不良和忧郁症仍然使他苦恼，然而回顾这一生，他感到满足。他襟怀坦白，"只要还有力气工作，我一直在工作，"他说，"我为着一个谁也不能指摘的目的工作。意识到这一点就是我得到的报酬——这也是我希望得到的唯一报酬。"

确实，他的"目的"显然是达到了。他用他的智慧、耐心和榜样，在适当的时候创造了他梦寐以求的变形奇迹。艾伯特亲王就是他的杰作。一位不知疲倦地辛勤劳动的人，为着最崇高的目的主持着一个伟大的国家——这就是他的成就。他望着自己的作品，那确实不错。但是，男爵就没有一点疑虑了吗？难道他从没有怀疑过，他完成的也许不是太少而是太多了吗？命运为那些最谨慎小心的人设下了多么精巧、多么危险的罗网啊！当然，艾伯特似乎是斯托克马尔所能期望的完美无缺的人物——正直、勤奋、执著、聪明。然而，为什么他感觉一切并不如意？他忧心忡忡。

其实，艾伯特从未达到过幸福的境界。他的工作只是一种慰藉，而不是一种治疗，尽管最后他对工作的渴求几乎达到了病态的程度。他体内的那条不知满足的巨龙，以可怕的胃口吞噬着越来越多他日夜劳作的贡品，但巨龙仍然饥饿。他忧虑的原因是隐蔽的、神秘的，也许是不可分析的，深深扎根在他性情的最深处，非理智的眼睛所能察觉。他天性中存在的种种矛盾，使他成了一个难解之谜，即使对那些最了解他的人也是如此。他既严厉又温和，既谦逊又傲慢；他渴望爱情却又冷若冰霜。他是孤独的，不仅有离乡背井的孤独，也有由自觉和未被承认的优越感而产生的孤独。他有空谈理论者的自负，这种自负既人云亦云，又充满自信。然而，说他只是一个空谈理论者，那将是错误的描述。因为一个纯粹的空谈理论者总是有一种内心的满足，而艾伯特则从来没有。对他来说，有一种他想得到而永远未能得到的东西。那是什么呢？是某种无保留的、难以形容的同情？是某种不凡的、惊人的成功？也许是两者的混合。那就是既处于支配地位，又被人理解！用成功的影响去征服人们并获得人们的欣赏，那倒确实是值得的！但这是一种妄想，他的现实环境不会作出多少反应，这一点他看得太清楚了。有谁会真正地、发自内心地欣赏他呢？在英国，又有谁能欣赏他呢？如果温和的内在美德起不了多大作用，他从强烈的手段和威力中又能指望得到什么呢？在可怕的异国他乡，他面前高耸着一大堆坚硬而攻不破的东西。自然，他也留下了一些微弱的印痕：他确实赢得了共事者的尊敬，他的正直、他的勤奋、他的严谨都得到了承认，他是一位有巨大影响、一位极端重要的人物。但这一切跟他的雄心大志还有多么大、多么遥远的距离啊！面对由沉闷、愚蠢、松懈、无知、混乱凝聚而成的巨大实体，他的努力显得多么软弱、多么无用！他可能有力量和智谋在这儿或那儿做些小小的改进，重新安排一些细节，纠正某些反常现象，推行某些显而易见的改革，但那可怕机体的核心依然没有触及。英国依然无动于衷地、洋洋自得地沿着难以容忍的老路蹒跚而行。他咬紧牙关执著地想挡住魔鬼的道路，可是他被扫到了一边。是嘛！甚至连帕默斯顿也还没有制服哩——他还在那儿折磨他，他还是那样无忧无虑，稀里糊涂，不讲原则。真是太过分了。老天和男爵都没有给他一个乐天的精神，悲观主义的种子一旦种进他心田，就在那适宜的土壤中发芽成长。他

> “对万物发问，可得不到
> 一个合意的回答；
> 整个世界都显得很不友善。”

他相信他是一个失败者，于是他开始感到绝望。

可是斯托克马尔告诉过他，叫他“决不可松懈”，而他也从来没有想

松懈过。只要一息尚存，他将继续向前，尽最大努力工作，争取达到最高目标。他的勤奋，几乎达到了疯狂的程度。绿色的台灯亮得越来越早；来往信件变得越来越多；查阅报纸变得越来越细致详尽；没完没了的备忘录写得越来越一丝不苟、条分缕析、严谨准确。他的娱乐就是他的责任。时间表使他从中得到乐趣，他怀着刻板的热忱前往猎鹿，在中饭时说笑话——那是该做的事。这架机器以惊人的效率运转，从不休息也从不加油。无数嵌齿轮干巴巴地、精确地一直转动着。不！不管发生什么，亲王决不松懈，他把斯托克马尔的教诲吃得实在太透了。他知道什么是对的，他会不惜一切代价坚持下去。那是可以肯定的。可是多遗憾啊！在我们生活中又有什么是可以肯定的呢？“不要对任何事情过分热情！”一位古希腊人说，“在人的一切作品中，应有的份儿是最好的。因为当一个人热烈地追求某种美好事物时，尽管他的追求是为了得到什么，但实际上他常常被某种意志力完全引入歧途，这种意志力会把邪恶的东西变得似乎对他有利，把似乎对他不利的东西变得对他有利。”当然，亲王和男爵都可能从泰奥格尼斯[①]这种冷峻的智慧中学到了某些东西。

维多利亚注意到了她丈夫有时情绪低落，工作过度。她试图使他高兴起来。她不安地意识到，他仍然被认为是一个外国人。她希望通过授予他“皇夫”的称号（1857）来改善他在国中的地位。“女王有权要求她丈夫是一个英国人。”她写道。可是很遗憾，尽管有皇家特许状，艾伯特仍然和以前一样是外国人。随着岁月的流逝，他抑郁寡欢的情绪越来越浓。维多利亚和亲王一起工作，她照看着他，陪他散步，一起穿过奥斯本的树林，他朝夜莺吹口哨，就像他很久以前在罗斯瑙那样。在他生日快要到来的时候，她煞费苦心地挑选真正会令他喜欢的礼物。1858 年他 39 岁生日时，

① 泰奥格尼斯（Theognis），公元前 6—前 5 世纪之交时的希腊诗人，除诗歌外还写过一本格言集。

她送给他“一幅贝雅特丽齐[①]的油画像，有真人一般大小，为霍斯利[②]所绘；一整套哥达及周围乡村景色的图片，那是我在贝德福德附近买的；一个镇纸，用巴尔莫勒尔的花岗石和鹿齿制成，是维基设计的”。艾伯特当然高兴，他在家庭聚会时表现出来的快乐比以往任何时候都明显。可是……总还是有不对头的地方。那又是什么呢？

无疑，那是他的健康。他为国服务耗尽了自己的精力；他的身体，正如斯托克马尔从一开始就发现的，不适合过度的紧张。他容易烦躁，不断被一些微小的病痛所困扰。他的外表本身就足以说明他体力不佳。20年前那个眼睛发亮、面容姣好的翩翩少年，已经变成一个肤色灰黄、精疲力竭的男子。他弯腰驼背，肌肉松弛，显示出他是一个长期伏案工作的人，他的头顶也已经相当光秃。那些不友善的评论者曾把艾伯特比作唱歌剧的男高音演员，现在很可以说他有点儿像男管家了。他站在维多利亚旁边，呈现出令人不适的反差。她也肥胖，但那是一个精力充沛的胖妇人的丰满，到处显露出勃勃生机——表现在她充满活力的精神状态上，表现在她突出的眼睛和探询的眼神里，表现在她一双能干而支配一切的胖乎乎的小手上。要是有什么魔法能把她特有的精力和自信灌输一部分到他那肥胖松弛的躯体和枯竭沮丧的头脑中去，那有多好啊！

但是，突然间她得到提醒，除了健康原因外，还存在着其他致命的危险。1860年访问科堡时，亲王在一次车祸中几乎丧生。他虽幸免于难，但身上留下了几处裂口和挫伤。维多利亚受到极大的惊吓，但她没有流露出来。“每当女王最动感情之时，”她后来写道，“她总是表现得最为冷静，她不能也不敢让自己谈论可能会怎么样，甚至不能也不敢承认（即使现在）全部危险，如果这样她会感到很不好受！”事实上，只有对上帝感恩，才能镇住她的激动情绪。她说，“不做些能永远反映她感情的事”，她的心就不

① 贝雅特丽齐，但丁长诗《神曲》中理想化了的一位佛罗伦萨女子的名字。
② 霍斯利（John Callcott Horsley，1817—1903），英国画家，以最早设计圣诞贺卡著称。

每个家庭都有不省心的孩子，这是夫妇俩的长子威尔士亲王，后来的爱德华七世。年轻时他是一个叛逆的少年。而亲王是一个很正统的人，对儿子浪荡散漫的生活方式很不满，一次亲王亲自去儿子就读的学校视察，父子发生了激烈的争吵，亲王在赶回伦敦的途中过度劳累感染了风寒，以 42 岁的英年早逝。女王在其后的几十年中都不能完全原谅儿子，总觉得是他的忤逆造成了其父的伤心与辞世，母子关系长期紧张。

得安宁。她决定向科堡捐助一笔慈善基金。“每年一千英镑，甚至两千英镑，一次或分期交款，女王认为这笔钱数目不能算是太大。”最后，确定为一千英镑，以科堡市长和首席牧师的名义投资在一个叫“维多利亚笔芯公司”的企业，每年在市长和首席牧师主持下，将所得利息分发给卑微阶层中品德优异的若干男女青年。

不久以后，女王第一次经历了她一生中失去亲人的痛苦。1861 年初，肯特公爵夫人突患重病；3 月，她去世了。维多利亚极为悲伤。她带着一种近乎病态的强烈感情，在日记上用许多页的篇幅详细描述了她母亲的弥留时刻，她的死亡，她的尸体，用了许多第二人称称呼她母亲，激动地倾诉了她充满感情的回忆。沉浸在眼前的悲哀中，过去的不快统统忘记了，攫住女王想象的是死亡的恐怖和奥秘及眼前的、实实在在的死亡。在那可怕的力量获胜所造成的恐怖景象面前，她整个人（尽管还是那么充满活力）痛苦地往后退缩。那是她的亲生母亲，她曾经那么亲密、那么长久地跟她生活在一起，以致她几乎已成了她生存的一个部分，可现在已经在她眼前化为乌有！她试图忘记这事实，但不能够。她的悲哀出奇地强烈，而且久久不能平息。她似乎通过某种神秘而超感官的预感，意识到令人畏惧的上天已经以一种特殊方式，为她准备了一支可怕的投枪。

果然，这一年还没有过去，一个更可怕的打击落到了她的头上。很久以来就为失眠所困扰的艾伯特，在 11 月末寒冷而潮湿的一天，前往桑德赫斯特①视察为新军事学校建造的房屋。在他回来时，由于疲劳和风雨侵袭，他的健康显然受到了严重影响。他患了风湿病，失眠继续困扰他，他说他感到极度不舒服。三天后一件令人烦心的任务又需要他去剑桥一次。一年前安排在剑桥大学学习的威尔士亲王在那里表现不佳，有必要让他父母前往探视并给予告诫。这位失望的父亲承受着身心痛苦，完成了他的任

① 桑德赫斯特为英国英格兰南部一村镇，英国陆军军官学校所在地。

务。但是，在他返回温莎途中，他得了严重的感冒。在接下来的一个星期里，他变得越来越衰弱，越来越难受。尽管他心情不好，身子无力，但他仍继续工作。恰恰在那时候出现了一场严重的外交危机。美国爆发了内战。英国由于跟北方诸州有剧烈的争执，似乎就要被卷进这场冲突。约翰·罗素勋爵将一份措辞严厉的急件提交女王。亲王意识到，如果这份文件不加改动发送出去，一场战争几乎难以避免。12 月 1 日早晨 7 点钟，他起床用颤抖的手写下了修改文件的一系列建议，根据这些建议，文件的措辞将变得缓和些，和平解决争端的道路将继续通畅。政府接受了这些修改意见。战争避免了。这是亲王的最后一份备忘录。

亲王总是说他会泰然自若地面对死亡。“我不贪恋生命，”有一次他对维多利亚说，“你贪恋，可我无所谓。”接着他补充说：“我相信，要是我得了严重的疾病，我会马上放弃生命，我不会为求生而斗争。我没有坚韧不拔的求生欲望。”他的判断是正确的。他病了没几天就告诉一个朋友，他相信他不会复原了。他越来越衰弱。然而，如果他的病一开始就得到正确认识和精心治疗，他很可能得救，可医生们没能诊断出他的病症。值得注意的是，他的主要医生正是那位詹姆斯·克拉克爵士。当有人建议听听别的医生意见时，詹姆斯爵士对此嗤之以鼻，“根本没理由惊慌，”他说。奇怪的是病越来越重。最后，经帕默斯顿写信抗议，请来了沃森医生。沃森医生马上明白他来得太迟了。亲王生的是伤寒病。“我认为到现在为止一切令人满意，”詹姆斯·克拉克爵士说。[①]发病初期的焦躁不安和剧烈痛苦为一种持续的麻痹和不断加深的抑郁所取代。有一次这位每况愈下的病人要求听音乐——他要听“远处美妙的众赞歌”。一架钢琴给搬来放在隔壁房间里，艾丽斯公主在上面弹奏了几曲路德的赞美诗，之后，亲王重复

① 原注：“人们还不能说得太肯定；不过，由于 J. 克拉克爵士自私的同行相妒之心，竟置这样一个生命于死地，想来不免令人寒心’。——克拉伦登伯爵致曼彻斯特公爵夫人信。”（《皇夫殿下传》第 5 卷，T. 马丁著）

吟唱了《万古磐石》。有时候他神志恍惚；有时候遥远的过去突然在他脑中出现；他听到了清晨的鸟鸣，回到了罗斯瑙，又成了一个孩子。或者，维多利亚来给他念《山峰上的佩维里尔》，他表示他跟得上她讲的故事，于是她向他弯下身子，他喃喃地说“亲爱的妻子”和“善良的女人”，用手抚摸她的面颊。她很悲伤，也很激动，但她并不怎么害怕。由于她自己精力充沛，她不相信艾伯特的力量会抵挡不住压力。她不愿面对这种令人生厌的可能性。她拒绝见沃森医生。为什么要见他呢？詹姆斯·克拉克爵士不是已经向她保证，一切都会好起来的吗？在最后时刻到来的前两天，她周围所有的人都已看到，那几乎是不可避免的了，她却满怀信心地给比利时国王写信说：“我夜间没有坐着陪他，因为我帮不了什么忙。没有什么可以引起惊慌的。”艾丽斯公主试图告诉她真相，但她仍然满怀希望。12 月 14 日早晨，艾伯特如她所期待的似乎好了一些，危机也许过去了。但就在这一天，出现了严重的反复。她终于承认自己正站在一个恐怖的深渊面前。全家人都找来了，孩子们一个接一个默默地向他们的父亲告别。“那是可怕的时刻，”维多利亚在日记中写道，“但感谢上帝，我还能控制自己。我表现得极为镇静，一直坐在他身边。”他嘟哝着什么，可她听不出来，她认为他说的是法语。然后，他突然理理头发，“就像他身体好的时候常常做的，他在梳理头发。”“我是你亲爱的妻子。”她在他耳边低声说。他似乎听懂了。傍晚时分她走开片刻，到另一个房间去，但马上被叫了回来：她一眼就看出出现了可怕的变化。她跪在床边。他深深地呼吸，轻轻地呼吸，终于不再呼吸了。他的面容变得无比严肃。她尖叫起来，一声撕心裂肺的长呼响彻受惊的城堡。她明白她已经永远失去他了。

哀悼心爱的人。1862 年亲王辞世后所摄。图中白色石柱上为艾伯特亲王的胸像。浓重的悲痛气氛，即使相隔一百多年，仍然可以令人强烈地感受到。

第七章　孀　居

一

皇夫逝世是维多利亚女王一生中的重要转折点。她感到，随着她丈夫生命的中止，她真正的生活也结束了。她在世上的余生已进入黄昏阶段——一出戏的尾声。为她写传记的人，不免也产生同样的印象。他会觉得，女王漫长生涯的后半，笼罩着一种阴影。女王生活中的前 42 年，可以由丰富翔实的大量可靠资料加以印证。随着艾伯特去世，降下了一层纱幔。这层纱幔只是偶尔断断续续地给撩起一会儿，可以见到里面一些主要的轮廓和重大的细节，其余的不是靠猜测，就只能含糊其辞了。因此，尽管女王在遭受巨大悲痛后继续度过了跟此前同样漫长的岁月，但有关后面这段历史的记载，跟她早年生活的记录相比，已经不成比例了。我们只能作一些简单扼要的记述，来满足我们的无知。

亲王的突然逝世，不仅给维多利亚个人带来极度悲痛，它也是关系到国家、关系到整个欧洲的重大事件。他只有 42 岁，按照通常的自然规律，他至少还可以活 30 年。如果真那样，整个英国体制的发展无疑会有所改变。在他去世时，他已经在英国公众生活中占据了一个独特的位置；在政治家的核心圈子内，他已经被接受为国家大机器的一个必要而有用的部分。例如，克拉伦登勋爵说他的逝世“是国家的灾难，其重要性远比公众所想象的要大”，他哀叹失去了他的“洞察力和预见”，他称，如果发生美国战争，这种洞察力和预见将会显得“比以往任何时候更有价值”。而且，随着时间的推移，亲王的影响肯定会大大增长。因为，除了他在智力和道德方面的品质外，由于他的地位，他享有一种绝对的优势，这种优势是其他任何身居高位者所没有的：他是永恒的。政治家们你来我往，但亲王永远被安置在事务的中心。谁能怀疑，到这个世纪末，如此一位德才兼备，一辈子为国效劳，拥有终身治国经验的老人，会得不到无可比拟的威望呢？他在年轻时就曾经使女王反对有权有势的帕默斯顿，在竞争中与对方打了个平手，那么，到老来他还有什么不能做到的呢？有哪一位大臣，不管他多能干多得人心，能敌得过这位德高望重的亲王的智慧以及他的无懈可击和众望所归的无限权威？可以很容易地想象到，在这样一位统治者的治理下，英国可能变成和普鲁士一样组织严密、训练有效、装备精良、控制集中的国家。然后，也许在一位强有力的领袖——一位格莱斯顿或一位布赖特——的领导下，这个国家的民主力量终于聚集起来，接踵而来的可能是一场斗争，在斗争中王权的基础将会动摇。或者，出现另一种局面，迪斯累里臆测的预言将会实现。“我们和艾伯特亲王一起，”他说，“超越了我们的君主。这位德国亲王以我们历代国王所从未显示过的智慧与精力，治理英国 21 年……要是他活得比我们这些‘老手’还要长的话，他就会让我们享受到专制统治的好处。”

英国宪法——那难以描绘的实体——一个活的东西，随着人的成长而成长，按照人性微妙而复杂的规律呈现不断变化的形式。它是智慧和机会的产物。1688 年的贤哲们使它具有我们现在知道的外形，但由于乔治一世不会说英语，造成了一个机会，使它具有了一个基本特点：内阁独立于

在生活中，维多利亚更像是一位普通的母亲。

王权之外而附属于首相的体制。格雷勋爵的智慧将它从僵化和毁灭中挽救出来，把它送上了民主的道路。接着机会再次介入，一位女性君主正好嫁给了一位能干而执著的男子，一个在它内部沉静了许多年的因素——不负责任的行政权力的因素——即将变成它占主导位置的特点，并彻底改变它的发展方向。但机会给了什么，又取走了什么。皇夫英年早逝，英国宪法丢掉了它死去的肢体，几乎没有一点震颤，继续它那神秘的生命，似乎什么也没有发生过。

有一个人，只有一个人，感觉到了所发生事件的全部力量。那就是斯托克马尔男爵。他坐在科堡家中的火炉旁，突然看见他创建的巨大建筑，无可挽救地轰然坍塌，成了一堆废墟。艾伯特走了，他白活了一场。即使在他最忧郁的时候，他也没有想象过如此可怕的大灾大难。维多利亚给他写信，去看望他，满怀信心地宣称她将继续她丈夫的事业，想以此来安慰他。他伤心地笑了笑，把眼光转向火炉。然后，他咕哝着说，他将要去艾伯特所去的地方——他不会活得太久了。他变得沉默寡言。他的孩子们聚集在他周围，尽一切可能安慰他，但没有用处：男爵的心碎了。斯托克马尔苟延残喘 18 个月，然后，和他的学生一起去阴曹地府探秘了。

二

惊人的突变使维多利亚从恬静、幸福的光辉中陷入了黑暗无比的灾难。在这场可怕变故的初期，她周围的人担心她会失去理智，但她钢铁般的个性使她挺住了打击，在阵阵悲痛的间歇，人们发现女王还是平静的。她记得，艾伯特从来不赞成夸张地流露感情，而她始终如一的愿望就是决不做他不喜欢的事情。然而有的时候，君王的痛苦会达到难以抑制的程度。有一天，她差人请来萨瑟兰公爵夫人，领她进入亲王的房间，俯伏在亲王的衣服前泪如雨下，恳求公爵夫人告诉她，亲王的美德是否有人超越过。另一些时候，一种类似愤怒的情绪扫过她的心头。她写信给比利时国王说：“那个失去父亲的八个月的可怜婴儿，现在已经是一个伤心欲绝、给压垮了的 42 岁的寡妇了！我的幸福生活已经结束！世界已经舍弃了我！……哦，正当鼎盛年华给夺去了生命——眼看着我们纯洁、幸福、宁静的家庭生活，在 42 岁的时候，也就在我虔诚地希望我们永不分离、我们白头偕老的时候（虽然他经常谈到人生苦短）给一刀两断，太可怕了，太残酷了！只有从前的那种生活才使我能忍受那令我万分讨厌的地位。”字里行间，可以感觉到女王悲愤的心情。不知她内心深处是否在想：造物主怎敢如此对待她？

但是，任何其他感情都让位于那个压倒一切的决心，那就是在她的余生中，她将继续尊敬、顺从和崇拜亲王，决不改变。“我非常想重复说一件事，”她告诉她舅舅，“那件事是我坚定的决心，是我不可改变的决定：他对任何事情的希望和打算，他对任何事情的看法，都将主宰我！没有任何人间的力量能使我背离他决定的方针和他希望做的事。”一想到在她和她的愿望之间有可能插进什么东西，她就变得激动起来，好斗起来。她的舅舅要来看她，她突然想到，他可能想来干预她的事，可能想要像过去那样来“当家做主”。她要给他点儿暗示。“我还决心，”她写道，“不容许任何一个人——不管他在我的臣仆中一向是多么优秀、多么忠诚——来影响我，来指导我，来向我发号施令。我知道艾伯特一定很不赞成这样的事……虽然我很虚弱，心力交瘁，但我一想到他的任何希望和计划将要被损害或改动，或是一想到别人硬要我做什么事，我的精神就振作起来了。”在信的结尾，她表示了她的悲痛和她对舅舅的爱。她说，她永远是他“可怜的、忠诚的孩子，女王维多利亚。”然后她看了看日子，那是 12 月 24 日。她感到内心一阵剧痛，匆匆写下了附言：“这是个什么样的圣诞节啊！我简直不愿去想它。”

起初，当她处于悲痛和混乱之中时，她说她不能见她的大臣，艾丽斯

六七十年代的女王，长期穿着服丧的孝服，郁郁寡欢。艾伯特亲王的去世，使女王的生活明显分成了前后 2 个时期，后期她深居简出，再也没有之前那种华贵和珠光宝气的打扮，这甚至引起了本国服装界的不满，认为这不利于在国际上宣传英国作为纺织业大国的形象。

公主在王室司库查尔斯·菲普斯的帮助下，竭尽所能在中间起着联络作用。几个星期后，内阁通过约翰·罗素勋爵大胆告诫女王，不能这样继续下去。她认识到他们是对的：艾伯特也会同意他们的看法；于是她差人去请首相。帕默斯顿勋爵来到奥斯本，红光满面，神采奕奕，新染了胡子，穿一件棕色大衣和一条浅灰裤子，戴着绿手套，上有蓝色饰钉，但他给女王的印象并不好。

尽管如此，她却变得越来越喜欢她昔日的敌人了，一想到会出现政治变动她就激动不安。她知道，政府随时可能垮台，她感到她不能面对这样的结局。于是，在亲王去世六个月后，她采取了一个史无前例的做法，给反对派领袖德比勋爵送去了一封私人信件，告诉他，她的头脑和身体都不适宜于经受一次政府变动的折腾，如果他把现行内阁赶下台，那就有可能送了她的命，或者使她神志失常。当这封信送到德比勋爵手中时，他大为吃惊。“天哪！”他挖苦道，“我没想到她喜欢他们到**那个程度**。”

她的烦躁情绪虽然渐渐减退，她的欢乐却一去不复返了。一个月又一个月，一年又一年，她始终郁郁寡欢。她的生活几乎完全与外界隔绝。她穿着厚厚的绉绸衣服，满面愁容地从温莎到奥斯本，又从奥斯本到巴尔莫勒尔。她很少去首都，不参加任何国家典礼，跟社会没有一点儿交往，她就像某些东方君主，她的臣民对她几乎一无所知。他们可能窃窃私议，但他们不了解她。她跟那些虚假的排场和无聊的享受又有什么关系呢？一点也没有！她专心致志于一个完全不同的事业，她是一项神圣使命的忠诚卫士。她的位置在灵堂深处的圣坛里——那里只有她有权进入，在那里她可以感知一个神秘的存在，可以解释一个依然活着的灵魂所发出的提示，尽管这提示模糊而微弱，可那是她的，也是她唯一的光荣而艰巨的责任。那确实是艰巨的。随着岁月的流逝，她似乎更消沉了，她的孤独感也越来越强烈。“我呆在一座单调悲哀、寂寞壮丽的山峰上。”她说。她一次又一次感到，她对自己的境况已经无法再忍受下去，她在紧张的压力下就要支撑不住了。但就在那个时刻，她耳边响起了一个声音，于是她又重新振作精神，一丝不苟地去履行她严肃而神圣的职责。

她该做的最重要的事是把艾伯特生命中的推动力变成她自己的——她必须为国家工作，像他那样工作。他曾经肩负着的巨大重担，现在要由她来承担了。她挑起了沉重的担子，自然步履维艰。当他在世时，她也经常地、专注地工作，但由于有他的照顾，有他出谋划策，有他的建议和他的绝无差错，她的工作也就得心应手了；只要听见他要她签署某份文件的声音，她就会非常激动。在这样的情况下，她永远会感到工作非常愉快。可现在，有了令人沮丧的变化。绿色台灯下看不见堆放得整整齐齐的文件和摘录，听不见对复杂事件所作的简单明了的解释，没有人来告诉她什么是对什么是错。当然，她有她的秘书，她有查尔斯·菲普斯爵士，有格雷将军，有托马斯·比达尔夫爵士，他们都在尽力工作。但他们只是下属，开创事业的重任和职责都落在她一个人身上。因为必须这样。“我决心，不容许任何一个人来影响我，来指导我，来向我发号施令。”她不是这样说过吗？否则，那将是对所受嘱托的背叛。她在一切事情上都将遵循亲王的思想。他拒绝把权力委托给别人；他要亲眼观察每一个细节；他定出规矩，对文件不仅要阅读而且要做笔记，然后才在上面签字。她也要这样做。她从早到晚坐在她的书桌旁——可怜的书桌！现在孤零零地放在房间里——四周是一摞摞堆得高高的文件盒，她不停地念着，写着。

在艾伯特去世后不到两年，一场激烈的外交纷争使维多利亚的威信受到严峻的考验。已经闷燃了十多年的可怕的石勒苏益格－荷尔斯泰因纠纷，又显示了爆发战火的迹象。这个问题错综复杂，难以描述。“只有三个人，”帕默斯顿勋爵说，“曾经真正理解石勒苏益格－荷尔斯泰因的事：皇夫，已经死了；一位德国教授，已经疯了；还有一个是我，但对那件事已经忘得一干二净了。”不过，尽管亲王死了，他不是留下了一位代理人么？维多利亚精神饱满地投入了这场激烈的纷争。她每天花许多时间研究这一盘根错节的事件。在摸不着头脑的迷宫中她有一条线索：她清楚地记得，不管什么时候讨论到这个问题，艾伯特总是站在普鲁士一边的。她的方针毫不含糊，她坚决地支持普鲁士的观点。她说这是亲王的遗产①。她没有认识到，亲王时代的普鲁士已经消亡，一个新的普鲁士，俾斯麦的普鲁士诞生了。也许帕默斯顿已经以他奇特的预见直觉地感知了这个新的危险。不管怎样，他与约翰勋爵一致认为，有必要支持丹麦反对普鲁士提出的要求。然而，不仅在国内，而且在内阁中都出现了尖锐的意见分歧，这场激烈的争论持续了 18 个月。在此期间，女王坚持不懈地强烈反对首相和外交大臣。最后终于出现了一触即发的局势——英国似乎可能卷入丹麦与普鲁士的战争——维多利亚的激动情绪更趋于炽热程度。她对她的德国亲戚们谨慎地保持着不偏不倚的外表，但她向她的内阁发出了大量呼吁、抗议和忠告。她祈求神圣的和平事业。“维护欧洲和平的唯一可能，”她写道，“是不要帮助丹麦，它已经为自己创造了这个条件……女王感到很痛苦，她的神经濒临崩溃……不过，尽管这种焦虑使她疲惫不堪，但并没有动摇她坚定的决心，那就是抵制任何要把英国拖进一场疯狂无益的冲突的企图。”她说她“准备坚持她的立场”，即使随之而来的是外交大臣的辞职。她告诉格兰维尔勋爵，“焦虑和担忧使她精疲力竭，她万分怀念她亲爱的丈夫的帮助、建议、支持和爱。”为了争取和平她实在太累了，“累得抬不起头，提不起笔”。英国没有参战，丹麦听天由命。但就我们现在所知，女王的态度对于导致这个结果到底起了多大作用还很难说。不过，大体上看，决定形势的因素很可能是内阁中强有力的主和派，而不是女王专横而又可怜巴巴的压力。

不管怎么说，女王对神圣的和平事业的热情并不持久。没有几个月，

① 原注：“‘我知道，我们亲爱的天使艾伯特一直认为，一个强大的普鲁士是十分必要的，因而，为此尽力是我神圣的责任’——维多利亚女王致萨克森－科堡－哥达公爵信。”《威廉·爱德华·格莱斯顿传》第 2 卷，J. 莫利著

她的想法发生了根本的变化。她看到了普鲁士的实质，它对奥地利的图谋即将引起“七周战争”[①]。她突然从一个极端转入另一个极端，敦促她的内阁进行武力干预，支持奥地利。但是，她的敦促没有起到什么作用。

她的政治活动——不再是她的隐居生活——得到了公众的认可。时光一年年过去，女王的服丧期依然没有解除。对她的指责越来越普遍，越来越严厉。人们议论说，女王长期过不与外界接触的孀居生活，这不仅使上层社会蒙上阴影，不仅剥夺了老百姓观赏盛大华丽场面的机会，也对制衣业、女帽业、针织业产生极为有害的后果。后面这条意见有很重的分量。1864 年初，传闻女王陛下即将度完服丧期，报纸上一片欢呼声。遗憾的是传闻被证明毫无根据。维多利亚亲笔写信给《泰晤士报》澄清此事：“这个想法，纯属无稽之谈。”信上继续说：“女王衷心欣赏臣民们想见到她的愿望，任何事情，只要能满足他们这一充满感情的忠诚愿望，她都愿意去做……但是落在女王身上的还有其他比抛头露面更为重要的责任，要她独自、无人帮助地去承担。这些责任她如稍有疏忽就必然会损害公众利益，这些责任无休止地沉重地压在她身上，使她承受着大量工作和无穷焦虑。”如果人们不知道女王强调的“更为重要的责任”主要是指试图阻止帕默斯顿勋爵和约翰·罗素勋爵的外交政策，那么女王的辩解可能会更具说服力。可是在石勒苏益格－荷尔斯泰因争端中，英国有一部分人——可能是绝大部分人——狂热地支持丹麦，维多利亚对普鲁士的支持受到普遍谴责。一阵不欢迎王室的浪潮开始掀起，这使人想起 25 年前女王结婚前的那段时期。报纸出言不逊；埃伦巴勒勋爵在上议院攻击女王；高层人士中私下传说女王曾有退位的想法，接着的窃窃议论是对她没有这样做感到遗憾。维多利亚气愤而委屈，她觉得她受到了误解。她心情极不愉快。在埃伦巴勒勋爵发表演说后，格雷将军说，他“从没有见到过女王如此心烦意乱”。“哦，

① “七周战争”（1866），普鲁士为一方，奥地利和巴伐利亚、萨克森等若干德意志小国为另一方的战争，以普鲁士获胜告终。

多么可怕啊，”女王写信给格兰维尔勋爵说，“受到怀疑，没有人鼓励，没有人指导，没有人商量，可怜的女王感到多么孤独！”不过，尽管她感到痛苦，但她仍坚定不移，一如既往；她坚持她的路线，纹丝不动，这条路线是一项崇高的义务为她规定的，她将永远忠实于它。

就这样，当石勒苏益格－荷尔斯泰因已经被人忘记，甚至亲王的形象也在人们无常的记忆中开始淡薄下去时，那位孤独的守灵人始终如一地专注于她特殊的任务。世人持续增长的敌意，面对的是维多利亚无所畏惧的不可穿透的丧服。难道世人就再也不能理解她了吗？使她如此不可思议地与世隔绝的并不仅仅是悲伤，而是忠诚，是自我牺牲，是爱留下的艰巨任务。她的笔一刻不停地在框有黑边的纸上移动。她的身体可能变得虚弱，但那副沉重的担子必须挑起。所幸的是如果世人不理解她，还有忠实的朋友们理解她。有格兰维尔勋爵，有善良的西奥多·马丁先生理解她。也许，绝顶聪明的马丁先生会想出办法让人们了解事实真相。她可以写一封信给他，让他知道她辛勤的劳动和艰苦的斗争，然后他可以给某份杂志写一篇文章。1863 年，她告诉他：“女王不是因为悲伤而深居简出……她不能与外界接触是由于她有大量工作要做，也由于悲伤极大地影响了她的健康，大量的工作和责任压在她身上——她实在感到精疲力竭了。艾丽斯·赫尔普斯在女王房间里感到万分惊讶，如果马丁夫人也来看看，她就可以告诉马丁先生围绕女王的是什么。从清晨起床直到晚上上床，她工作，工作，工作，一个个的文件盒，一堆堆的问题，如此等等，都是那么令人疲惫不堪。要是她在晚上再得不到一定的休息和宁静，她很可能就活不成了。她不停地过分地使用她的脑子。”这些话说得一点也不错。

三

继续艾伯特的工作，那是她首要的责任，但是还有另一项责任仅次于它，却可能更加合她的心意——那就是把他的天赋和品格如实地印入她臣民的心中。她意识到，他生前并没有完全得到人们正确理解，他巨大的力量，他崇高善良的品质，并未尽现于世人面前。但是死亡清除了必要的障碍，现在，她丈夫的光辉形象，应该完整地展现在所有人面前。她有条不紊地开始工作，并指示阿瑟·赫尔普斯收集出版亲王的演说和谈话。1862年，一本厚厚的集子问世。她又命令格雷将军撰写一本关于亲王早年情况的书——从出生到结婚。她亲自为这本书进行设计，使用了许多机密文件，加入了大量注释。格雷将军遵从女王的旨意，于1866年完成了这本书。但故事的主要部分尚未讲述，于是马丁先生受命写一本完整的皇夫传记。马丁先生辛勤劳作了14个年头。他使用了大量有关资料，多得几乎令人不可思议，他极为勤奋，并从头至尾得到女王陛下亲切的关怀。传记的第一大卷于1874年问世，随后的四卷陆续出版，到1880年，这部恢弘巨著终告完成。

作为回报，马丁先生被授予爵士称号。遗憾的是，不管是西奥多爵士还是他的前人，显然都没能达到女王所希冀的要求。这也许是她没有选到合适的助手，但事实上，失败的责任还应归咎于她本人。西奥多爵士和其他人都忠实地执行了她交付的任务，忠实地把她心目中的艾伯特的形象呈现在公众面前。可致命的缺憾在于公众并不觉得那个形象动人。维多利亚的感情实质上强烈而不细腻，她完全排斥出自机敏或幽默所作的描述，只满足于绝对的、明确的言辞。当她不喜欢什么时，她毫不含糊地表示出来，把她讨厌的东西立即赶到一边，逐出考虑的范围，她的感情也同样没有缓和的余地。在艾伯特的问题上，她那使用极端语言的爱好达到了顶峰。她认为不把艾伯特看作完美无缺的——在道德上、智慧上、容貌上及男人拥有的一切光彩和风度上——那将是一种不可思议的亵渎。既然他完美无缺，那就必须显示出他一贯是完美无缺的。于是阿瑟爵士、西奥多爵士，还有那位将军，都这样来描述亲王。在这样的情况下，受到这样的督导，如果不想完全照办，就得比这几位先生具有更为杰出的才能。事情并没有到此为止。一个偶然的机会，维多利亚找到另一位作家为她服务，他的杰出才能此时是无可怀疑的。这位桂冠诗人[①]不管是出自讨好女王或是出自自己的信念，跟他的君王唱一个调子，参加了这场合唱，把皇家的套话变成了奇妙回荡的诗歌。事情就此了结。从此，人们记住了艾伯特是洁白无瑕地度过无可指责的一生的。

然而，结果是加倍的不幸。维多利亚失望而苦恼，她埋怨她的人民，因为他们不顾她的一切努力，拒绝承认她丈夫的真正价值。她不理解，一幅描绘得完美无缺的画像，是不会为大多数人所喜欢的。其原因倒不在于人们妒忌完美无缺，而是因为人们怀疑这样的人有没有人性。于是，当人们看到陈列着供人赞美的是一个道德说教书中甜言蜜语的英雄，而不是一个有血有肉的真人时，他们耸耸肩，笑一笑，不礼貌地嗯哨一声走开了。不过在这一点上，公众和维多利亚一样，也是蒙受损失者。因为，事实上艾伯特是一个比公众所想象的有趣得多的人物。这是一桩奇怪而具有讽刺意味的事，女王用自己的爱在人们心目中树立了一个完美无瑕的蜡像，而这个蜡像所代表的人却已消失得无影无踪了。这个真正的人是多么充满活力，多么忍辱负重，多么神秘又多么不幸，多么易犯错误，多么具有实实在在的人性啊。

四

言辞和书本可能是一种模棱两可的纪念物，但谁能曲解用青铜和石块建成的可见实体呢？维多利亚在靠近温莎她母亲墓地的地方，花费 20 万英镑为自己和丈夫建造了一座巨大精美的陵墓。但那只是私人和家庭的纪

① 指英国桂冠诗人丁尼生（Alfred Tennyson，1809—1892），主要诗作有《夏洛蒂小姐》、《尤利西斯》、《悼念》等。

念建筑，女王希望她的臣民们不论在哪里聚集，都会记得亲王。她的愿望得到了满足。整个英国——在阿伯丁[①]，在佩思[②]，在伍尔弗汉普顿[③]——都树立起了亲王的雕像。女王一反深居简出的常态，亲自为这些雕像揭幕。首都也没有落后。亲王去世后一个月，人们在伦敦市长官邸召开了一次会议，讨论纪念亲王的计划。但是出现了意见分歧：到底是建造一座雕像好，还是建立一个机构好？在此期间，开展了募集捐款的活动；成立了一个有影响的委员会；还向女王征求了有关此事的希望和意见。女王陛下回答说，她认为最好是建造一座基部有雕刻的花岗石方尖碑，她不倾向于建立机构。但委员会有点犹豫：一座名副其实的方尖碑，显然要用独块巨石制成，英国哪里有这样的采石场能提所需尺码的花岗石呢？当然，在俄属芬兰有这种花岗石。但有人向委员会提出，那里的花岗石不适合在露天条件下使用。因此，从总体考虑，他们认为还是建造一座纪念馆，馆内再建立一座亲王的雕像。女王陛下同意了这个意见。但接着又出现了另一个困难。人们发现，募集到的款子没达到6万英镑——这笔数目不足以支付双倍的花费。于是，建造纪念馆的打算给放弃了，只能建立一座雕像。委员会请一些著名的建筑师着手进行设计。最后，委员会终于有了一笔总数为12万英镑的款子，其中除原来的6万外，另有公众捐助的1万和议会批准的5万拨款。几年后，作为私人投资的事业，组成了一家股份公司，建成了艾伯特纪念馆。

委员会和女王都选中建筑师吉尔伯特·斯科特先生的设计方案。他的勤奋、认真和虔诚，使他成为本行业中的佼佼者。他终生热衷于哥特式风格的设计，这使他赢得了独特的声望。他的设计，不仅可见于大量有独创性的房屋，也体现于英国大多数大教堂。他的创新有时确实也遭到抨击，但斯科特先生以旺盛的精力和浓厚的兴趣撰写文章和小册子进行辩驳，他

① 阿伯丁，英国苏格兰东北部城市。
② 佩思，英国苏格兰中部城市。
③ 伍尔弗汉普顿，英国英格兰中西部城市。

的辩词使所有的教长信服，他被允许继续他的工作，并不再受到干扰。但有一次，他对哥特式风格的热忱使他陷入不愉快的境地。白厅的政府办公楼需要重建，斯科特先生的设计经过竞争被选中。自然，他的设计是哥特式的，把“某种方形和水平轮廓线”跟辐射状窗柱、三角墙、陡屋顶、老虎窗等结合起来。他的草图，按照他自己的说法，“也许是他曾送去参加竞争的设计图中最好的，或者差不多是最好的”。经过通常的留难和拖延后，这项工程终于就要着手进行，可就在这时政府更迭了，帕默斯顿成了首相。帕默斯顿马上派人找来斯科特先生。“是这样，斯科特先生，”帕默斯顿轻快地说，“我不想跟这种哥特式有什么牵扯。我要求你按意大利的风格设计，我想你一定能做得非常好。”斯科特先生惊呆了：意大利文艺复兴时期的建筑风格不仅难看，而且绝对是伤风败俗的，他断然拒绝这样做。于是帕默斯顿勋爵用一种慈祥的声调说：“确实如此。不能指望一个哥特式建筑师去容忍古典式建筑，我得另外找一个。”这是难以容忍的。斯科特先生一回到家就给首相去了一封措辞强烈的信，信中强调他建筑师的地位，强调他曾在两次欧洲竞赛中获奖，及他是英国皇家艺术院准会员、法兰西研究院金奖获得者、皇家艺术院建筑学讲师等等。但没有用。帕默斯顿勋爵甚至连信也不回。于是，斯科特先生想，他可以通过明智而审慎的混合，设计出一种既保持哥特式基本特色，又给人以古典式印象的式样。他试着这样做了，但这对帕默斯顿勋爵不起作用。他说，这个新设计“非驴非马，不折不扣的杂交品种，我不想跟它有什么瓜葛。”打那以后，斯科特先生觉得有必要去斯卡伯勒疗养两个月，“服用一个疗程的奎宁”。他终于恢复了正常的精神状态，其代价是牺牲了他的信念。为了他的家庭，他感到，服从首相是他倒霉的责任。他严格按照文艺复兴时期的风格建造了政府办公楼，但强烈的反感使他的心在颤抖。

不久，斯科特先生又按照他自己的风格建造了圣潘克拉斯旅馆，这使他得到了一些慰藉。

现在，他接受了一项更加令他满意的任务。“设计纪念馆，”他写道，“我的想法是建造一顶华盖，护住亲王的雕像，华盖的设计得有点儿像古代的神龛。这种神龛是想象中的建筑原型，现实中从未建造过。我打算使用珍贵的材料、镶嵌物、珐琅等等，将这种想象中的建筑化为现实。”他的想法特别合适，因为亲王自己也有过同样的想法，曾设计并制作过几个基于这类原型的银调味品瓶，虽然两人的设想一个是照原型放大，另一个是照原型缩小。经女王要求，在肯辛顿花园内尽量靠近万国博览会的地方选择一块地皮作为馆址，1864 年 5 月破土动工。这项工程漫长、复杂而艰巨。除一些在斯科特先生指导下工作的助理雕刻师和金属工匠外，还雇用了大批工人。工程的每一个阶段，草图和模型都要提交女王陛下亲自过目，她细致入微地审核每一个细部，不断提出改进意见。环绕纪念馆基座的饰带，本身就是一件极为严肃的作品。斯科特先生说：“从整体上看，这也许是雕刻史上最艰巨的工程之一，它实际上是连绵不断的一长列极为精细的人物雕刻，采用高凸的隆雕，与真人一样大小，长度超过 200 英尺，包含 170 个人物，刻在我们能够弄到的最坚硬的大理石上。”虽经三年艰苦的工作，纪念馆离竣工尚远，斯科特先生认为最好宴请工人一次，“以表示他对他们技艺和努力的认可和赏识。”据说，“用脚手架板搭成了两张长桌，安放在工地上，桌上铺了报纸代替台布。八十多个人坐在桌旁。牛肉、羊肉、葡萄干布丁、奶酪，应有尽有，每一个要喝酒的可得三品脱啤酒，不喝酒的为数不少，给他们供应姜汁汽水和柠檬汽水……席间进行了几次祝酒，许多工人讲了话，几乎所有的人都以感谢上帝让他们身体健康为开头；有几个人提到了在他们中间流行的戒酒，另一些人说很少听到讲粗话骂人的了，而所有的人都说，他们能从事这样一项伟大的工作，感到极其高兴，极其自豪。”

慢慢地纪念馆接近完工。饰带上第 170 个真人一般大小的人像雕成了，花岗石立柱竖了起来，表现寓言故事的镶嵌画缀上了山墙，代表基督教四大德行的四座巨像和另外四座代表美德的巨像吊放在各自的位置上，代表八大学科——天文学、化学、地理学、几何学、修辞学、医药学、哲学和生理学——的八座铜像被高高地固定在金光闪闪的小尖塔上。其中代表生理学的铜像特别受到赞赏。官方的报道这样描述："她用左臂抱着一个婴儿，表现了最高、最完美生理形态的发展；她的手指着一台显微镜，这种仪器为研究动植物机体更微细的形态提供了帮助。"最后，在层层叠置、逐渐稀疏的众天使上面，是一个镀金的十字架。在基座的四角有用大理石凿制的四大洲图形。1872 年 7 月，历经七年的施工，纪念馆终于开始向公众开放。

然而，又过了四年多时间，纪念馆中央的雕像才雕刻完成，得以放到满布星星的华盖下。雕像由弗利先生设计，这位雕刻家的创作自由在某一个方面受到了斯科特先生的限制。"我选择坐姿，"斯科特先生说，"我认为坐姿最能传达庄严的神态，适宜于表现王家风范。"弗利先生得当地实现了他上级的意图。"在神态上，"弗利先生说，"我的目标是要具有雕塑个性，体现地位、品格和启迪性，传达敏锐的才智，表现对追求文明的积极而不是消极的态度，这种追求已由周围的图形、群像和浮雕加以阐明……为了让人们从雕像中看到亲王在公众生活方面做的一件最值得纪念的事业——1851 年的万国博览会——他的右手拿着一份第一次汇集世界各国工业品的目录。"雕像由青铜铸成，外面镀金，重达 10 吨。雕像的基座上简单地刻着"艾伯特"几个字，人们认为这已经足以使人认清雕像是谁了。这个想法完全正确。

在维多利亚女王执政的年代，英国的海军实力遥遥领先于其他各国，通过不断的海外扩张，建立了有史以来最庞大的帝国，号称“日不落帝国”。上图为 1858 年第二次鸦片战争时期的英国舰队。下图为 1850 年代正在米尔沃尔船坞上建造的巨型海船。英国是当时世界第一的工业大国，巨大的工业生产能力为海外扩张提供了源源不断的能量。

第八章　格莱斯顿先生和贝肯斯菲尔德勋爵

一

皮特[①]时期和维也纳会议以后，人们熟悉的帕默斯顿勋爵的笑声——怪里怪气刺耳的“哈！哈！哈！”连同这笑声的回响——在皮卡迪利[②]一带已不再能听到。约翰·罗素勋爵已经老态龙钟；德比勋爵踉踉跄跄地下了台。新的一幕开始了，新的主人公——格莱斯顿[③]先生和迪斯累里[④]先生，在众目睽睽之下相互争斗[⑤]。维多利亚以她对政治始终如一的热情和兴趣，从她所据的最佳位置注视着事态的发展。她的倾向是人们始料未及的。格

① 皮特（William Pitt，The Younger，1759—1806），英国首相，于1783—1801年、1804—1806年两度组阁。

② 皮卡迪利为伦敦西区一条大街，以拥有许多时髦的商店、俱乐部、旅馆和住宅而闻名。

③ 格莱斯顿（William Ewart Gladstone，1809—1898），英国自由党领袖，曾四次任首相（1868—1874；1880—1885；1886；1892—1894）。

④ 迪斯累里（Banjamin Disraeli，1804—1881），英国保守党领袖，曾两次任首相（1868；1874—1880），也是作家。被封为贝肯斯菲尔德伯爵。

⑤ 英国在1815年后经历了一段政党混乱时期。1865年首相帕默斯顿去世后，英国出现了两个政策明确的大政党：格莱斯顿领导的自由党和迪斯累里领导的保守党，他们相互斗争了12年。

莱斯顿先生是她尊敬的皮尔的追随者，并得到过艾伯特的承认；迪斯累里先生则曾用极其恶毒的手段促使罗伯特爵士倒台，而且亲王曾说过："他的气质中没有一点点绅士的成分。"然而，她对格莱斯顿先生既不信任，也不喜欢，且这种厌恶之情与日俱增，对于此人的对手她却信任、尊重、关爱有加，即便是墨尔本勋爵也没有得到过这样的待遇。

当维多利亚发现在政府人员中只有这位托利党大臣一人了解她对艾伯特去世的感受时，她对他的态度突然有了改变。讲到其他人时她会说："他们可怜我，不是同情我的不幸。"但迪斯累里先生理解她，他的吊唁完全采取对死者歌功颂德的形式。女王说，他是"唯一能正确评价亲王的人"。从此她对他表示出特殊的好感。在威尔士亲王结婚时，赐予他和他夫人圣乔治教堂里两个人人向往的席位，还邀请他在温莎逗留一夜。艾伯特纪念馆拨款问题交由下议院讨论时，迪斯累里作为反对党领袖发表雄辩的演说支持这一项目。他得到的奖赏是一册白羊皮装帧的亲王演说集，上面还有女王亲笔题词。他在感谢信中"大胆触及一个神圣的问题"，字里行间以忠诚的语气非常巧妙地与收信人的感情相呼应，细数艾伯特绝对完美无缺的品行。他说："亲王是迪斯累里从未见过的唯一一位能实现理想的人。没有一个他认识的人能达到这一点。他身上既有男人气概，又有极度的率真，既有骑士风度，又有古雅典学园的智慧。英国历史上堪与之相比的只有菲利普·锡德尼[①]爵士一人。他们同样高贵优雅，同样博学多才，同样刚柔相济，同样罕见地兼有浪漫的活力和古典的稳重。"谈到他自己和亲王的相识，他说这是"他一生中最值得高兴的事，充满美好的回忆，而且如他所希望的，将在他的余生中一直起安慰和激励的作用。"这些话的深刻和精到使维多利亚大为感动，从此以后在她的关爱下迪斯累里的地位得到了保证。1866年保守党执政，迪斯累里担任财政大臣和下议院领袖，

① 菲利普·锡德尼（Philip Sidney，1554—1586），英国16世纪诗人，亦为廷臣和军人，著有《阿卡迪亚》、《五月女郎》和文学评论《诗辩》等。

他的地位必然使他和女王有更为密切的联系。两年后，德比勋爵辞职，维多利亚怀着无比喜悦之情，以罕见的礼数欢迎迪斯累里做她的首相。

然而，迪斯累里掌权仅有动荡不安的九个月时间。下议院中占少数的内阁，在大选中倒了台。但是，在这短暂时期结束之前，把女王和她首相联系在一起的纽带，比以往任何时候都更加牢固了。现在，他们之间已不再是感激的女主人和忠诚的仆人之间的关系，他们成了朋友。他的公函，正如克拉伦登勋爵指出的，“用他最擅长的小说文体”书写，成了政治新闻和社会传闻的生动记录，其中总不难看出他的个人特点。维多利亚很高兴，她说她一生中还从未收到过这样的信件，许多事她过去根本不知道。作为回报，春季来临时她给他送去几束亲手采摘的鲜花。他赶紧送她一套自己写的小说。对此，她说她“非常感谢，而且十分珍惜”。后来她自己也发表了《我们在苏格兰高地生活的日记片断》。据说，首相在这个阶段跟女王谈话时经常说“我们作家，陛下”。在政治问题上，她是他坚定的支持者。“确实，从来没有见过像反对党那样办事的。”她写道，当迪斯累里内阁在下议院被击败时，她“对下议院的做法实在感到震惊，他们确确实实在损害君主立宪制的声誉。”她对内阁变更的前景担忧。她怕如果自由党坚持废除对爱尔兰教会的支持，那么她的加冕誓言可能会起妨碍作用。但内阁不得不更迭，维多利亚失去了宠信的首相。为了安慰自己，她赐给迪斯累里夫人贵族头衔，不过这也是徒劳的。

当女王的敕令送到哈登[①]时，格莱斯顿先生穿着衬衫正在砍一棵树。他读完敕令说“意义非常重大”，然后继续砍他的树。他在日记中袒露的内心世界就更加清楚了。他写道：“看来全能的上帝出于自己的某种目的，支持并宽恕了我这个自知不值一顾的人。荣耀归于上帝。”

然而，对于上帝的意愿女王和新首相的看法并不相同。她不相信，在

① 哈登为格莱斯顿的家乡，是威尔士克卢伊德郡阿林和迪赛德区的首府。

女王在当时已经成为“稳定”“可靠”的典型象征。庸俗的商人们常用女王的形象作为商品宣传的广告。这是可可粉的广告，广告语是：“最强、最好”。

格莱斯顿先生决心实施的彻底换班计划中有什么神的意志。但她能做什么呢？格莱斯顿先生能量极大，在下议院中拥有强大的多数派，是无可抗拒的。有五年之久（1869—1874），女王发现自己被一系列改革造成的动荡不安的氛围所包围——爱尔兰圣公会和爱尔兰土地制度的改革，教育改革，议会选举改革，陆军和海军体制改革，司法行政改革。她反对，她力争，她极为愤怒……她感到，如果艾伯特活着，事情绝对不会弄成这样。然而，她的反对和她的抱怨都无济于事。仅仅处理那些源源不断向她涌来的大量公文，就使她精疲力竭了。冗长而复杂的爱尔兰圣公会法案稿送交给她时，还附着一封格莱斯顿先生的说明信，此信用四开信纸写得密密麻麻，长达12页。她简直陷入了绝境。她看了法案再看说明，看了说明再回头看法案，实在弄不清究竟哪一份更叫人糊涂。不过她得履行她的职责：她不仅需要看，还需要做笔记。最后，她把这一大堆纸交给正好呆在奥斯本的马丁先生，要求他做一个内容摘要。看了他的摘要后，她的反对倾向就更明显了。但是，政府有强大的力量，她竟然不得不敦促反对党调和妥协，免得更糟的事接踵而来。

就在这次危机中，当爱尔兰圣公会前途未卜之时，维多利亚的注意力被吸引到另外一项改革建议上。那项建议是允许海军水兵蓄须。“不知蔡尔德斯先生对胡须问题有何见教？”女王焦急地写信给海军大臣。总的来说，女王陛下赞同改革。她写道：“她个人觉得可以蓄须，只是不要留八字须，因为八字须外观很像陆军士兵。因而，最好还是像建议所要求的，留全部胡须，只是应该短些，并保持清洁。”女王又考虑了一个星期，才写了最后一封信。她希望“对胡须问题提出一条附加意见，即决不允许只留八字须而不蓄下颌的胡须。这一点必须明确。”

对海军的一些改革可以容忍，而对陆军的侵犯则是严重得多的事了。自古以来，陆军和王室之间一直有着特别密切的关系。艾伯特用在处理陆军琐细事务上的时间和对陆军的关心，甚至比研究湿壁画制作法、比设计济贫卫生小屋所花的时间还要多。如今时过境迁，格莱斯顿先生的命令已经发出，总司令将不再直接隶属国王，而要从属于议会和陆军大臣了。在自由派的所有改革中，这是最令维多利亚愤慨的事。她认为，这一改革是对她个人地位的攻击，是对艾伯特个人地位的攻击。然而她无计可施，首相仍然为所欲为。当她得悉这个可怕的人还计划进行另一项改革，将废除买卖军官职位的做法时，她只能认为，那本是早就可以预料的。一时间她指望上议院能有回天之力。上议院的议员们以出乎意料的劲头反对这项改革，但是，格莱斯顿先生比以往更意识到上帝支持他，他准备好了一条巧妙的对策：买卖军官职位原本是经国王敕令批准的，它现在同样也应由国王取消。维多利亚面临奇怪的进退两难境地：她并不喜欢废除买卖官职，但她被要求行使君王的权力来废除买卖官职，这倒是很合她的口味的。她没有犹豫多久，当内阁提出要她在正式文书上签署时，她欣然照办了。

格莱斯顿先生还有一些事也像他的政策一样难以接受，而且更令维多利亚不快。她不喜欢他对待她的态度。这倒不是说，格莱斯顿先生在和她交往中有什么不礼貌或不尊重的地方。相反，他在和君王的交谈和通信中，异乎寻常的崇敬溢于言表。确实，在他奇特的一生中，保守主义给他难以捉摸的性格涂上了意想不到的色彩，他以根深蒂固、充满狂热的保守主义思想，透过近乎宗教虔诚的敬畏，把维多利亚看作是古老传统的神圣体现——英国宪法中必不可少的要素——议会法案认定的女王。但不幸的是女王对这种颂扬并不赏识。“他对我说起话来就像在公众集会上演说一样。”这众所周知的怨言不论是否可靠——这话的措辞倒有点儿像警句，不像真是维多利亚说的——但无疑表达出了她反感的基本要素。她不反对被人看作是一种制度的体现，她就是这种制度，她也知道这一点。但她也是个女人，仅仅被人看作是一种制度的体现是难以忍受的。因此，格莱斯顿先生所有的热忱和忠诚，过于拘礼的言辞，腰弯得低低的鞠躬，谨小慎微的言行，统统都徒劳无功。他忠诚得过了头，进而盲目奉承起来，把他敏锐的才智、广泛的知识以及只有他才具有的一本正经的热忱，一股脑儿加到他所崇拜的对象身上，于是误会便彻底形成。真实的维多利亚和这位以格莱斯顿形象出现的怪神之间产生了不和谐，产生了灾难性的后果。她不舒服和讨厌的感觉终于变成了明确无误的憎恶，尽管她礼貌依旧十分周到，但她一刻也不妥协；而他那方面则感到沮丧、困惑和屈辱。

不过他的忠诚仍然没有动摇。内阁开会时，首相常充满极乐的想象，以朗读他收到的女王信函开场，女王在这些信中阐述了她对有关议题的看法。这时会场寂静无声，格莱斯顿先生用深沉庄严的声音，一封又一封地朗读女王的信，连同信中大量的着重点、惊叹号以及语法特点，没有一点遗漏的。从来没有人发表任何议论来干扰朗读，在适当休息一会儿之后，内阁才开始讨论当天的事务。

二

虽然维多利亚不欣赏首相对她的态度，但她发现首相的态度也自有它的用处。民众对她难以解释的隐居生活不满，这种不满多年来不断增长，如今以新的令人惊恐的方式爆发出来。共和主义到处流传。由于拿破仑三世覆灭和法国共和政府建立，激进的主张在英国受到了激励，突然变得比 1848 年以来的任何时候都更为极端，也第一次几乎达到受人尊敬的地步。宪章主义曾经完全是下层阶级的事情，而如今，议员们、有学问的教授们以及名媛贵妇，都公开承认这最具颠覆性的观点。君主政体在理论和实践上都受到攻击。它的一个致命点受到了攻击，人们说它过于浪费。有人问：国家花费在王室身上的巨额开支，能为国家带来什么好处？维多利亚的深居简出给这种论据提供了讨厌的把柄。有人指出，王室的礼仪作用实际上已经消失；棘手的问题是，是否还有其他作用在继续发挥，值得每年花费 385000 英镑呢？王室收支情况受到了仔细审查，还出现了一本名为《她用这些钱做什么？》的匿名小册子，以极为明显的恶毒用意摆出王室财政状况。小册子指出，王室年俸中每年拨出 60000 英镑供维多利亚私人使用，但这笔巨额年俸的其余部分，照法案规定，也供她“支付宫室的开支并维持王室的体面和尊严”。显然，自亲王去世以后，这两方面的费用必然大大减少，人们不得不得出这样的结论：每年拨给王室的巨额钱款没有按照议会指定的用途使用，而是落入了维多利亚的私囊。这笔私人财产的准确数额不可能弄清楚，但有理由认为，那是一笔庞大的资产，也许总数可达 500 万英镑。小册子对这种状况提出抗议，而这种抗议言论又一再地在报纸和公众集会上咄咄逼人地反复出现。尽管对维多利亚财产的估计肯定过于夸大，但同样可以肯定的是她确实是一位极为富有的女人。她大概每年可以从年俸中省下 20000 英镑，王室直辖领地的收入稳定地增长着，她继承了丈夫留下的一笔可观的财产，1852 年怪僻的守财奴约翰·尼尔德先生又遗赠给她价值 50 万英镑的一份产业。在这样的情况下，1871 年她要求议会为路易丝公主与阿吉尔公爵的长子结婚拨 30000 英镑嫁妆费及 6000 英镑年金而引起社会的强烈抗议，也就不足为奇了①。

为了争取舆论，女王亲自宣布议会开幕，此议案几乎以全票通过。然而，几个月后，她提出的另外一项要求：阿瑟王子到了法定年龄，希望国家批给他 15000 英镑的年金，则使抗议的呼声重又高涨起来。报上充满愤怒的指责，布雷德洛在特拉法加广场一次规模空前的群众集会上怒斥“乞丐王子”；查尔斯·迪尔克爵士在纽卡斯尔的激进派会议上就此事详细阐述了他个人的见解。王子的年金最终在下议院获半数以上票通过，但有 50 个

① 原注：1889 年官方声称，女王从王室年俸中得到的全部积蓄达 824025 英镑，但这一笔款项中有许多是用于款待外国宾客的。考虑到王室直辖领地的收益在每年 60000 英镑以上，加上皇夫的积蓄和尼尔德先生的遗产，在女王去世前，她的私人财产很可能达到两百万英镑。(《维多利亚女王传》，S．李著)

人的少数派投票主张把年金减少到 10000 英镑。

对于这个令人不快的问题，不论哪一方面，格莱斯顿先生都表现了强硬态度。他绝不赞成他追随者中持极端态度的一派。他说女王的全部收入理应由她个人支配。他还论证说，抗议王室存款只不过是怂恿王室铺张浪费，他通过议会成功地使这些不得人心的年金得以批准。他指出，这是严格依据先例进行的。1872 年，查尔斯·迪尔克爵士再一次在下议院提出指控，动议详细调查女王的支出情况并彻底改革王室年俸，首相竭尽所能运用他机敏的辩才支持君主。他大获全胜。在一片混乱中查尔斯爵士的动议不光彩地被否决了。维多利亚放下心来，但她并没有因此而更加喜欢格莱斯顿先生。

这也许是维多利亚一生中最难受的时刻。大臣、报刊、公众一起合谋找她麻烦，责备她，曲解她的所作所为，在各个方面对她表示冷漠无情和轻慢不敬。她告诉马丁先生，她是个“备受误解的女人”，她痛苦地向他抱怨，认为人们对她进行不公平的抨击，并表示“沉重的烦恼和忧虑，十年来繁重的工作，孤独无助，加上年岁增长健康不佳”，正在压垮她，“几乎使她陷于绝望”。情况确实悲惨，看起来仿佛她一切的一切都失败了；仿佛在女王和国家之间有着不可调和的对抗。要是维多利亚在 70 年代早期就与世长辞，世界舆论无疑会认为她是个失败者。

二

然而她活着，并争得了完全不同的命运。共和主义的爆发，实际上是一项奄奄一息事业的回光返照。自由主义的浪潮从《改革法案》以来一直平稳地延续着，到格莱斯顿先生第一次组阁时，达到了顶点。可是在那届政府快要结束前，这浪潮不可避免地开始衰退。这一浪潮的衰退，来得突然而彻底。1874 年的大选改变了整个政治局面。格莱斯顿先生和自由党人垮了，而托利党四十多年来首次在英国获得无可怀疑的优势。显然，他们出人意料的胜利是由于迪斯累里的卓越才能和魄力。他不再作为一小撮军队的指挥官，而是作为一位凯旋的英雄，在鼓乐声中和招展的旌旗下重居要职。维多利亚也像对待凯旋的英雄一样，欢迎她的新首相。

接下来是六个激动人心、魅力无穷、幸福祥和、繁荣昌盛、浪漫多彩的年头。迪斯累里这位令人惊叹的人物，在 70 岁时，在经历了非凡斗争的一生后，现在终于把他少年时代最荒谬的梦想变为现实。他完全知道如何丝毫不差地领会女王的心意，他已经奇迹般地成了这位女王的仆人和主人。他看女人的心就像看一本打开的书。他的全部事业在于揣摸那些古怪的实体，这些实体愈古怪，他与之相处得似乎就愈轻松自如。不过贝肯斯菲尔德夫人及其疯疯癫癫的偶像崇拜，布里吉斯 – 威廉斯夫人及其木底鞋、胖身材、遗产等等，如今都已逝去，代替她们的是一位更加引人注目的杰出人物。迪斯累里以一个老手的眼光审视面前的事物，而且从不茫然失措。他洞察一切——环境和性格相互作用的复杂性，身居高位与个人傲慢的水乳交融，过分的感情流露，天真的观点，可敬而费劲的体面，对多彩而奇妙的生活的不恰当的渴望，单纯的智力局限，以及充盈在整体每一微粒中的神秘的基本女性成分。笑容漂浮在他那张无表情的脸上，他称维多利亚“仙后”。这称呼使他高兴，因为，那个机智而模棱两可的词使他感到那么亲切，准确地表达出了他对女王的幻觉。斯宾塞[①]的这一典故令人非常愉快——唤起人们对格洛里安娜的美好联想。但是，他使用这个称呼有更多含义：这里暗示一种具有魔力和神话特征的小生物，同时也暗示一种与她性格其余部分十分不协调的矜持。他决心要让“仙后”从今以后只为他一个人挥动魔杖。不偏不倚是一种罕见的品性，而在政治家中不偏不

① 斯宾塞（Edmund Spenser，1552—1599），英国著名诗人，代表作为长篇寓言诗《仙后》。诗中人物“仙后”格洛里安娜暗指伊丽莎白女王。

倚大概更为罕见，然而这个老练的以自我为中心的人却具有高超的不偏不倚的本领。他不仅知道他必须做什么，也不仅仅只去做他必须做的事。他在听众席中也像在戏台上一样，以行家的浓烈兴味注意到有趣局势的每个特点，微妙的戏剧性事件的每一发展阶段，以及他自己完美表演的每一细节。

笑容浮现，然后又突然消失，他以东方式的严肃和东方式的谦卑深深一躬，便埋头于他的工作之中。他从一开始就懂得，和"仙后"打交道最恰当的入门之道就是反格莱斯顿之道而行之。而这样的方法当然是他的拿手好戏。他没有习惯一本正经地做长篇大论的演说，或是絮絮不休的规劝或阐述；他喜欢在公务活动的路途上撒些鲜花，把分量沉重的论点浓缩成一句轻松愉快的话，把自己的想法以友好而知心的神态暗暗灌输给别人。他极有个性。他发觉，个性是开启"仙后"心灵的钥匙。因此，在与她交往中他总是使用带有显示其个性的口吻。他谈到任何国家大事时都带有一种亲切交谈的温馨。她始终是皇家妇女，受崇拜被尊敬的女主人，而他则是她忠实的、恭恭敬敬的朋友。一旦个人联系得以牢固地建立，任何困难都迎刃而解。然而，要使这联系顺利平稳地不断发展，需要特别小心的呵护：轴承需要经常加油。迪斯累里丝毫不怀疑润滑剂的作用。"你听说过人家管我叫马屁精么？"他曾对马修·阿诺德[①]说，"确实如此。每个人都喜欢受到别人的奉承。你与王室打交道,你就应当竭力奉承。"他说到做到，拍起马屁来无休无止，使尽浑身解数。他声称，"对我说来，没有任何荣耀也没有任何报酬，可以与获得陛下的恩宠相提并论，我的全部思想、感情、职责和关爱现在全都集中在陛下身上，我的有生之年除了为陛下服务之外再无其他奢望。如果不再服务的话，我将靠回忆一生中最有意义、最具魅力的这一段日子活下去。""人生在世，"他对她说，"必须把自己的思

① 马修·阿诺德（Matthew Arnold，1822——1888），英国诗人和评论家，主要著作有诗集《多佛滩》、叙事诗《邵莱布和罗斯托》及论著《文化与无政府状态》等。

想交给一位神圣的保管人，贝肯斯菲尔德勋爵[①]永远把他的女王当作这位保管人。”她不仅是他自己的唯一靠山，她也是政府的唯一支柱。“如果陛下欠安，”他在一次严重的政治危机期间写道，“我肯定自己也会支持不住。真的，一切都有赖于陛下。”“我为着她才活着，”他表示，“为着她才工作，没有她就没有了一切。”女王过生日时，他煞费苦心地拼凑了一篇夸张的祝贺词：“今天，贝肯斯菲尔德勋爵也许应该适时地为女王帝国的威武昌盛，为她帝国的广袤无垠，为她海军陆军的所向披靡，向强有力的女王祝贺。然而他不能，他另有所思。他只能思量他奇妙的命运，命运使他成了这么一个伟大人物的仆人，此人的无限仁慈、熠熠生辉的智慧及坚定不移的意志，使他得以勉为其难地承担起他颇不胜任的担子。她不吝赐予同情，以支持他的全部工作，在困难时刻她赐予的同情具有魔力和激励作用。愿全能的上帝把智者能够期望、有德者理应得到的每个祝福赐于众多国家和人民心中的女王！”在那双老练的手中，泥刀似乎表现出高超泥工的技艺，成了外行无法认清其奥秘装饰和涂脂抹粉的工具。

这样的颂词讨人喜欢，但仍然只是朦胧的词语，迪斯累里决心把他的奉承变得更加实实在在。他有意鼓励维多利亚对自己地位持偏激的政治观点，这种观点本是维多利亚生来就有的，且因为艾伯特的原则和斯托克马尔的理论而变本加厉。他表示相信宪法中的一条理论，即应该在内阁会议中给女王以领导地位，但是他关于这个问题的看法又是含糊不清的。当他强调应该有“真正的王权”时，很可能内心在想，那个王权实际上并不是真正的，因为那位王权拥有者不听从他的哄骗。然而他的含糊言辞却起了激励维多利亚的作用。他巧妙地把作为女人和作为女王的维多利亚混在一起，装腔作势地把治理英国的大权置于她的支配之下，仿佛这样他就是在履行个人的效忠之责。他重新掌权后第一次被接见时向她保证：“凡女王

① 即迪斯累里。

所欲之事定将办到。”内阁会议讨论复杂的“公众礼拜规则法案”时，他告诉“仙后”，他的“唯一目的”是“实现陛下在这个问题上的愿望”。当他在苏伊士运河问题上大获成功[①]时，他使用的措辞暗示了处理此事的唯一得胜者是维多利亚。“问题解决了，”他洋洋得意地写道，“您得到了它，陛下……400万英镑！而且差不多马上就能得到。唯一能办这事的商家是——罗特希尔德银行集团。他们的表现极好，贷款利率低，赫迪夫[②]的股权现在全是陛下您的了。”他无所顾忌地献媚求宠，不惜添油加醋。他以首相的权威写信告诉女王，她有宪法赋予的权力解散下议院大多数议员支持的内阁，他甚至力劝她如此行事，如果她认为“陛下的政府出手固执，或者甚至出于软弱，辜负了陛下”。他不仅仅向女王随时报告内阁事务的一般进展情况，而且向她透露参与讨论的有哪些内阁成员。这使格莱斯顿先生大为惊骇。前任首相的儿子、迪斯累里的外交大臣德比勋爵冷眼旁观事态的发展，大胆地给他的上司写信：“这难道不会导致她把她个人的权力看得过大，对公众的期望过于冷漠吗？我只不过提个问题，到底如何请您判断。”

至于维多利亚，她一切统统接受——赞颂、吹捧、伊丽莎白式的特权——内心没有丝毫不安。她在长期居丧之后，在被格莱斯顿的行为准则弄得寒心之后，对迪斯累里奉献的忠诚感到十分舒畅，犹如花儿在阳光下绽放一样。她处境的改变确实惊人。她不再需要为那些难以解决的琐事苦苦思索好几个小时，而只要请迪斯累里先生前来予以说明，他总会用最简明、最逗人的方式向她进行解释。她不再为令人担忧的新奇事物烦恼。当她发现，自己被一位可敬的达官贵人看成是深奥的希腊知识的化身时，她不再感到不安。她的救助人无疑是男人中最最令人倾倒的。拿破仑三世身

---

① 1875年11月，迪斯累里从埃及国王手中买下苏伊士运河公司的一半股票。这是迪斯累里任首相后取得的第一个重大外交成就。

② 赫迪夫为1867—1914年间土耳其苏丹授予埃及统治者的称号。

上那种迷惑人的气质曾不知不觉地吸引过她，如今迪斯累里身上的这种气质又产生了同样迷人的效果。她就像一个爱浅斟慢酌的人，平时过着沉闷的戒酒生活，如今单纯的心智狂热地大口吞饮着他那花里胡哨的诱惑。她变得悠然陶醉，乐此不疲。她相信他告诉她的一切，她完全找回了她在艾伯特去世后的忧郁时期失去的自信。新的喜悦使她踌躇满志，他在她面前编织了美妙的东方幻景，以帝国的光辉使她目眩眼花，而这本来只是她朦胧的梦想。在这种无法摆脱的影响下，她的仪容有了改变。她身材矮胖，穿一身带褶裥的黑丝绒连衣裙，加薄纱饰带，粗脖子上戴着硕大珍珠串成的项链，一副咄咄逼人的架势。她脸上的青春魅力早已逝去，不过脸上的肌肉尚未被年岁消磨得失去弹性，悲伤、沮丧及不满的痕迹依然可见，但已被自负的神态和骄横傲慢的线条所遮掩。只要迪斯累里先生一来到，她的表情立刻改变，令人生畏的脸上绽满笑容。为了他，她什么事情都可以做。听从他的鼓励，她开始从隐居状态复出。她以半官方身份来到伦敦，访问医院，出席音乐会，宣布议会开会，检阅军队，在奥尔德肖特颁发勋章。可是这种公开表现出来的兴趣跟她内心的关注相比是微不足道的。在接见他的时候，她抑制不住她的激动和高兴。“我只能这样描述我被接见时的情形，”有一次他给一位朋友写信说，“我真以为她要拥抱我了。她满面笑容，一面闲聊，一面像小鸟一样在房里轻轻地走来走去。”他不在场时，她谈起他来总是滔滔不绝，言语中流露出她对他健康的无比关心。迪斯累里告诉布雷德福夫人：“约翰 · 曼纳斯刚从奥斯本来，说‘仙后’总是只谈一个题目，那就是她的首相。据他说，政府必须把我的健康作为内阁的一个议题对待，这就是她仁慈的主意。看来亲爱的约翰对她说的这番话相当惊讶，不过你是比较习惯于这种毫不矫饰的感情的。”她经常派人给他送礼物，每逢圣诞节总有一本带说明的照相簿从温莎送去给他。但是她最贵重的礼物是一束束春天的鲜花，那是她和她的女侍臣们在奥斯本的树林中采摘的，它们以特殊的方式表示了她热烈而温柔的感情。在这些花中，有他最喜欢的报春花。他说，它们是“春天的使者”，“大自然的美玉和宝石”。他告诉她，“他特别喜欢这种花是由于它们是野生的，它们好像是奥斯本的农牧神和树神的礼品”。“它们显示出，陛下的权杖触到了那着了魔的小岛。”他吃饭时，餐桌两侧都摆放着开满鲜花的花盆，他告诉他的客人，“这些花都是女王今天早上从奥斯本送来给我的，她知道这是我特别喜爱的花。”

随着时光的流逝，可以越来越清楚地看到，“仙后”已完全受到挟制，他说起话来也越来越夸大其词，越来越肆无忌惮。终于他竟敢在他的奉承话中加进了几乎是公然传情的爱慕之意。他用巴罗克式[①]的奇特措辞传递了他内心的信息。他写道，繁忙的事务，“使他如此殚精竭虑，以致到发送邮件时他头脑已经昏昏沉沉，笔锋也趋于无力，不宜向总是屈尊考虑其意见的那位最可爱最杰出的人传达思想和事实。”她送他一些报春花，他回答说，他“真要说它们‘比红宝石更珍贵’，因为它们在这一时刻来自他敬慕的君主。”她给他送去雪莲花，他的柔情化成诗篇。“前天晚上，”他写道，“白厅花园里出现了一个外观精巧的盒子，上有王室徽记，他打开盒子时，首先想到的是：陛下把最高级的星形勋章慷慨地赐予了他。对这一美妙的幻觉，他印象实在太深了，仿佛参加了一个满眼勋章绶带的宴会，他无法抵制诱惑，把一些雪莲花紧贴胸前，以示他也有仁慈的君王授予的勋章。”

“然后，半夜时分，他突然想到，这一切可能都是幻想，也许，这是‘仙后’的礼物，来自另一位君主：泰坦尼亚[②]女王，她和她的宫廷在一个四面环海的宁静小岛上，她采摘鲜花，送出魔花，据说，谁得到这花，他就会神魂颠倒。”

---

① 巴罗克式，17、18 世纪欧洲艺术和建筑中流行的一种风格，在文学作品中以结构复杂，意象新奇、辞藻华丽为特征。

② 泰坦尼亚为中世纪欧洲民间传说中的仙后。

"仙后"的礼物！他写下这些文字时面带笑容吗？可能。但由此就断定他的热情声明很不真诚，这也是轻率的。他既是演员又是观众，两种角色十分紧密地结合在一个临时的组合中，构成不可分割的整体，你很难说其中哪一个更不真实。取其中的一种身份，他能冷静地评价"仙后"的智慧，有些惊讶地注意到她有时会"非常有趣、非常令人愉快"，然后，以一本正经的讽刺口吻继续舞文弄墨；而使用其中的另一个身份时，他为王家古老庄严的气派所折服，为他自己奇怪的高位而感到异常兴奋，梦想着自己已进入豪华幻境，享有荣华、权势和骑士式的爱情。他告诉维多利亚："在一种有点儿罗曼蒂克、充满想象的生活中，他觉得再也没有比跟一位如此高贵、如此能启发人灵感的人私下通信更有意思了。"说这话时他到底是不是认真的呢？他写信给一位夫人，说到宫廷情况，"我爱女王，大概她是这个世界上唯一让我真爱的人。"写这句话时，他是不是从《一千零一夜》中另外为自己创造了一座充满忧郁又闪闪发光的魔宫？他真的相信自己的话吗？维多利亚的心态则要简单得多，她未被想象的渴望烦扰，在那感觉和幻想混淆不清的朦胧模糊的精神领域里，她从来没有迷过路。她的情绪即使强烈或夸张，仍保持着日常生活平淡无奇的本质。而她表达情绪的方式同样是平平常常，与之相称。她在一封公函的末尾告诉她的首相，她是"你亲爱的维多利亚女王和女皇"。在这样的署名中，她真实的感情可以一目了然。"仙后"的双脚踩在坚实的土地上，悬在半空中的是那位诡计多端、玩世不恭的人。

不管怎样，他给了她一个教训。而她则以飞快的速度吸取了这个教训。他不是称她为第二个格洛里安娜吗？那很好，她将表现出她应该得到这一赞颂。令人不安的征兆接着很快就出现了。1874 年 5 月，沙皇来到伦敦，他的女儿刚嫁给维多利亚的第二个儿子爱丁堡公爵。由于一个令人遗憾的失误，他离开的日期正好安排在女主人维多利亚去巴尔莫勒尔以后的两天。维多利亚的行期是早已决定的，陛下拒绝改变她的计划。人们向她指出，沙皇必将感到恼怒，极严重的后果可能接踵而来。德比勋爵提出了意见，印度事务大臣索尔兹伯里勋爵十分不安。然而“仙后”不予理睬，她已经决定18日去巴尔莫勒尔，18日她就一定要走。最后，迪斯累里使出浑身解数，她终于同意在伦敦再留两天。“我安然无恙，”他告诉布雷德福夫人，“伟大的女王推迟了她的行期！谁都没能说服她，连威尔士亲王也没能；……而我不怀疑我会成功。我没有别的办法。索尔兹伯里说我避免了一场阿富汗战争，德比祝贺我取得了无可比拟的胜利。”但是没过多久，在另一个问题上，胜利属于“仙后”。迪斯累里突然转向新的帝国主义，他提出建议：英国女王应该兼任印度女皇。维多利亚急切地抓住了这个主意，不断敦促她的首相把建议付诸实施。他迟疑不决，但她不达目的决不罢休。于是在1876年，尽管他自己以及他的全体内阁成员都不愿意，但他发现他不得不把一项改变女王称号的提案提交议会，从而给不太平的议会又增添了麻烦。他的百依百顺最后征服了“仙后”的心。这议案在上下两院都遭到愤怒的抨击，维多利亚被迪斯累里不屈不挠捍卫提案的干劲深深打动。她说，她因他经受“忧虑和烦恼”而感到十分痛心；她想，她是这事的起因；她决不会忘记，她该感激“她善良、忠诚、体贴的朋友”。与此同时，她对反对派极为愤怒。她说他们的行为“令人吃惊，无法理解，而且是错误的”；她还用一句既自相矛盾、也与她以往做法相左的强硬语句表示她“很高兴让更多的人知道，新的称号是她的愿望，因为人民希望有这称号，这称号是人民加给她的！”当此事如愿以偿后，人们对女王的胜利进行了适当的庆祝。在德里宣言发表的那天，新加封的贝肯斯菲尔德伯爵到温莎去和新加冕的印度女皇一起进餐。平时穿家常便装的“仙后”，那晚出现时穿了一身用大粒未雕琢宝石装饰起来的闪闪发光的礼服，这是她治下的印度王公们献给她的。晚餐结束时，首相一反常规礼仪，起身发表了一篇辞藻华丽的演说，提议为“女王兼女皇”的健康干杯。他的孟浪得到和善的默许，他的演说还赢得了回报——一个面带微笑的屈膝礼。

这些都是值得注意的插曲，而更能表现维多利亚性情的一次事件，发生在第二年贝肯斯菲尔德一生中所遇最大的危机期间。他的帝国主义思想不断增强，他要扩张英国的势力和威望，他坚持采取“生机勃勃的外交政策”，这一切使他跟俄国发生了冲突。可怕的东方问题赫然出现在眼前，俄国和土耳其之间爆发了战争①，局势发展到了极端严重的地步。首相的政策面临艰难和危险。他清楚地认识到，如果发生英俄战争，那将十分可怕，但他仍然准备，如果不能用其他办法达到目的，将不惜面对可能发生的事情。不过他相信，俄国实际上更不想与英国决裂，如果他能大胆而机敏地玩弄手段，到了紧要关头，不费吹灰之力就可以使俄国同意他所要求的一切。显然，他给自己制订的路线充满了风险，同时还需要有非凡的胆量，倘若有一步失误，他或者英国就可能陷入灾难。然而他从不缺乏胆量，他充满信心地开始进行艰难的外交活动。他发现，除了俄国政府，除了自由党人和格莱斯顿先生之外，他还必须估计到另外两种可能使他陷入窘境的力量：其一是内阁中外交大臣德比勋爵领导的强有力的一派，他们不愿冒战争的危险，不过他最大的顾虑还是“仙后”。

从一开始，她的态度就是不妥协的。由克里米亚战争引发的对俄国的宿怨，重新涌上她的心头。她记得艾伯特长期以来的憎恨；她为自己的伟大遭到怀疑而感到刺痛；她以狂热的心情投入了这场混战。她对反对派无限愤慨，憎恶任何敢于在俄土之争中同情俄国的人。反对土耳其的大会在伦敦举行，主持者为威斯特敏斯特公爵和沙夫茨伯里勋爵，参加的有格莱斯顿先生和其他著名的激进分子。女王认为，“应该让检察总长去对付这些家伙”；“这不符合宪法，”她大声嚷嚷。在她一生中，甚至在发生侍臣危机时，她也从来没有表现出如此强烈的派性。然而她的不满并不仅仅是

① 俄土战争始于17世纪，初期限于俄国和奥斯曼帝国（土耳其）之间，到19世纪，欧洲各国进行干预，在1877—1878年冲突后欧洲各国施加各种外交压力，使俄国的战果受到严格限制。此处所说俄国和土耳其的战争是指1877—1878年的冲突。

针对激进分子的，向后退缩的保守党人同样感受到它的分量。她甚至对贝肯斯菲尔德勋爵本人也不满意。她完全不能欣赏他政策中的微妙复杂之处，她不断要求他采取有力的行动，在每一个紧要关头都准备发动战争，把每一项策略性举动都理解为软弱的表现，随着局势的发展，她的忧虑越来越深。她写道："女王感到极为焦虑，担心延宕会使我们行动太晚，从而永远失去我们的威望！这使她日夜感到不安。"贝肯斯菲尔德告诉布雷德福夫人："'仙后'每天写信，每小时发电报，这是实实在在的情况。"她对俄国人大发雷霆。"还有语言，"她嚷嚷道，"俄国人用无礼的语言来侮辱我们！它使女王怒火中烧！"接着她又写道，"哦，如果女王是男人就好了，她就能把那些一句话也不能相信的俄国人狠狠揍一顿！我们要决一雌雄，我们决不能再成为朋友了，这一点女王确信无疑。"

不幸的首相一方面有维多利亚在一旁竭力敦促采用武力，另一方面又不得不和从根本上反对任何积极干预政策的外交大臣打交道。在女王和德比勋爵之间他备受折磨。虽然，他挑动一方反对另一方，从中得到一点儿满足——他以女王的书信来刺激德比勋爵，又以批驳德比勋爵的意见来安抚女王。有一次他竟然答应女王的要求，草拟了一封恶毒攻击他同僚的信，女王立即在信上签了字，不作一点更改就送去给外交大臣。这种手法只起了暂时缓解女王激烈情绪的作用；而且很快就证明，维多利亚的战争热情并未因仇视德比勋爵而有所转移。仇视俄国是她的需要，是她的希望，也是她必须具有的。眼下，她把稳健温和这最后的遗风抛到一边，开始攻击她的朋友，还夹带着一系列非同寻常的威胁。不止一次，也不止两次，而是许多次，她向首相发出可怕的威胁：她要退位。她写信给贝肯斯菲尔德说："如果英国必须去吻俄国的脚，我决不与那些给英国带来羞辱的人为伍，我将放弃我的王位。"她还写道，如果首相认为合适，他可以把她的话向内阁传达。"这样的延宕，"她急切地说，"这样的犹豫不决，使我们正在丧失在国外的威信和地位，而俄国正在前进，而且马上就要到达君士坦丁堡了！到那时，政府将受到严厉的谴责，女王会感到莫大的耻辱，她想她会立刻退位。要大胆啊！”“女王感到，”她重申，“正如她前面已经说过，她无法在这样一个国家继续做国王，如果这个国家沦落到了去吻地地道道野蛮人的脚，去吻人类一切自由和现存文明破坏者的脚的地步。”俄国人推进到君士坦丁堡郊区时，她一天连发三封信要求开战。当她听说内阁仅仅决定派遣海军前往加利波利[①]时，她宣称，“陛下的第一个念头”是“摘下带刺的王冠，如果这个国家的立场仍一如既往，她实在不想保留这个王位。”不难设想，这样的信件使贝肯斯菲尔德多么不安。这已不再是“仙后”，这是个妖怪，他轻率地把她从她的瓶中唤了出来，而现在她渴望要表现她至高无上的权力。不止一次，他感到茫然失措，垂头丧气，身子虚弱，他起了完全退出这场游戏的念头。他苦笑着告诉布雷德福夫人，只因一件事才使他没那么做。他写道：“我只要能够面对我提出辞职后将要发生在高层的大吵大闹场面，我就立刻会那么去做了。”

他不得不坚持下去，不管怎样，最后他得以以胜利者的姿态出现。女王平静下去了；德比勋爵的职位由索尔兹伯里勋爵接替。在柏林会议[②]上，这个老犹太人取得了全面胜利。他凯旋回到英国，并向兴高采烈的维多利亚保证，她很快，如果不是已经的话，将成为“欧洲的女霸主”。

可是，很快又发生了意料之外的形势逆转。在1880年大选中，选民们不信任保守党的冒进政策，而被格莱斯顿先生的雄辩所征服，自由党人重新执政。维多利亚感到惊恐。不到一年她受到了更大的打击。这辉煌的罗曼史终于结束。贝肯斯菲尔德勋爵年老体衰，疾病缠身，虽然还能走动，却像木乃伊一样，可他还坚持参加一个又一个宴会，突然间他不再走动了。

---

① 加利波利，土耳其西北部加利波利半岛上一海港，是防卫君士坦丁堡的战略要地。

② 柏林会议（1878），由奥地利外交大臣发起，欧洲主要国家参加的外交会议，会议实际上在德国首相俾斯麦操纵下，对俄国和土耳其签订的《圣斯蒂芬诺条约》加以修改，代之以《柏林条约》，从而满足了英国和奥匈帝国的利益要求。

当她得悉他已不久于人世时，她出于感情上的本能，似乎抛开了王者的尊严，默默地、温和地来到他身边，此时她只是一个女人而已。“我送去一些奥斯本的报春花，”她以令人感动的率真语句写道，“这星期里我还打算去看你一次，不过我想你最好保持安静，不要说话。我求你要乖乖的，要听从医生嘱咐。”她说，她还要去看他，“等我们从奥斯本回来，那不会很久。”“人人都为你身体不适感到难过，”她“永远是你亲爱的女王和女皇”。君王的这封信送给贝肯斯菲尔德勋爵时，这位古怪的老喜剧演员从他弥留的病榻上伸出手来，拿稳了信，似乎陷入了沉思，然后，他对周围的人低声说：“这该由一位枢密院官员向我宣读。”

1894 年的家族合影。维多利亚女王通过联姻，几乎把欧洲所有王室都联结了起来，但在近代社会环境中，民族主义、国家利益至上，王室联姻并不能阻止欧洲国家间的战争。第一次世界大战就被称为“维多利亚的 3 个孙子间进行的战争”——这指的是，一战时的英王乔治五世、俄国沙皇尼古拉二世和德国皇帝威廉二世，都是维多利亚女王的孙辈，互为堂兄弟或表兄弟。这 3 位一战的敌手都出现在了上图中。

第九章　老　年

一

在此期间，维多利亚的私生活发生了不少变化，也出现了许多新的情况。她的几个大一点的孩子结了婚，她家庭的范围扩大了，孙子一代也已出现，平添了许许多多新的家庭乐趣。1865年利奥波德国王去世，老一代人失去了他们之中的主导人物。他在德国和英国一大群亲属中所起的中心和指导作用，现在要由维多利亚来承担了。她不遗余力地发挥这些作用，与亲戚们保持大量的通信联系，饶有兴味地关注着不断扩大的表亲队伍中每一件细小的事。她深深感受到家庭情爱的欢乐和操持家务的辛劳。她特别享受到含饴弄孙的乐趣；她溺爱孙辈，这种溺爱是孙辈的父母们很少得到过的。但是，即使对孙辈，在必要时她也会非常严厉。她的长孙——普鲁士的威廉王子，是一个异常倔强的孩子，他甚至敢对他的外祖母犟头倔脑。一次在奥斯本，她要他向一位客人鞠躬，他竟然不从。这可不行！她再次严厉地重复她的命令，那位顽皮的孩子注意到，他和善的祖母突然间变成了一位凶悍无比的老太太，只好顺从她的意志，深深地鞠了一躬。

如果女王的家庭困难都能如此容易地解决，那就好了。最使她感到伤心的是威尔士亲王的行为。这位年轻人现已独立生活，并且结了婚；他已经摆脱了父亲给他套上的枷锁；他完全可以为所欲为了。维多利亚非常烦恼，1870 年她最大的忧虑得到了证实。那一年，威尔士亲王在一次上流社会的离婚案中出庭作证。王位继承人显然跟那些她最不以为然的人厮混在一起了。怎么办呢？她看到，该受指摘的不仅是她的儿子，而是整个社会体系。于是她即刻给《泰晤士报》编辑德莱恩先生写了一封信，问他是否愿意“经常写些文章，指出上层社会生活中和观念中存在的可恶的轻浮和无聊具有多么大的危险和危害。”五年后，德莱恩先生果然就这个题目写了一篇文章。可是收效甚微。

唉！假如上层社会能学学她在巴尔莫勒尔净土上所过的那种有节制的家庭生活，那有多好啊！她在苏格兰高地的那片领地里，越来越感到慰藉，越来越心旷神怡。每年两次，春季和秋季，她会长长地舒一口气，向北方出发，不顾她的大臣们恭敬地向她提出抗议，向她诉苦，说什么相隔六百英里之遥商讨国家大事实在给政府增添了很多的麻烦。她的女侍臣们有时也不大愿意前往，因为，特别是在早先的日子，长途旅行条件很差。许多年来，由于女王的保守思想，铁路没能继续修筑到迪赛德，因而旅途的最后一段路程得乘马车。当然，马车也有优点，比如上下车较方便，而这是要考虑的一个重要因素。因为皇家的专用火车长期以来排斥现代设备，当火车在离车站很远的某边远荒野里停下以后，那些高贵的夫人们不得不使用一种危险的踏板下车，唯一一副折叠木台阶是留给女王车厢专用的。在女士们穿硬衬裙的时代，遇到这种时刻，有时会搞得十分尴尬。间或不得不召来喀里多尼亚铁路的经理约翰斯通先生。他长得矮而结实，不止一次顶风冒雨艰难地把某位倒霉的布兰奇夫人或阿加莎夫人“推进”她的车厢——他自己这样描述。可是维多利亚对这些事根本不予关心。她只希望以最快的速度重新回到她迷人的城堡，在那里，每一个地方都令人充满回忆；在那里，一切的回忆都是神圣的；在那里，日子就在连绵不断、令人愉快的琐碎小事中度过。

她喜爱的不仅是那个地方，她同样还喜欢那里“纯朴的山里人”。她说，从他们身上她“学到如何建立达观的思想和树立坚定的信心。”不管是史密斯还是格兰特，也不管是罗斯还是汤普森，她都喜欢，但她最喜欢的是约翰·布朗。他原是亲王的打猎向导，现在成了她的私人侍从，从不离开的贴身仆人。他陪伴她乘车外出，白天侍候她，夜晚睡在她隔壁的房间里。她喜欢他坚实强壮的体格，他能给她一种体力上的安全感。她甚至喜欢他粗鲁的态度和粗俗生硬的谈吐。她允许他对她表现无礼，若是其他人这样对她，那简直是不可想象的。欺负女王，把她差来差去，还责骂她——有谁胆敢这样大胆妄为呢？然而，当约翰·布朗这样对待她时，她似乎从中得到很大乐趣。这种怪癖，看来有点异常。但是，一位专横的老年寡妇允许某个可靠而不可或缺的仆人对她呼来喝去，这也并不罕见，但对于她的亲友来说，这样的态度是决不能容忍的。由于心理因素作祟，一个侍从的影响力即使施加于主人身上，其实也只是主人自己的意愿。当维多利亚温顺地听从她的侍从不客气地命令她下马或披上围巾时，她不是在最高程度上表现了她自己的意志力了吗？人们可能会感到奇怪，但她却乐意这样，这样做能使她感到高兴，而且有着自身的意图。她把自己的判断告诉她的一位儿子或她的一位大臣，看起来这似乎更聪明些或更自然些，但如果她这样做，她本能地感到，她真会失去自己的独立性。她渴望能依靠什么人。成天没完没了地支配统治别人，使她感到沉闷。在她默默地乘车穿过沼泽地时，她靠坐在马车里，既压抑又疲倦，但是十分宽慰！约翰·布朗就坐在车后的尾座上，他强壮的手臂就在那儿等她下车时让她倚靠。

在她的脑海中他还跟艾伯特有着特殊的联系。当年在他们远游时，亲王总是最相信他。她觉得，这位粗暴、善良、毛茸茸的苏格兰人是已故丈夫的某种神秘遗产。最后她终于相信，或者似乎相信，每当布朗靠近她，艾伯特的灵魂离他也更近了。当她为了某个复杂重要的政治或家庭问题寻找灵感时，她常常凝神专注地盯视她已故丈夫的半身像。但也有人注意到，在这种迟疑不决的时刻，女王陛下的眼光有时也会盯住约翰·布朗。

后来，这位“纯朴的山里人”几乎变成了一个舞台人物。他所产生的影响不可轻视。贝肯斯菲尔德勋爵在给女王的信中，时时不忘向“布朗先生”致意。在英国君王访问法国时，法国政府倍加小心地为布朗提供舒适的服务。在王室家庭较年长的成员中，他并不得人心，这也是很自然的事。他的弱点——他确有弱点，尽管维多利亚从没注意过他嗜好苏格兰威士忌酒——理所当然地成了宫廷里尖刻议论的话题。不过他忠心耿耿地侍候他的女主人。为女王写传记如果忽略了他，将是一种不敬的表现。对女王来说，她不仅不掩饰她这份充满感情的友谊，而且很注意要让它公之于世。女王命令授给他两枚金质奖章；1883 年布朗去世时，《宫廷通报》刊登了长篇赞颂性的讣告；女王陛下亲自设计了一枚布朗氏金质纪念胸针，一面刻有这位已故打猎向导的头像，另一面刻有标志王室的字母图案，这种胸针连同一份纱巾和一枚别针，用来发给苏格兰高地的仆人或村民，在他逝世的周年时佩用。在 1884 年出版的女王高地日记第二系列的摘选中，她那“忠实的私人侍从和忠诚的朋友”几乎在每一页上出现，实际上成了这本书的主人公。在这件事上，维多利亚一反王室人士缄默寡言的常态，似乎想从这一微妙的生活琐事中求得全国人民的同情。然而，世界就是这样！确有那么些人，竟然把他们君王与她仆人的关系当作猥亵下流的笑料。

二

一年又一年在忙忙碌碌中匆匆度过，时光留下的难以想象的印迹越来越明显地显示出来。老年临近，悄悄地抓住了维多利亚。灰发变成了白发，成熟的面容转为老练；矮壮的身躯变得肥硕，由一根手杖支撑，更加缓慢地挪动着。与此同时，在女王生活的整个进程中，出现了异乎寻常的变化。国人对她的态度，多少年来一直是带有批评性的，甚至是敌意的，现在发生了一个极大的转变，而维多利亚本人的性情也起了相应的变化。

导致这一结果的原因很多。其中之一是，在短短几年间，女王个人接连遭受不幸的打击。1878 年，艾丽斯公主在悲惨的境遇中去世，她是 1862 年嫁给黑森 – 达姆斯塔特的路易亲王的；1879 年，欧仁妮皇后[①]的独生子皇太子在祖鲁战争[②]中被杀，他自 1870 年流亡英国后一直得到女王的宠爱；两年后，1881 年，女王失去了贝肯斯菲尔德勋爵；1883 年，又失去了约翰 · 布朗；1884 年，患有先天性残疾的利奥波德亲王、奥尔巴尼公爵在结婚不久即英年早逝。维多利亚手中的酒杯再也装不下更多的苦酒了。公众眼看这位寡母为子女、为朋友哭泣，也给予她越来越多的同情。

1882 年发生的一件事，显示并增进了国人对女王的感情。在温莎，当女王下了火车走向她的马车时，一个叫罗德里克 · 麦克莱恩的年轻人在几码远的距离内向她开枪，一位伊顿公学的学生在他开枪前用一柄伞击中了他的手臂。这次袭击没有造成任何伤害，罪犯立即被逮捕。这是 40 年来断断续续发生的第七次、也是最后一次行刺事件，奇怪的是每次的情况都大体相同。所有这些行刺者——除一个例外——都是青少年，他们的目的显然并不真是谋杀，因为除麦克莱恩外，其他人的手枪中都没有子弹。这些心怀不满的年轻人在购买了廉价手枪后，装填上火药和纸，跑到国王面前把枪弄得卡哒卡哒响，他们肯定马上就会被察觉，但这给心理学家们提出了一个值得研究的怪问题。可是虽然在各个案件中他们的行为和目的十分相似，他们的命运却大不一样。这些刺客中的第一个叫爱德华 · 奥克

---

① 欧仁妮（Eugènie，1826—1920），法国拿破仑三世之妻，曾在政治事务中发挥作用，曾三次摄政。1870 年色当战役失败后与家人一起流亡英国。

② 祖鲁战争（1879），在南非东部爆发的一场英国人与土著祖鲁人之间的战争，持续六个月，以祖鲁人失败告终。

斯福德，他向维多利亚开枪时，女王结婚才几个月，他以叛逆罪受审，被宣布为精神失常，送往疯人院终身监禁。对这一判决艾伯特并不接受，因为两年后约翰·弗朗西斯犯同样罪行并以同样指控受审时，亲王宣称在这个事件中不存在精神失常问题。“那个可恶的家伙，”他告诉他父亲，“没有发疯，他是一个彻头彻尾的坏蛋。我希望对他进行最严厉的审判。”显然审判确实很严厉，陪审团的观点也跟亲王相同，他们没有理睬关于精神失常的辩护，弗朗西斯被裁定犯叛逆罪，并被判处死刑。但是，没有证据可以证明罪犯有杀死或哪怕伤害女王的意图，这一判决在内务大臣和法官之间审议了很长时间后，减判为终生流放。法律规定，这一类的袭击尽管没有成功，只能被认作是叛逆罪。然而，实际行为和与它受到的严厉惩罚并不相符，这就使判决显得十分荒谬；此外，陪审团明知若是裁定有罪就意味着判处死刑，往往愿意选择另一条路，也就是裁定犯人没有犯罪而是精神失常，这样的结果从表面上看似乎更为合理。因此，在 1842 年，通过了一项法令，把任何图谋伤害女王的行为定为轻罪，判七年流放或监禁，同时罚以不超过三年的苦役，也可不服苦役——轻罪犯根据王室意见“可公开或私下鞭笞，往往不超过三次，其方式方法也由王室决定。”以后的四次行刺事件都按照新的法律处理。1842 年，威廉·比恩被判处监禁 18 个月。1849 年，威廉·汉密尔顿被判处流放七年。1850 年，罗伯特·佩特中尉在皮卡迪利大街用一根棍棒打女王的头，同样被判处流放七年。佩特是这些罪犯中唯一的成年人，他在陆军中担任职务，穿得像个花花公子，照亲王的说法，“明白无误地是个疯子”。1872 年，17 岁的青年阿瑟·奥康纳在白金汉宫外用一支没有装子弹的手枪向女王开火，他立即被约翰·布朗抓住，被判监禁一年，并以桦条鞭打 20 下。布朗由于在这次事件中表现勇敢，得到了一枚金质奖章。在所有这些案件中，陪审团都拒绝承认罪犯精神失常，但 1882 年罗德里克·麦克莱恩的行刺案情况不一样。这一次事件中发现罪犯的手枪装有子弹。由于维多利亚的威望日益增长，公众的愤怒特别强烈。基于这一原因或其他因素，审判没有按40年来的惯例进行，麦克莱恩以叛逆罪受审。结果是可以预料的：陪审团裁定“无罪，但精神失常”。罪犯被送往疯人院，关押期由女王陛下决定。可是，他们的裁定产生了一个值得注意的结果。维多利亚无疑还记得艾伯特不赞成奥克斯福德一案的类似裁定，她感到非常不快。她问陪审团这是什么意思，竟然说麦克莱恩没有犯罪？事实再清楚也没有了，他犯了罪——她亲眼目睹他向她开枪。女王陛下的宪法顾问们提醒她，按照英国法律的原则，除非被证实有犯罪目的，任何人不能被认定有罪。可是这没有用，维多利亚并不信服。“如果法律确是那样，”她说，“那么法律必须修改。”法律果然修改了。1883年，通过了一项法案，在精神失常问题上改变了裁定的形式，至今《法令全书》上仍然保留着这个混乱反常的现象。

不过，女王和她的人民缩短距离并不仅仅通过个人感情——同情或愤慨——的共鸣，她与人民之间终于在处理公众事务问题上开始形成了紧密和长久的一致。格莱斯顿的第二次执政（1880—1885）遭到一连串的挫折，最后以失败和辞职告终，自由主义在国内名誉扫地。女王察觉到她的国民和她一样不信任她的内阁，心中感到高兴。在苏丹危机[①]时，公众的心情也就是她的心情。她是最早主张派遣远征军去喀土穆的人士之一，当戈登将军[②]惨死的消息传来时，以她为首掀起了一片指责政府的声浪。她愤怒地给格莱斯顿先生发了一份谴责电报，没有像通常那样使用密码，而是用的明码；她在给戈登小姐的吊唁信中攻击内阁不守信义，这封信被刊印出来广为传播。传言她曾派人召来国防大臣哈廷顿勋爵，狠狠地责骂了他。据说哈廷顿告诉一位朋友：“她训斥我，就像我是个大兵。”“她为什么不

① 苏丹危机，指1884—1885年苏丹的反英起义。1885年1月起义军攻入喀土穆，英国总督戈登和其他守城者被击毙。

② 戈登将军（Charles George Gordon，1833—1885），英国将军。曾参加侵略中国的战争，英军占领北京时，亲自指挥烧毁圆明园。他组织的“常胜军”在镇压太平天国起义的战争中，起过重要作用。后在苏丹喀土穆被当地起义军队击毙。

叫管家[①]去呢？”他的朋友问道。回答是：“哦，管家在这种时候总是想办法躲得远远的。”

终于有一天，格莱斯顿先生不能再远远地躲着了。他被击败去职。维多利亚最后一次接见他时仍然保持通常的礼貌，但是除了这种场合所要求的礼仪外，她对他讲的唯一一句私人性质的话，大意是她认为格莱斯顿先生现在需要休息休息。他遗憾地记起，在1874年一次类似的接见中，她如何表达了她对他的信任，相信他是国王的支持者。不过他对这一变化并不感到惊讶。他后来在日记中写道：“她的思想和看法，从那天起就已经给严重地扭曲了。”

这是格莱斯顿先生的观点，国内大多数人并不同意这一观点。在1886年的大选中，他们断然表示，他们的政治观点与女王的完全一致，把那些地方自治——可恶的破坏行径——的鼓吹者抛到一边，支持索尔兹伯里勋爵上台执政。维多利亚深感满意。她心中充满了一种新的不常有的希望，以惊人的力量激励着她的生命活力。她的生活习惯突然有了改变，她放弃了长期的隐居生活。过去在迪斯累里的劝说下，这种隐居生活只不过短暂地中断过，现在她积极参加众多的公众活动。她出现在客厅里，出现在音乐会上，出现在阅兵台上；她为建设工程奠基；她去利物浦替一个国际博览会揭幕，坐着敞篷马车在倾盆大雨下穿过夹道欢呼的群众。她到处受到欢迎，为此她感到非常高兴，工作的热情也变得更加高涨。她去爱丁堡访问，在那里她比在利物浦受到了更加热烈的欢迎。在伦敦，她兴奋地为设在南肯辛顿的殖民地和印度展览会揭幕。这一次仪式特别隆重，军号齐鸣宣告女王陛下的到来，随后是奏国歌。女王坐在一个华丽的锻金宝座上亲自致答谢词。然后，她站起身来，仪态万方地走上讲台，以一连串的屈膝礼回答众多人群的欢呼，表现出一种威严却又做作的风度。

---

① 管家，此处指首相。

晚年的女王，神情郁郁寡欢，即使有巨大的权力和声望，但失去爱侣，哪还有什么幸福可言？

第二年是她即位的第50年，这年6月举行了隆重的纪念仪式。维多利亚由她的高官显贵们簇拥着，后面跟随一大群光彩耀人的外国国王和王亲国戚，驱车穿过首都热情洋溢的人群，前往威斯敏斯特教堂向上帝作感恩祈祷。在那举国欢庆的时刻,过去残留下来的憎恶与不和全都烟消云散。女王被认为是她子民的母亲，是他们伟大帝国的象征；她也以满腔热情来回报人民对她的这种双重感情。她知道，她也感觉到，英国和英国人民以某种奇妙却又简单的方式隶属于她。欣喜、怜爱、感激、深切的责任感、无限的自豪，这就是她的主要感受，其余部分则还有别的东西来渲染加强。在经过如此漫长的岁月后，幸福终于重又回到了她的身边——也许是断断续续的，而且还不无沉重之感，但却是真实的，确定无疑的。她已经不太习惯的这种感受充盈并温暖着她的心灵。在白金汉宫再次举行冗长的庆祝典礼后，人们问她身体可好，她回答说："我很累，但我很高兴。"

三

就这样，经过辛劳和狂风暴雨的白昼，漫长的夜晚来临了——温和，宁静，洒满了金黄的光辉。一种前所未有的成功和崇敬的氛围笼罩着维多利亚晚年的生活。她的成功是一个更大成功的总结和顶峰——一个国家登峰造极的繁荣。维多利亚两次大庆之间[①]光辉灿烂的十年，在英国历史上是无可比拟的。看来索尔兹伯里勋爵贤明的建议，不仅给英国带来了财富和力量，而且带来了安全。英国安定下来，平静而自信地享受已经确立的显赫辉煌。维多利亚也安定下来，这也是很自然的。因为她是这既定秩序的一个部分——看来还是一个基本的部分——一个固定的装置——在国家大客厅里一个宏大而不可移动的餐具柜，少了她，1890年的盛大宴会将

① 指1887—1897年，维多利亚即位50和60周年之间。

黯然失色，端上桌来井然有序的满盘珍馐，连同庄重而引人入胜的背景音乐，将有一半会不知去向。

维多利亚的生活跟她周围的事物越来越和谐一致。艾伯特逐渐地、不知不觉地退走了。倒并不是他已被忘却——那是不可能的——而是由于他不在而产生的空虚变得不再那么令人痛苦，甚至，最后已不再那么显而可见了。终于，维多利亚觉得有可能在对恶劣天气表示遗憾时，不再马上想到她“亲爱的艾伯特总说，我们不能改变天气，我们只能听其自然”。她甚至可以享受一顿美味的早餐而不再想到“亲爱的艾伯特”多么喜欢黄油煎鸡蛋。随着那个形象慢慢淡出，留下的位置必然由维多利亚自己来填补了。她多少年来围绕一个外在的东西旋转，现在改变了，她在自己身上找到了轴心。这是必然的：她的家庭地位，公众事务给予她的压力，她不屈不挠的责任感，这一切使她不可能顾及其他。她的自我，要求得到自身的权利。她的年岁比周围对她的敬意增长得更快，她性格的力量终于表露无遗，并由一种专横的意志自觉而无保留地强加于周围的环境。

人们注意到，从外表上看，艾伯特遗留的控制力正一点一点地失去其影响。宫廷内居丧的气氛已不再那么浓厚。当女王带着她苏格兰高地的仆人们乘敞篷车穿过海德公园时，带领儿童嬉戏的保姆们热切地注意着颔首致意的小脑袋上的帽子，在那顶帽子上，有一块越来越大的紫罗兰色丝绒饰片，还有一些乌黑发亮的别的装饰。

维多利亚在家庭内部的地位也上升到了最高峰。她的子女都已结婚，她的后代迅速增多，第三代中也已有多人结婚成家；在她去世时，她的曾孙和曾孙女不少于 37 人。当时有一张照片表现女王全家聚集在温莎一个大房间里的情景——五十多人济济一堂，中间坐的那位是王室的女家长。她以强大的影响力统治着所有这些人。最年幼的孩子的一点小事会引起她热切的关怀，而却把长子威尔士亲王当小孩子看待，始终不允许他参加任何政府事务；这位王储也忙于别的事情。不可否认，在她看不见他的时候，他过得很开心。威尔士亲王在他敬畏的母亲面前，他那十足的男人气概难免黯然失色。有一次，在奥斯本的一次宴会上他迟到了，这次迟到并非由于他本人的过错，可人们看见他站在一根柱子后面擦拭额上的汗水，以便鼓起勇气去见女王。当他出现在女王面前时，女王生硬地点了一下头，于是他立即又消失在另一根柱子后面，留在那儿一直等到宴会结束。发生这件事时，威尔士亲王已经五十多岁了。

女王的家庭活动有时不可避免地要触及高层外交，在她长女普鲁士皇妃的利益受到威胁时，这一点就突出地表现出来了。皇储深受妻子的影响，具有自由主义观点。俾斯麦对他们两人都非常讨厌，曾以恶毒的语言说，那个英国女人和她母亲是普鲁士的威胁。在老皇去世（1888）皇储即位后，这段仇恨进一步加深了，家族纠纷引发了危机。新皇后的一个女儿已跟巴滕贝格的亚历山大亲王订婚，由于沙皇的敌意，亚历山大新近被赶下了保加利亚王座。而维多利亚和新皇后一样，非常赞成这门亲事。亚历山大亲王的两个兄弟，大的一个娶了她的另一位孙女，而年轻的一个则是她女儿比阿特丽斯公主的丈夫。维多利亚很喜欢这些漂亮的年轻人，尤其希望这个家庭的第三个兄弟亚历山大也成为她家庭的成员——她觉得他是三兄弟中最漂亮的一位。不幸的是俾斯麦反对这个计划。他看出，这门婚姻会危及德国和俄罗斯间的友谊，而这一点对他的外交政策至关重要。他宣布不允许这门婚事。接着，皇后与首相之间进行了尖锐的斗争。维多利亚对她女儿的敌人恨之入骨，前往夏洛滕堡参加了这场冲突。俾斯麦抽着烟斗，喝着啤酒，气哼哼地发出警告。他说，英国女王的目的显然是带有政治性的，她要离间德国和俄罗斯，很可能她会一意孤行。“在家庭内部事务上，”他补充说，“她不容别人违拗她”，她会“把牧师装在旅行袋里，把新郎装在箱子里随身带着，当场举行婚礼。”不过，这位铁血宰相也不是那么容易挫败的。他要求跟女王私下会面。他们谈话的详情无人知晓，但有一点可以肯定，在谈话过程中，维多利亚不得不意识到，跟这位可怕的人物对阵意味着什么。最后，她答应以她全部的影响力来阻止这门婚姻。婚约解除了。第二年，巴滕贝格的亚历山大亲王跟达姆施塔特宫廷戏院的女演员弗劳莱因·洛伊辛格结了婚。

当然，这类令人痛苦的事件很是罕见。维多利亚日益老迈。没有艾伯特来指导她，没有贝肯斯菲尔德勋爵来激励她，她很愿意把危险的外交问题交托给充满智慧的索尔兹伯里勋爵,以便集中精力处理更加切身的问题,对于这些问题她可以绝对地加以控制。她的家，她的宫廷，巴尔莫勒尔的纪念建筑，温莎的牲畜，约会的安排，对形形色色日常例行琐事的监督，这一类事情现在比以往占据了更重要的位置。她的生活安排得井然有序，分毫不差。她每天的每个时刻事先都经过仔细安排，她一连串的约会都是一成不变地固定下来的。一年又一年，她外出旅行的日子，什么时候去奥斯本，什么时候去巴尔莫勒尔，什么时候去法国南部，什么时候去温莎，什么时候去伦敦，很少会有变动。她要求周围的人，做任何小事都要精确，若有人背离她所制定的规则，哪怕只是一点点，她也能立即发现，速度之快令人不可思议。对于她的意愿必须绝对服从，不服从是不可能的，这就是她人格中的不可抗拒的力量。有时也有人不守时刻，而不守时刻是最令她讨厌的过错之一。谁若这样，她的不悦——可怕的不悦——就会完全形于声色。在这种时候，人们也不会感到惊讶，因为她父亲就是一个恪守细枝末节的人。

这些风暴尽管在来临时令人紧张不安，但很快也会过去，而且越来越罕见。老年的维多利亚，随着重新感受到幸福，变得温和而慈祥。微笑曾一度很少光临她那悲愁的脸，现在却常在她乐呵呵的脸上掠过。她的蓝眼睛带着笑意，整个脸从无表情的下垂部分开始，突然开朗柔和起来，向那些盯着她望的人显示出一种令人难忘的魅力。在她晚年，她和蔼可亲之中有一种迷人的力量，这种力量即使在她朝气蓬勃的豆蔻年华时也没有出现过。她对所有，或几乎所有接近她的人都有一种特殊的吸引力。她的孙辈们崇敬她；她的女侍臣们怀着敬爱的心情侍候她。为她服务是一种荣誉，这种荣誉消除了千百个使人不适之处——宫廷生活的单调，站立的疲劳，对有关时间和场所等细枝末节上必须给予的特别关注。当一个人在愉快地履行自己的职责时，他会忘记他的腿由于往返温莎宫里数不清的过道而产生的疲劳，他会忘记他的手臂在巴尔莫勒尔的严寒中已经冻得发紫。

使这些服务变得愉快的最主要因素，是女王对她周围人员所给予的无微不至的关心。她好管家庭生活中舒心的琐事、小小的风波、时而出现的感情事件等。这种喜好要求更广阔的活动空间，尽管她自己的家庭很大，但还不够，因此，她也成了她女侍臣们家庭事务问题上的热心顾问，甚至女佣和厨工也是她关注探询的对象，当她们的情人调往国外，或者当他们的姨妈风湿病发作而且发得特别厉害时，她都会给以衷心的关怀。

然而，身份等级之间应有的界线仍然严格地保持着。只要女王一露面，就足以使这种界线得到保证；而且宫廷礼仪是神圣不可侵犯的。那精心制订的规范仍像往常一样一丝不苟地在执行，这个规范曾使墨尔本勋爵挺直身子一动不动坐在沙发上，其他客人按身份依次默默地围坐在圆桌四周。每天晚餐后，王室的无比神圣的炉前地毯，带着不可企及的荣光显现在俗人们面前，也许，有那么一两次，引领他们上前走到这道鸿沟的边缘。女王在固定的时刻走向她的客人，他们一个又一个被引到她面前，在一次又一次进行着局促不安的对话时，其余的人一声不响地站着不动。在女王统治的绝大部分时间里，大臣们站着晋见女王的规定都是严格遵守的。只有一次在特殊情况下，严格的宫廷礼仪被允许暂时破例。当首相德比勋爵在一次大病后晋见女王时，女王表示她是多么抱歉，因为她不能让他坐下。德比勋爵后来提到这件事时，把它作为王恩浩荡的一个例证。后来，迪斯累里在一次痛风发作后晋见女王，其时正当维多利亚女王趾高气扬之际，女王赐他座位，可他觉得还是谦卑地谢绝这个恩典为好。但在她迟暮之年，她每次接见格莱斯顿先生和索尔兹伯里勋爵时，都让他们坐下。

有时，严肃的晚间例会由一场音乐会，一场歌剧，或甚至一场话剧来取代。维多利亚从孀居的束缚中解放出来的最明显征象之一是她在间断 30 年后，恢复了从伦敦召剧团来温莎宫廷演出的做法。每逢这种时候，她情绪高涨。她喜欢戏剧表演，喜欢有趣的故事情节，她特别喜爱的是闹剧。她会聚精会神地观看戏台上的全部演出，像天真的孩子一样融入故事之中；或者，当演到大结局时，她会摆出一副惟有我知的架势，得意洋洋地嚷道："怎么样！你没料到会那样吧，你料到了吗？"她的幽默感虽然有点幼稚，但很强烈。能够欣赏皇夫所讲笑话的人并不多，而她就是其中之一。当不再有人说这些笑话时，她在自己家中仍会对一些逗人的小事哈哈笑出声来。例如某位大使的某个怪癖，或是某位不学无术的大臣说了什么不检点的话。如果笑话比较隐晦，她也就不那么高兴了；若是笑话不得体，那可是危险的，过于随便会马上招致女王陛下不留情面的指责，说不得体的话就是最大的不敬。于是，女王的嘴角下垂，眼珠惊讶地瞪出，实际上也就是说，女王的面孔显出极不和善的神态。犯禁者吓得不敢出声，一句严厉的话"我们不觉得有趣"会弄得全餐桌的人大为扫兴。在此以后，女王会对她的随从人员表示，她很担心那人"行为不检"；这是一个不容辩护的裁决。

一般说来，她的艺术趣味还停留在门德尔松、兰西尔、拉布拉凯的时代。她仍然喜欢意大利歌剧的华彩经过句，仍然要求高水准的钢琴二重奏。她对绘画的看法坚定不移，她总是坚持爱德温爵士[①]是完美无缺的；她对莱顿[②]的个人风格有深刻印象；她极不信任瓦茨先生[③]。她时常找人为王室成员塑像，这时她会要求把塑像的草样送给她，她仔细审看后向塑像的艺术家指出缺点，同时提出如何修改。每位艺术家都会发现，女王陛下的建

---

① 爱德温爵士即兰西尔。

② 莱顿（Frederick Leighton，1830—1896），英国学院派画家，曾任皇家美术院院长。被维多利亚女王封为男爵。

③ 瓦茨（George Frederick Watts，1817—1904），英国画家和雕刻家，擅长大型寓意主题画，但作品主题晦涩，往往充满象征意义。还画过许多同时代名人的肖像画。

议很有价值。在文学方面，她的兴趣更加有限。她非常爱好丁尼生的作品。由于皇夫称赞过乔治·艾略特[①]，她便读了她的《米德尔马奇》，可是她感到失望。不过人们有理由相信，另一位女作家的小说得到了女王陛下的称赞，那位女作家在女王臣民的下层中一度很受欢迎。除此之外，她读得不多。

有一次，女王的注意力被一本出版物吸引住了，那是一本她不可能忽视的书，书名叫《格雷维尔回忆录》。这本书中使用了大量极为重要的历史资料，同时也充满了对乔治四世、威廉四世和其他王室成员决无讨好之意的描写，书的出版者是里夫先生。维多利亚读完这本书后感到十分惊恐。她说这是一本"可怕的真正造谣中伤的书"。对于格雷维尔的"言行失检，粗俗无礼，对朋友的忘恩负义，对君王的无耻背叛"，她很难说清她有"多么惊骇，多么愤慨"。她写信给迪斯累里，告诉他，她认为对那本书"严加谴责和批判是极为重要的"。"他在书中提到王室时，"她补充道，"用的语气根本不像人们在历史中见到的，这应该受到严厉的指责。"她的盛怒同样指向里夫先生，因为他出版了"这样一本令人憎恶的书"，她要阿瑟·赫尔普斯爵士把她的不快转告他。不过，里夫先生并无悔改之意。当阿瑟爵士把女王意见告诉他，说"那本书诬蔑王室"时，他回答说："一点也没有。那本书通过对比今昔情况，提高了王室的威望。"然而，这一巧辩没有给维多利亚留下任何印象，里夫先生退休时没有得到按通常惯例很可能得到的爵位称号。若是女王知道里夫先生在出版回忆录时悄悄抹去了多少对女王的刻薄评论，她也许会对他感激不尽哩。倘若那样的话，她又会怎样评价格雷维尔呢？想象在理智面前是苍白无力的。至于更多触及这个题目的现代文章，女王恐怕会斥之为"言行不检"了。

一般说来，女王在纷繁生活的闲暇，自有其消遣解闷的事儿，这些事不像研究文学或欣赏艺术那么难以捉摸。维多利亚是一个不仅有大宗产业

① 乔治·艾略特（Ceorge Eliot，1819—1880），英国女小说家，首创现代小说心理分析的创作方法，代表作有《亚当·比德》、《织工马南》等。

而且有无数动产的女人。她继承了大量家具、典礼用品、瓷器、金银餐具以及各种各样值钱的东西。此外，在她漫长的一生中，她还购置了多得令人惊叹的大量物品，而且，世界各地还有源源不断的礼品送来给她。她仔细而不懈地管理着这大宗财物，细致入微地为这些财物操心和安排，这样做使她充满亲切而满足的感觉。收藏的本能在人类天性中是根深蒂固的。以维多利亚的情况来看，这种本能似乎产生了两种支配一切的推动力：她强烈意识到自己的人格力量，这是她向来如此的；她渴望稳定、殷实，并渴望建立一种可感知的屏障，以抵御变化和光阴的肆虐，这种渴望随着岁月的流逝而增长，已经成了她老年时一种无法摆脱的心绪。她凝视着属于她的无数财物，或者根据喜爱程度挑选出其中某些部分。她实实在在地品味到了每一种物品的丰富多彩，从中她看到自己给有趣地反射在千千万万个小平面上，也感到她自己在一片无边无际的领域中给放大了。此时此刻她感到十分快乐，那是必然的。但接着就出现了令人惊骇的想象——所有的东西都滑动、撞碎、消失了；塞夫勒高级瓷餐具碎裂了，甚至金盆也莫名其妙地不知去向，还有自我，连同使自我存在的一切回忆和经验，也摇动、枯萎、融化了……但不！那不可能，那不应该！不应该有什么变化和损失！什么也不应该挪动，过去不应该，现在也不应该——她自己更不应该挪动！于是，这位固执的女人，将她的财宝收藏起来，以她不可动摇的决心宣布它们是不朽的。她不愿失去一点儿对往事的记忆，甚至对一根针。

她下令什么也不许扔掉，确实都没有扔。于是一个又一个五斗橱，一个又一个衣橱，放置着70年来的全部衣物。不仅是衣物——毛皮衣服、斗篷、饰边、手笼、阳伞、女帽等等——而是所有的东西都按年月顺序放置，标上日期，保存得完好无损。有一只很大的杂物柜用来放玩偶；在温莎的瓷器室里，有一张特制的桌子放置她童年时代的，以及她孩子们用过的杯子。旧时的纪念物密集地排列在她周围。每间房里的桌面上，都有许多亲属的照片点缀着，墙上挂着他们不同年龄时的画像，他们的形象或是用坚硬的大理石做成雕像放在基座上，或是用金银做成小塑像放在突出于墙面的小托架上。死去的人以各种形式——微型画、瓷像、与真人同样大小的油画——永远包围着她。约翰·布朗的镀金像站立在她的书桌旁。她喜欢的马和狗被赋予新的永恒形式在她的所到之处出现。镀银的夏普模型守候在餐桌边；青铜雕铸的博伊和博兹双双躺在永不凋谢的花丛中。每一件过去的东西都用金属或大理石使之长存，这还不够，所有的东西在安排上跟实物一样，也要求固定在不变的位置上。增加数量是可以的，但决不能改变内容。没有一块印花布可以更换，没有一块地毯、窗帘可以用另一块代替，即使长期使用后不得不更换时，材料和花式必须跟原来的一模一样，即使最敏锐的眼睛也难以分辨出来。温莎的墙上不容许再挂新的画，因为原有的那些是艾伯特亲自挂上的，而他的决定是永恒的。当然，维多利亚的决定也如此。为了保持原样，她召来了摄影师留影为证。女王的每一件物品都从不同角度拍了照片。照片交给女王陛下，经仔细审视并获同意后，将这些照片归入了一系列装帧精美的照相本。在每一张照片旁边的空页上有一段文字记载，编有物品的号码和存放物品房间的号码，记下物品在房间内的确切位置，以及物品的主要特点。每一件物品在经历这一过程后，它的命运就此不可改变地固定了。所有的物品，一经这样处理，便获得了永远不变的位置。维多利亚身边总有一两大卷没完没了的目录让她翻阅、思考、解释，她心满意足地认为，这个短暂的人世在她强大的威力下给留住了。

就这样，她的收藏不断增加，不断侵占新的意识领域，越来越牢固地扎根在本能的深处，变成了一种支配生活的奇特力量。她收藏的不仅是物件和想象，也是思想状况和生活方式，周年纪念是其中一个很重要的分支——生日的周年纪念，结婚的周年纪念，逝世的周年纪念，每一项都要求一种与之相应的感情，反过来，又要求以一种合适的外部形式表现出来。而这个形式，喜庆的仪式或哀悼的仪式，当然是相互雷同的，这也是收藏的一个部分。例如，在某一天，巴尔莫勒尔的约翰·布朗纪念碑前必须撒上鲜花；每年出发前往苏格兰的日子也定在那一天。最能引起强烈纪念欲望的，自然围绕在死亡这个中心的周围，因为死亡是人类变化无常的最后见证人。如果人们能尽量回忆，如果人们带着强烈的感情反复断言爱的永恒，那么连死亡本身是否也不会那么微不足道了？因而，自艾伯特去世后，维多利亚睡过的每一张床，在床头右侧枕头上方都有一张艾伯特的半身照片，上面还有一个用灰毛菊扎成的花环。在巴尔莫勒尔，那里引人回忆的景物多而亲切，能唤起回忆的实物显得特别混乱。方尖碑、金字塔、坟墓、塑像、锥形石堆、刻有铭文的花岗石凳，这一切都显示出维多利亚对死者的心意。那里，每隔一年，在她到达后的日子里，都要举行一次庄严的巡视和追思活动。在 8 月 26 日艾伯特的生日那天，女王和全家人，还有她的侍臣、仆人和佃户，聚集在身穿高地服装的艾伯特的铜像下，默默地举杯悼念死者。在英格兰，纪念的标志也不少。那些丰富多彩的收藏物中没有一天不增加些东西的：风笛手罗斯的小金像；与真人同样大小的、穿戴着中古服饰的维多利亚与艾伯特的大理石组像，基座上的铭文是："被引向更光明的世界，带路先行"；奥斯本灌木林里的一块花岗岩石板，告诉客人这里葬的是"沃尔德曼：维多利亚女王宠爱的德国小种猎狗。1872 年自巴登带回；死于 1881 年 7 月 11 日。"

王室成员住在温莎时，女王几乎每天要去弗罗格莫尔的巨大陵墓，那里的收藏品在不断增加。但还有另一个更加隐秘却同样神圣的圣地，那就是艾伯特在温莎堡用过的一套房间。这里除了少数特别恩准者，任何人不得入内参观。在这个范围内，所有的东西都保持亲王逝世时的原貌。根据维多利亚带有神秘色彩的偏见，每天晚上，要将她丈夫的一套替换衣服放在床上，盆中的水也要更换，仿佛他还活着。这一令人难以置信的做法，有规律地、一丝不苟地执行了几乎 40 年之久。

这就是心灵的崇敬，而肉体是受精神控制的，日常的辛勤劳动表明了维多利亚对责任和对死者理想的献身。然而，随着岁月流逝，自我牺牲的意识逐渐消失，那炽热的心所拥有的天然精力，在从事公务活动中得到尽情的宣泄。自少女时代即植根于内心的对工作的热爱，再次淋漓尽致地表现出来。老年的维多利亚不再写信和摆弄文件盒了，这对她不是一种解脱，而是一种痛苦。因此，尽管劳累的大臣们可能会唉声叹气，痛苦不堪，但直到最后时刻，整个政府事务仍得在她眼前进行。这还不是一切。按照古老的先例，许多公务的处理，必须有国王的亲笔签字方能生效，因而女王的工作时间，有很大一部分用于从事这项机械的任务。她从来没有想要废除这一例行公事。相反，她还自愿恢复为军队签发委任令。本来，议会已通过一项法令，免除女王的这项任务，因而在她中年时期，她已经不再为军队的委任令签字了。可是她绝对不赞成使用图章的建议。只到后来事务不断增多，这种陈旧的制度造成了令人难以容忍的延误，她才同意某些级别的文件可以只由她口头批准，但每一件公文一定得由人给她朗读，最后她说“同意”。她常常一坐几个小时，面前放着艾伯特的半身像，隔一段时间说一声“同意”。她的声音庄严洪亮，她现在的嗓音是一种女低音，丰满有力，不再是少女时代那种银铃似的女高音了！

四

在最后的岁月里，她的声望达到登峰造极的地步。女王在臣民们的心目中璀璨夺目，她穿过最纯洁、最绚丽的光晕，升入至高无上的神圣境界。舆论对她不再有任何批评，20 年前公认的不足之处，现在再也没有人提起了。这位国家的偶像其实只是英国的极不完整的代表，这一事实很少有人注意，然而这是千真万确的。因为英国自 1837 年开始至 1897 年间发生的广泛变化，似乎很少触及这位女王。这个时期工业的迅猛发展，对维多利亚来说意义似乎不大，而艾伯特对此则有深刻的理解。这一时期惊人的科学进步使艾伯特赞叹不已，而维多利亚则对之十分冷淡。她对宇宙的看法，对人在宇宙中地位的看法，以及对自然和哲学等大问题的看法，在整个一生中完全没有什么变化。她的宗教思想，也就是她从勒曾男爵夫人和肯特公爵夫人那里学来的宗教思想。当然，也可以认为艾伯特的观点对她产生过影响。因为艾伯特在宗教问题上的观点是进步的，他完全不信邪恶之神，怀疑加大拉猪[①]的奇迹。斯托克马尔甚至在一份有关威尔士亲王教育问题的著名备忘录中建议，当孩子“必须坚定地遵照圣公会教义抚育成长”时，也仍然可以按照时代的精神，在他的宗教教育中排除要他信仰“基督教义中超自然原则”的教诲。这当然有点儿过分，因为所有的王室子弟都是在绝对正统的教育下长大的，任何非正统的东西都会使维多利亚感到伤心。尽管她自己对正统的概念也并不十分明确，但是她的天性，使她本能地对偏激的圣公会教义中难以理解的狂热退避三分。在她的天性中，想象和敏感只占极少的位置，她最能接受的似乎只有苏格兰长老会朴素的信仰。这是可以指望的，因为勒曾是一位路德派牧师的女儿，而路德派和长老会派有许多共同的东西。在许多年里，勤奋的苏格兰牧师诺曼·麦克劳德博士一直是她主要的精神顾问。在他离开她以后，她跟巴尔莫勒尔的村民们平静地讨论生与死的问题，从中得到很多安慰。她那绝对诚挚的虔诚，弥补了老约翰·格兰特的严肃劝诫和P. 法夸尔森夫人的真诚格言中所缺少的东西。那些品质，正是她真心赞美过的切斯特教长的《马太福音详解》中的品质，当时她还是一个14岁的孩子；它们“明白易懂，充满真理和善意。”维多利亚时代也就是穆勒和达尔文时代[②]，然而维多利亚女王的思想没能超越那个时代。

维多利亚与当时的社会运动同样有很远的距离。不论对微小的变化还

① 加大拉为古巴勒斯坦一小镇，《圣经·马太福音》说，加大拉的猪群因耶稣在其中置入魔鬼全体闯海而死。

② 穆勒（Jodn Mill，1806—1873），英国哲学家和经济学家，与其父詹姆斯·穆勒（James Mill）同为功利主义政治经济学的代表人物；达尔文（Charles Robert Darwin，1809—1882），英国博物学家，进化论的创始人。

是对巨大的变革，她一概不为所动。在她年轻时和中年时，抽烟在上流社会是不容许的，她终其一生都厌恶抽烟。国王们可以抗议，应邀到温莎做客的主教们和大使们可以躺在自己卧室的地毯上对着壁炉烟囱抽烟，可是禁令不能撤销。人们可能以为，作为一位女君主，她会赞同她那个时代最重要改革之一——妇女解放。可恰恰相反，只要一提到这一话题，她就会怒不可遏。1870 年，她看到一份关于拥护妇女选举权集会的报告后勃然大怒，写信给马丁先生说："女王万分焦急地号召所有能说会写的人参加制止这一疯狂邪恶的愚蠢行为——'妇女权利'——以及随之而来的一切可能落在女性头上、使之丧失女人的感觉和行为规范的可怕事物。女士——应该好好揍一顿。正是这个题目，使女王十分愤怒，不能自制。上帝创造了互不相同的男人和女人，然后让他们各就其位。丁尼生在《公主》中有一些美丽的诗句写到男人和女人的不同。女人要是让自己失去女性，那就会变成最可恨、最无心肝、最令人厌恶的人，男人意欲给予女性的保护，又将到哪里去了呢？女王肯定马丁夫人会同意她的看法的。"女王的论点是不容反驳的。马丁夫人同意她，可是弊端却散布开来了。

在另一方面，维多利亚对时代精神的理解不断受到维护。在很长时间里，宫廷历史学家们和高雅的政治家们惯于称颂女王对宪法的正确态度。可事实似乎并不能说明这些赞扬是合理的。在维多利亚晚年，她不止一次对自己在当初内宫危机时的行为表示遗憾，让人们知道自那以后她已变得更加聪明了。可事实上，在她整个一生中，她对宪法问题的态度无论在理论上还是在实践上都很难看到有什么根本变化。导致她中止与皮尔共商国是的那种专横态度和自我中心精神，同样可以在她憎恶帕默斯顿，在她以退位胁迫迪斯累里，在她要求起诉威斯特敏斯特公爵——因为他参加了一个谴责保加利亚暴行的集会——等行为中看出来。宪法复杂而微妙的原则，可以说超过了她智力所及范围。在她统治时期，对于宪法的实际发展，她只扮演了一个被动的角色。从 1840 年到 1861 年，王权在英国稳步加强；

从 1861 年到 1901 年，王权逐渐衰微。第一阶段的发展是由于皇夫的作用，第二阶段则是由于一个个首相的影响。在第一阶段，维多利亚实际上只是一个附属品；在第二个阶段，艾伯特千辛万苦集中起来的各种大权，不可避免地从她手中落入格莱斯顿先生、贝肯斯菲尔德勋爵、索尔兹伯里勋爵等强有力者的手中。也许，她埋头于日常工作，根本就分不清哪些是细枝末节，哪些是根本大事，她只不过模模糊糊地意识到发生了什么。在她统治的最后阶段，王权在英国历史上比任何时期都要衰弱。与此矛盾的是维多利亚得到了最高的赞誉，说她赞成政治革新。其实，如果她完全了解政治革新的含意，她将会极度不快。

但是，也不可以认为她就是第二个乔治三世。她要把自己意志强加于人的欲望尽管非常强烈，而且不顾任何原则，但由于她的某种机敏，这种欲望受到一定的抑制。她可以异常激烈地反对她的大臣，她可以对一些道理和恳求完全无动手衷，她坚定的决心可能使人感到不可动摇，可是，到最后时刻，她的固执会涣然冰释。她天生具有对事业的尊敬以及处理事务的才能，还有，她牢记艾伯特总是审慎地免走极端，这一切使她避免陷入僵局。当她凭本能感知什么事情非她力所能及时，她总是会让步的。要不，她还能怎么办呢？

但是，如果说女王跟她的时代之间有深深的鸿沟，那么，她们之间的接触点也不在少数。维多利亚非常了解权力和财产的意义和吸引力，英吉利民族也越来越精于此道。在她统治的最后 15 年中，除 1892 年自由党政府作为一个短短的插曲外，帝国主义是英国压倒一切的信念。那也是维多利亚的信念。她只容许她的思想向这个方向发展，而不是其他。在迪斯累里的影响下，大英帝国的海外领土对她比以往任何时候都具有更为重要的意义，她变得特别迷恋东方了。只要一想到印度，她就心花怒放。她开始学兴都斯坦语[①]，而且学会了一点儿。她雇用了一些印度仆人，他们成了她寸步不离的随从，其中有一个叫芒希·阿卜杜尔·卡里姆的，后来几乎填补了约翰·布朗原来的位置。与此同时，英国的帝国主义特征给她的职责增添了一种新的意义，这种意义跟她自己的内心倾向完全协调一致。英国的组织体制主要是一种缘于实际生活经验的常识结构，然而在这种结构中总会有某个角落是常识所不能包含的。对于这些地方，不知怎么的，通常的度量方法无法应用，通常的规则条例也不适合。因此我们的祖先明智地留下余地，确定了似乎永远不能从人的事务中排除的某种神秘要素。在英国的组织体制中，那种神秘主义就很自然地、集中地包含于王权之中——王权，连同它可崇敬的古老历史，它神圣的交往关系，以及它富丽豪华的排场。但是，几乎有两个世纪之久，常识一直把重点放在大的结构上，对于小的、未探明的、不能解释的角落则很少给予关注。随着帝国主义的兴起，出现了一点变化。因为帝国主义不仅是一项事业，也是一种信仰，当它发展时，英国公众生活中那种神秘主义也随之发展，与此同时，王权开始有了新的重要意义。英国人比以往任何时候都更加迫切地感到需要有一个象征来表现英国的力量、英国的价值、英国异乎寻常而又神秘莫测的命运。王冠就是那个象征，而王冠戴在维多利亚头上。于是就出现了这样的现象：在维多利亚统治末期，君王的权力大大削弱了，而君王的威望则扶摇直上。

然而这种威望不仅是公众思想变化的结果，也来自强烈的个人因素。维多利亚是英国女王、印度女皇，整个宏大的国家机器围绕着这个标准的枢轴在转动。除此之外还有许多其他因素呢！举个例子，她的高龄几乎使她理所当然地有资格在英国受到欢迎。她本人就具有英国民族最受赞美的特性之一——坚忍不拔的意志。她统治英国已60年，而且她还在统治着。

① 兴都斯坦语为印度的多种语言之一，通行于印度北部。

她是一位杰出的人物。尽管王室的许多情况蒙在雾中，女王的性格仍得到了充分的描写，她的轮廓清晰可见。在公众的心目中，人们熟悉的女王形象带着满足安逸的神态，占据了一个清晰而难忘的位置。正是这一形象，自然而然地引起了全国绝大多数人的赞赏和认同。人们把善良看得高于人类的其他品质；而维多利亚在12岁时就说过，她“会好好儿的”，她没有食言。责任、良心、道德——一点不错！女王一直生活在这些指路明灯的光辉之中。她整天工作，操持公务，管理家庭，而不是嬉戏。很久以前在奥斯本确立的家庭生活的道德标准一刻也没有降低过。半个多世纪以来，没有一个离过婚的女人能够进入宫廷范围之内。维多利亚恪守妇道，立下了更加严格的禁令，她极为厌恶再嫁的寡妇。基于她本人就是一位再嫁寡妇的女儿，这个禁令可以被看作是一种怪癖，但这无疑是一个较好的怪癖。中产阶级坚信他们是体面人物，他们为拥有这位在所有女王中最可尊敬的女王感到特别高兴。他们几乎要把她说成是他们中间的一员，但这只是一种奢求。因为，尽管女王性格中有不少东西常可以在中产阶级中找到，但还有其他许多方面则不能，例如她的风度，她明显的贵族气质。此外，有一个极为重要的方面，显示她既不是贵族的，也不是中产阶级的，那就是她对自己的态度，干脆就是帝王的。

这些素质显而易见，也十分重要，对于个性的影响，又是真正起作用的、更深的、最基本、最普遍的因素。在维多利亚身上，很容易察觉出这种潜在因素：一种奇特的真挚。这个核心的特点以不同形式表现出来，那就是她的诚实，她的单纯，她的鲜明的感情，以及这些品质的无拘无束的表现。因着她的真挚，她给人留下深刻印象，她充满魅力，同时也显得荒唐。她从不隐瞒任何东西，在人生的历程中她拥有令人叹服的自信，不管是对她周围的环境还是对她本人。这就是她，整个儿的她——英国的女王，完美无缺而又平淡无奇；世界可以接纳她，也可以舍弃她；她再没有什么需要展示、解释和修饰的了；她驾着独一无二的马车自行其道。对她来说，不仅隐瞒是不需要的，节制，矜持，甚至尊严有时似乎也可以免去。正如利特尔顿夫人所说："她思想体系中有一种透明的东西非常动人，在表达感情或说明事实时没有一点夸张之处。这样的人据我所知是不多的。有许多人可能也很真诚，但我觉得常常总有某些保留。她什么都说了出来，有什么说什么，既不多，也不少。"她不仅什么都说了出来，而且还写了出来。她的书信，在表达上痛快淋漓，令人吃惊，使你想到一只旋开的龙头，里面的东西不停留地自动喷涌出来。她那丝毫不讲究文采的风格至少有一个好处，那就是可以很好地传达她的思想感情。甚至她那平庸的措辞，也都带有浓厚的个人色彩。毫无疑问，她是用她写的内容来打动公众的心的。她在《苏格兰高地日记》中，通过平铺直叙的记事方式，公开了她私人生活的记录，没有一丝矫饰，也不觉得有什么尴尬。不仅是这本书，还有那些时时公布在报纸上向国人发出的著名文告，也都使她的人民感到，她和他们非常贴近。他们本能地感觉到维多利亚那种不可抗拒的诚挚，他们也投桃报李。事实上，她的这个特点确实令人感到亲切。

人格和地位，还有两者的奇妙结合，也许是维多利亚最后能够大得人心的原因。这位矮小的老妇人，白发苍苍，身穿素色丧服，坐着轮椅或驴车——有人看见她这样——紧随她左右的是那些印度仆人，这立即使人联想到非凡、神秘和力量。这种熟悉的情景，令人称羡不已。当然，在另一些时刻，这位温莎的遗孀也会赫然以女王面目出现在世人面前。她最后一次，也是最令人瞩目的出场是在1897年女王即位60周年纪念典礼上。当时，维多利亚前往圣保罗大教堂作感恩祈祷，浩浩荡荡的护送行列，穿过伦敦街头夹道欢呼的人群。此时此刻，她的伟大帝国与臣民们对她的崇敬，交相辉映。当群众在她周围欢呼时，她老泪纵横，"他们对我多好啊！他们多好啊！"她一而再，再而三地重复说。那天夜里，她的祝辞传遍大英帝国："我衷心感谢我可爱的人民。愿上帝保佑他们！"漫长的人生旅途接近终点，这位旅行者已经走到了这一步，并且有着这么不寻常的经验，但她仍然迈着往日的坚定步伐前进。作为女孩，作为妻子，作为老妇人，她都一个样。朝气蓬勃，认真严谨，自傲自尊，单纯坦荡，是她保持到最后一刻的品质。

晚年的女王，时为她加冕 60 周年大典前夕。此时的维多利亚女王，获得了举国上下的高度认同和爱戴，她给英国带来了长达半个多世纪的稳定与和平，国家在稳定有序中不断进步，社会各个阶层都对她的统治给予了高度的认可。同一时期，在地球的另一边，慈禧太后在晚清的统治也长达 48 年之久，两位女性最高统治者构成了同一时代的鲜明对比。慈禧的统治被认为是中国近代落后的根源，是顽固派腐朽统治的代表，给中国社会带来了巨大的痛苦和持续的落后；同时，慈禧的家庭生活也很不幸：丈夫很早就去世；亲生儿子同治皇帝与她的关系疏远，并因此郁郁寡欢，无心国事，很年轻就因病早逝；光绪皇帝是她的侄子、外甥，被她过继为养子，但母子关系不和，政治上的巨大分歧最终导致了戊戌维新的失败，家庭关系极大地影响了晚清政治的稳定。

第十章　结　语

黄昏是金色的；然而，白昼却要在阴云密布、狂风暴雨中结束。帝国的需要，帝国的野心，使整个国家卷入南非战争。[①]这场战争经历了受挫、逆转和对布尔人血腥镇压三个阶段。一时间举国为之震动，女王密切关注大众的灾难。但她情绪高涨，无论是她的勇气还是她的信心，都从未动摇过。她全身心地投入了这场斗争，花费了双倍的精力去工作，去关心战争的每一细节，她试图采用她权力范围内的一切手段为国家的事业效劳。1900 年 4 月，81 岁高龄的女王作出一项惊人的决定，她放弃了一年一度去法国南部的休假，而去访问爱尔兰，因为爱尔兰为这场战争输送了大量的新兵。她在都柏林逗留了三周，不听周围人员的警告，不带一名武装侍从，驱车穿街走巷。这次访问取得极大的成功。但在这次旅程中，她第一次开始显现出年老体衰的迹象。

战争带来的长期劳累和持续焦虑，终于产生了明显的影响。维多利亚

① 南非战争，又称布尔战争或英布战争（1899 年 10 月至 1902 年 5 月），是英国为争夺南非金矿地区的统治权与南非共和国、奥兰治自由邦这两个布尔人共和国之间的殖民战争，最后以残酷镇压使布尔人同意放弃独立而结束。

维多利亚女王去世时的灵床，墙上仍然挂着艾伯特亲王的画像。在另一个世界，他们将永不分离。

生来身体健康，虽然在意志消沉时她曾认为自己是个病人，但实际上她一生都有着非常强健的体魄。步入老年后，她因风湿侵袭而关节僵直，只好使用拐杖，最后还坐上了轮椅，除此以外她几乎没有什么其他病痛。1898年，她因早期白内障视力开始受损。此后，她发现阅读越来越困难，尽管还能签名，甚至还能勉强写信，但到了1900年夏天，又出现了更严重的症状。她长期以来引以为豪的过人记忆力，现在开始衰退，甚至有发展成为失语症的趋势；此外，虽然并没有显现出什么特别的疾病，但到秋天时明白无误地出现了身体机能全面衰退的症状。然而，她在世的最后几个月，她那钢铁般的性格依然如故。她继续做她的日常工作，不仅如此，她的工作量实际上还有所增加。因为女王惊人地固执，她坚持要亲自与日益增多的男女战争受害者保持联系。

到年底，她越来越衰弱，她的精力几乎已经耗尽。很显然，在新世纪开始后的日子里，她完全依靠意志力来支撑她日渐衰弱的身体。1月14日，她在奥斯本花了一个小时接见几天前从南非得胜归来的罗伯茨勋爵[①]，迫不及待地向他询问战争的所有细节。她终于坚持支撑着完成了这次接见。但是，接见结束后，她的身体垮了。第二天，她的侍从医生意识到她已经没有希望了，但她那不屈不挠的精神仍然坚持斗争了两天时间，在这两天中她仍继续履行英国女王的职责。两天以后，她永远不能再工作了。直到那时，那些对她抱乐观态度的人才认识到希望已经彻底破灭。她逐渐丧失神志，她的生命慢慢消逝。她的一家人聚集在她周围。她弥留了一小会儿，不再说话，知觉显然已经丧失。1901年1月22日，她终于与世长辞。

两天前，女王病危的消息传出后，引起了全国的震惊和悲伤。看来有什么反常的可怕事件就要发生了。她的绝大多数臣民从未想过失去维多利亚女王的统治将会怎样。她已成了他们全部生活中的一个不可分解的部分，

---

① 罗伯茨（Frederick Sleigh Roberts，1832—1914），英国陆军元帅，1899—1900年在南非战争中任英军总司令。1901年封为伯爵。

女王的葬礼，伦敦万人空巷送别维多利亚女王，一个时代的终结。今天，维多利亚时代已经成为英国历史中一个难以逾越的鼎盛时代。

他们难以想象即将失去自己的女王。在她弥留之际，在她看不见东西、说不出话时，那些守护在她身旁的人都觉得她已经失去了任何思想，已经在不知不觉中悄悄消失、湮灭。然而，也许在意识的隐秘角落，她还有着她的思想；也许她那正在衰竭的脑子，再一次把过去的影像召唤到面前，对其漫长一生中早已逝去的景象作最后一次回顾。她的意识越来越往回飘移，穿过岁月的烟尘，回到悠悠往事——奥斯本春天的树林，那里盛开着贝肯斯菲尔德勋爵喜爱的报春花；帕默斯顿勋爵古怪的衣着和傲慢的神态；还有艾伯特在绿色台灯下的面孔，艾伯特在巴尔莫勒尔猎到的第一头牡鹿，以及穿着蓝和银色军礼服的艾伯特；还有斯托克马尔男爵走进门来；还有墨尔本勋爵在温莎打盹，其时榆树林中乌鸦正在聒噪；还有坎特伯雷大主教黎明时跪着祈祷；还有老国王的雄火鸡发出凄厉的叫声；还有利奥波德舅舅在克莱蒙特轻声轻气地讲话；还有勒曾和她的地球仪；还有她母亲穿着曳地长裙向她走来；还有放在龟壳盒里的父亲的旧大打簧表；还有黄色小地毯和枝叶花式细布做成的讨人喜欢的花边；还有肯辛顿的树木花草……

附录一　维多利亚女王的日记

女王生长在一个典型的贵族环境中，从小受到良好的教育，这使得她拥有了非常好的贵族教养。有一项习惯能鲜明地体现出女王的性格。她从13岁开始记日记，每天的生活都会及时加以回忆和记录。这一好习惯贯穿了女王的一生，直到她去世为止，从未间断，持续了70年之久，女王留下了多达141卷、共43000多页的日记。这一习惯典型地反映出了她的毅力和个性。漫长的维多利亚时代的政治稳定与长期和平也得益于这样的个性。以下为一个平常日子的日记记录。

WINDSOR CASTLE, 6th May 1882.—At quarter to 3 left with Beatrice for Epping Forest, which we reached at 4. Great crowds all along the railroad and a very great one on getting out. Arthur, Louischen, Louise, and the Lord Mayor met us. Volunteers and troops were out, and everything extremely well arranged. A great stand, full of people, and a very pretty arch had been erected. Arthur rode next my carriage, and Louise, Beatrice, and Louischen drove with me. The Lord Mayor and my two Equarries rode behind the carriage. Drove through enormous crowds, who lined the whole way, nearly 3 miles, to High Beech, where an Address was received, and read, and I declared the Park open.

The sight was very brilliant. There was a temporary building in which the Lord Mayor had entertained 10,000 people at luncheon. He hurriedly dismounted, and put on his robes, before presenting the Address, which was read by the Recorder, and I read a short answer, which caused great cheering. An album with views of this fine and picturesque Park, reminding one of Burnham Beeches and Richmond Park, was presented to me, and a little girl, daughter of Sir Fowell and Victoria Buxton(herself my god-daughter), was held up to the carriage, to give me a bouquet. I shook hands with the Lady Mayoress and Mrs. Gladstone. Arthur got off and stood near the carriage till the ceremony was over, and then remounted, as did the Lord Mayor. Returned the same way. The enthusiasm was very great, and many quite poor people were out. The Park has been given to the poor of the East End, as a sort of recreation ground. Nothing but loyal expressions and kind faces did I hear and see; it was most gratifying. Got home shortly before dinner, and only had the ladies to dine with us.

Directly afterwards a telegram was received by Sir H. Ponsonby, from Lord Spencer, conveying the following shocking news: "I grieve to say the Under-Secretary Mr. Burke has been murdered, and Lord Frederick Cavendish most dangerously wounded, in the Phoenix Park." This is too terrible. Mr. Forster's words, spoken only the day before yesterday, were almost prophetic. Everyone was horror-struck. I telegraphed to enquire after poor Lucy Cavendish. At midnight Janie Ely came in with a telegram, saying "All is over with Lord Frederick. Both he and Mr. Burke were stabbed with knives." Further particulars would be written. I let all my children know, and could think of nothing else. How could Mr. Gladstone and his violent Radical advisers proceed with such a policy, which inevitably has led to all this? Surely his eyes must be opened now. Heard that Victoria (Dona), Willie's wife, has a son, and is doing well.

附录二　女王生前是畅销书作家

《日记留影——我们的苏格兰高地生活》选自女王在苏格兰的生活日记，此书原本只是在朋友小圈子内交流传阅的，但 1858 年正式出版后，立刻引起了社会的广泛关注，仅仅一年就销售了 10 万册以上，女王因此成为了一名畅销书作者。这些日记记录了第一家庭在苏格兰高地的日常生活，在巴尔莫勒尔城堡渡过的假日，在山间的漫游，在江河里划船，给国民展示了一幅温馨恬静的田园诗般的生活画面，没有宫斗剧的混乱，没有八卦小报的恶浊趣味，让人感到的是女王一家的人性和人情味，在当时收到了良好的社会反响。由于此书的畅销，后来在 1884 年又出版了续作。考虑到女王在执政的后期，由于丈夫去世而长时间远离公众视线隐居，故出版的她的生活日记，在客观上成为公众与女王进行沟通的另一种重要形式。以下选自《高地生活》，记录了他们在乡间捕鲑鱼的经历。

SALMON LEISTERING.

Septerber 13,1850.

We walked with Charles, the boys, and Vicky to the river side above the bridge, where all our tenants were assembled with poles and spears, or rather "leisters" for catching salmon. They all went into the river, walking up it, and then back again, poking about under all the stones to bring fish up to where the men stood with the net. It had a very pretty effect; about one hundred men wading through the river, some in kilts with poles and spears, all very much excited. Not succeeding the first time, we went higher up, and moved to three or four different places, but did not get any salmon; one or two escaping. Albert stood on a stone, and Colonel Gordon and Lord James Murray waded about the whole time. Duncan, in spite of all his exertions yesterday, and having besides walked to and from the Gathering, was the whole time in the water. Not far from the laundry there was another trial, and here we had a great fright. In one place there was a very deep pool, into which two men very foolishly went, and one could not swim; we suddenly saw them sink, and in one moment they seemed drowning, though surrounded by people. There was a cry for help, and a general rush, including Albert, towards the spot, which frightened me so much, that I grasped Lord Carlisle's arm in great agony. However, Dr.Robertson swam in and pulled the man out, and all was safely over; but it was a horrid moment.

A salmon was speared here by one of the men; after which we walked to the ford, or quarry, where we were very successful, seven salmon being caught, some in the net, and some speared. Though Albert stood in the water some time he caught nothing: but the scene at this beautiful spot was exciting and picturesque in the extreme. I wished for Landseer's pencil. The sun was intensely hot. We did not get back till after three o'clock, and then took luncheon. The duchess of Gordon came to see us afterwards; and while she was still with us, Captain Forbes (who had asked permission to do so) marched through the grounds with his men, the pipers going in front. They stopped, and cheered three-times-three, throwing up their bonnets. They then marched off;

and we listened with pleasure to the distant shouts and the sound of the pibroch.

We heard afterwards that our men had carried all Captain Forbes's men on their backs through the river. They saw the fishing going on, and came to the water's edge on the opposite side; and on being greeted by our people, said they would come over, on which ours went across in one moment and carried them over-Macdonald at their head carrying Captain Forbes on his back. This was very courteous, and worthy of chivalrous times.

附录三　王夫艾伯特亲王关于废奴问题的演讲

英国曾经是世界上最大的奴隶贸易国，由英国人主导的跨大西洋奴隶贸易又称“三角贸易”，其巨额的利益成为资本主义原始积累的主要来源之一。随着社会的进步，1807 年，英国立法禁止了奴隶贸易；1833 年，又宣布其所有领地上的奴隶制皆属非法。这篇王夫针对奴隶问题的演讲，声讨了奴隶贸易的罪恶，代表了王室在此问题上的人道主义立场——而不是完全站在金钱和利润的一边。

SPEECHES
AT A MEETING FOR THE ABOLITION OF
SLAVERY

[JUNE 1,1840]

I HAVE been induced to preside at the Meeting of this Society, from a conviction of its paramount importance to the great interests of humanity and justice.

I deeply regret that the benevolent and persevering exertions of England to abolish that atrocious traffic in human beings(at once the desolation of Africa and the blackest stain upon civilized Europe) have not as yet led to any satisfactory conclusion. But I sincerely trust that this great country will not relax in its efforts until it has finally, and for ever, put an end to a state of things so repugnant to the spirit of Christianity, and the best feelings of our nature.

Let us therefore trust that Providence will prosper our exertions in so holy a cause, and that (under the auspices of our Queen and Her Government) we may at no distant period be rewarded by the accomplishment of the great and humane object for the promotion of which we have this day met.

附录四　维多利亚生平大事年表

1819 年　出生

5 月 24 日维多利亚诞生于伦敦肯辛顿宫。父亲是英王乔治三世的第四子肯特公爵爱德华，母亲是德意志一小公国的公主。当时首相为 1812 年 5 月起任职的利物浦伯爵 (第二)。英国诗人拜伦开始发表讽刺长诗《唐璜》(*Don Juan*) 第一、二章。英国作家沃尔特 · 司各特发表历史小说《艾凡赫》(*Ivanhoe*)。

1820 年　1 岁

维多利亚父亲肯特公爵去世。英王乔治三世去世，由其长子摄政王继位，为乔治四世。

首批英国移民迁居南非，在南非东南的伊丽莎白港地区建立英国殖民地。

葡萄牙发生革命。意大利发生“烧炭党”领导的那不勒斯革命。西班牙发生第二次资产阶级革命。英国诗人雪莱发表诗剧《解放了的普罗米修斯》(*Prometheus Unbound*)。英国诗人济慈的诗集《莱米亚，伊莎贝拉，圣爱尼节前夜等诗》(*Lamia*，*Isabella*，*The Eve of St*．*Agnes and other Poems*) 出版。

1821 年　2 岁

希腊开始反对土耳其统治的独立战争。

1822 年　3 岁

神圣同盟举行维罗纳会议。

英国诗人雪莱去世(生于 1792 年)。

1823 年　4 岁

英国为获得南美洲市场，承认该洲各独立共和国。

美国总统在国会发表演说，提出“门罗主义”。

1824 年　5 岁

英国托利党政府废除 1800 年的取缔集会结社的法令，次年议会通过补充法令，禁止工人罢工。

英国诗人拜伦去世(生于 1788 年)。

1825 年　6 岁

英国在澳大利亚的殖民范围从东到西扩张至整个大陆。英国与法国发生经济危机。俄国十二月党人起义。

世界第一条铁路(长 25 英里)在英格兰东北部建成。旅客列车在 1833 年开通，至 40 年代末，英国铺设了四通八达的铁路网。

1826 年　7 岁

第二次俄(国)伊(朗)战争(1826—1828)，俄国迫使伊朗签订不平等条约。

1827 年　8 岁

英国首相利物浦伯爵(第二)任职 15 年后，因瘫痪退休。

1828 年　9 岁

威灵顿公爵出任英国首相，至 1830 年。

俄土战争爆发。

1829 年　10 岁

俄土签订亚得里亚堡和约，塞尔维亚自治，希腊独立。

1830 年　11 岁

英国国王乔治四世去世，其弟克拉伦斯公爵继位，为威廉四世。10 月威灵顿内阁垮台，威廉四世授命辉格党领袖查尔斯·格雷任首相，至 1834 年。

30 年代，英、法等大国开始广泛侵入亚洲市场。

法国开始侵略阿尔及利亚。法国爆发七月革命，推翻 1815 年复辟的波旁王朝，查理十世逃亡英国，法国开始资产阶级君主制，以路易·菲力普为国王。比利时全国起义，脱离荷兰而独立；1831 年通过新宪法，实行君主立宪制，维多利亚的舅舅萨克森-科堡-哥达亲王利奥波德被选为国王，为利奥波德一世。德意志的萨克森、不来梅、汉诺威、巴伐利亚爆发反对封建专制的革命运动。波兰爆发反对沙皇俄国统治的华沙起义。

1831 年　12 岁

法国里昂工人起义。

英国人法拉第发现电磁感应。

德意志哲学家黑格尔去世(生于 1770 年)。

1832 年　13 岁

本年开始写日记。这一习惯保持了 70 年之久，直到她去世。女王留下了多达 141 卷、43000 多页的日记。这一习惯典型地反映出了她的个性。

英国议会通过第一个选举改革法案。选举权有所扩大。英、法联合舰队将荷兰人从比利时逐出；次年，迫使荷兰承认比利时独立。

1833 年　14 岁

英国议会通过《废奴法案》，宣布奴隶制在整个帝国为非法。

1834 年　15 岁

英国颁布《新济贫法》。辉格党人墨尔本出任首相。英王威廉四世解散辉格党政府，召威灵顿公爵组阁，公爵推荐保守党罗伯特 · 皮尔出任首相（至 1835 年）。以普鲁士为盟主的德意志关税同盟建立，促进了工商业的发展。

里昂工人再次起义。

1835 年　16 岁

墨尔本勋爵再度上台组阁。

1836 年　17 岁

英国作家狄更斯第一部小说《匹克威克外传》(*Pickwick Papers*) 开始在期刊连载，至 1837 年连载完。

1837 年　18 岁

英国国王威廉四世去世，其侄女维多利亚继位，时年 18 岁。

墨尔本勋爵继续任首相至1841年。欧洲发生经济危机。

1838年　19岁

6月28日，维多利亚女王的加冕典礼在威斯敏斯特大教堂隆重举行。

英国“伦敦工人协会”公布“人民宪章”，掀起宪章运动(1838—1848)，十年间三次向议会请愿，均遭否决；1848年政府下令解散全国宪章派公会。

英国出兵阿富汗，爆发第一次英阿战争(1838—1842)。

1839年　20岁

维多利亚与表弟艾伯特正处于热恋中。

南非布尔人(荷兰移民后裔)成立纳塔尔共和国，开始与英国人进行长期斗争。英国要求在埃及通商未成，怂恿土耳其苏丹进攻埃及，爆发埃土战争。

1840年　21岁

维多利亚女王与表弟萨克森-科堡-哥达亲王艾伯特结婚。

11月21日，第一个孩子——长女维多利亚公主来到了人间。她后来嫁给了德国皇太子，生下了发动第一次世界大战的德国皇帝威廉二世。

英国为强行向中国输出鸦片，发动侵略中国的鸦片战争(1840—1842)。1841年1月26日，英军在香港岛西北部强行登陆，宣布占领香港。1842年8月29日迫使清政府与之签订《南京条约》，中国割让香港岛，开放五口通商并赔款2100万银元。1843年又迫使清政府签订《五口通商章程》和《虎门条约》。美、法两国随之迫使清政府签订《望厦条约》和《黄埔条约》。

英、俄、普、奥订伦敦条约支持土耳其。

英国诗人雪莱所著诗论《诗之辩护》(*A Defence of Poetry*) 出版。

1841 年　22 岁

11 月 9 日，生下长子爱德华，后来封为威尔士亲王，在维多利亚女王辞世后即位，称为爱德华七世。

保守党在大选中获胜，墨尔本首相下台。罗伯特·皮尔再次出任英国首相，至 1846 年。

英国迫使新西兰沦为英国直辖殖民地。英国迫使伊朗签订《英伊条约》，随后奥、法、美等国相继效尤。阿富汗发生反英起义 (1841—1842)，英国被迫撤军。

英国诗人勃朗宁发表诗剧《比芭走过》(*Pippa Passes*)。

1842 年　23 岁

本年 6 月，女王第一次乘坐火车出行。

夫妻二人去苏格兰，之后，那里成为了他们最喜欢的乡间私人度假之地。

英国议会通过法案降低关税 (羊毛完全免税)，以促进工业发展。

英国诗人丁尼生的《诗集》两卷出版。

1843 年　24 岁

4 月，生下二女艾丽斯公主。

女王第一次出国旅行，会晤了法王路易·菲利普——这是自 1520 年以来，三百多年间，英法两国君主的第一次会面。

英国诗人华兹华斯被授予桂冠诗人称号。

1844 年　25 岁

生下二子艾尔弗雷德王子。其后来继承了家族在德国的领地，称萨克

森 - 科堡 - 哥达公爵。法国侵略摩洛哥。德国西里西亚织工起义。

1845 年　26 岁

夫妻俩买下了怀特岛的奥斯本庄园，女王最后就是在这里病逝的。

英国议会通过法案废除一切出口货物之关税。爱尔兰发生饥荒(1845—1848)，人口锐减，大批移民迁往美国。

英国吞并南非的纳塔尔共和国，迫使布尔人在德兰士瓦和奥兰治自由邦重新安家。

1846 年　27 岁

生下三女海伦娜公主。英国废除 1815 年制订的《谷物法》，以推动自由贸易。首相罗伯特 · 皮尔被迫下台，保守党分裂；自由党领袖约翰 · 罗素出任首相，至 1852 年。28 年后保守党才重新在下议院成为多数党。

马克思、恩格斯创立“共产主义者通信委员会”。

1847 年　28 岁

欧洲发生经济危机 (1847—1848)。利比里亚共和国成立。英国女作家夏洛蒂 · 勃朗特的小说《简 · 爱》(*Jane Eyre*) 出版；其妹艾米莉 · 勃朗特的小说《呼啸山庄》(*Wuthering Heights*) 出版；小妹安妮 · 勃朗特的小说《艾格尼斯 · 格雷》(*Agnes Grey*) 出版。

1848 年　29 岁

生下四女路易丝公主。由于连续的生产，女王可能患上了产后抑郁症。在这一时期，亲王的来往信件中经常有女王“歇斯底里”的记录。

亲王成为提高工人阶级生活状况有关协会的主席。

二月马克思、恩格斯的《共产党宣言》在伦敦出版。

法国发生二月革命，路易·菲力普被赶下王位，法兰西第二共和国成立，12 月路易 · 波拿巴当选法国总统。欧洲普遍爆发革命：柏林革命，维也纳人民起义，意大利米兰起义，布拉格人民起义，巴黎无产阶级六月起义，匈牙利资产阶级革命等。

英国女作家盖斯凯尔夫人的小说《玛丽 · 巴顿》(*Mary Barton*) 出版。英国作家萨克雷的小说《名利场》(*Vanity Fair*) 出版。美国美联社 (Associated Press，简称 AP) 在芝加哥创办 (1900 年将总部迁至纽约)。

1849 年　30 岁

英国废除航海条例。

英国从 18 世纪末起对印度蚕食，至 1849 年占领印度全境。

美国证券交易所前身“纽约场外证券市场”开办。

1850 年　31 岁

5 月 1 日，生下三子阿瑟王子。

在澳洲开始发现金矿。

英国作家狄更斯的小说《大卫 · 科波菲尔》(*David Copperfield*) 出版。英国诗人丁尼生被授予桂冠诗人称号。英国女诗人勃朗宁夫人出版《诗集》(*Poems*)。

英国诗人华兹华斯去世 (1770 年生)。

1851 年　32 岁

英国在伦敦举办了第一届世界博览会（又译为“万国博览会”），开近代国际性展览会的先声。路透社 (Reuters) 在英国伦敦创办。

中国太平天国革命爆发。1853 年太平军占领南京，直到 1864 年太平天国革命才被镇压下去。

1852 年　33 岁

夫妻二人买下苏格兰的巴尔莫勒尔城堡。这里是他们除了奥斯本庄园外另一处心爱的别业。

保守党人德比出任首相，很快下台。12 月自由党人阿伯丁出任首相，至 1855 年。

英国发动第二次侵缅战争，控制了盛产大米的下缅甸。

12 月法国路易 · 波拿巴宣布恢复帝制，即法兰西第二帝国 (1852—1870)，路易 · 波拿巴称帝，为拿破仑三世。

1853 年　34 岁

4 月，生下四子利奥波德王子。

俄土爆发克里米亚战争 (1853—1856)。

1854 年　35 岁

英国参加克里米亚战争，战后英国控制了土耳其，取得自由出入黑海的权利。

1855 年　36 岁

自由党人帕默斯顿出任英国首相，至 1858 年 2 月辞职。

1856 年　37 岁

英法联军发动第二次鸦片战争 (1856—1860)，镇压太平天国起义，洗劫并烧毁圆明园；战争期间中国被迫签订《天津条约》、《北京条约》等不平等条约。法国武装侵略越南。

1857 年　38 岁

4 月，生下五女比阿特丽斯公主，为夫妻二人的第九个孩子。由于为不断的生育感到过分疲累，据说女王使用了最新的科技手段进行避孕，之后未再怀孕。

欧洲和美国发生经济危机。

流亡美国的爱尔兰爱国者组成“爱尔兰革命同志会”，通称“芬尼党”，密谋推翻英国的统治，建立独立的爱尔兰共和国。印度民族反英大起义(1857—1859)。英国派重兵镇压。

1858 年　39 岁

保守党人德比再度出任英国首相，至 1859 年。

英国议会通过《改善印度管理法》，取消已徒具形式的东印度公司，由女王直接统治，总督代表女王管理。

1859 年　40 岁

自由党人帕默斯顿再度出任首相，至 1865 年去世。

意大利复兴运动开始。

达尔文发表《物种起源》，创立进化论。

英国作家狄更斯的小说《双城记》(*A Tale of Two Cities*) 出版。

英国女作家乔治 · 艾略特的小说《亚当 · 比德》(*Adam Bede*) 出版。

1860 年　41 岁

英国强占中国九龙半岛尖沙咀一带。

1861 年　42 岁

3 月，女王之母去世，女王沉浸在巨大的悲痛中。艾伯特亲王为妻子承担了很多日常事务。但他的身体也很不好。11 月间，由于风闻王太子有与女演员同居的丑闻，亲王赶往儿子就读的剑桥大学面谈。在返回途中又感染了伤寒，于 12 月间病逝，年仅 42 岁。维多利亚女王从此开始了多年的隐居生活。

俄国废除农奴制。意大利王国成立。美国发生南北战争 (1861—1865)，粉碎了奴隶主势力，使工业资产阶级获得统治地位。

英国女作家乔治 · 艾略特的小说《织工马南传》(*Silas Marner*) 出版。

1862 年　43 岁

美国总统林肯发表解放黑奴宣言。越法订立第一次西贡条约，法国侵占南圻东部三省。

1863 年　44 岁

王太子威尔士亲王爱德华成婚，与丹麦的亚历山德拉公主喜结连理。

柬埔寨沦为法国保护国。波兰爆发反对俄国统治的民族民主革命。

1864 年　45 岁

普鲁士首相俾斯麦以石勒苏益格与荷尔斯泰因两公国历史上从未分开为由，向 1863 年合并石勒苏益格的丹麦开战；丹麦战败，放弃了这两个公国。普鲁士占领石勒苏益格，奥地利占领荷尔斯泰因。

马克思、恩格斯建立第一国际。

1865 年　46 岁

自由党人罗素第二次出任首相，至 1866 年。

1866 年　47 岁

女王出席了议会的开幕式。这是自 1861 年丈夫逝世后，5 年来她第一次在重要的公众场合露面。

保守党人德比出任首相，至1868年。

普鲁士挑起普奥战争，占领荷尔斯泰因和德国中部、北部各邦，迫使奥地利退出德意志邦联，于是旧邦联宣告解散，普鲁士在德意志的统治地位得到巩固。牙买加沦为英国殖民地。

1867年　48岁

英国议会通过第二个选举改革法案。英国议会通过《英属北美法案》，组成加拿大自治领。

爱尔兰“芬尼党”起义。奥匈二元制帝国建立。北德意志邦联建立。法国侵占越南南圻西部三省。

法国巴黎举行万国博览会。日本进行明治维新(1867—1868)。南非奥兰治发现金刚石矿，大批英国移民进入布尔人地区，英布矛盾日益尖锐。

马克思《资本论》第一卷出版。

1868年　49岁

女王出版了她的书*Leaves from the Journal of our life*,大受关注，仅仅在当年就售出了10万册以上。

德比首相于2月退出政坛，保守党人迪斯累里接任首相，同年自由党在秋季选举中获胜，迪斯累里辞职，自由党领袖格莱斯顿出任首相，至1874年。

西班牙爆发革命，女王伊莎贝拉二世被逐。英国派兵远征埃塞俄比亚。

1869年　50岁

苏伊士运河经十年开挖终于开通。德国社会民主工党成立。

1870 年　51 岁

英国议会通过“爱尔兰土地法案”，使地主剥削得到法律保护。政府为镇压起义，颁布“和平保障法案”。法国对普鲁士宣战，普法战争以拿破仑三世被俘、法国惨败结束(1871)；法兰西第二帝国倾覆；法兰西内战开始。英、法、德三国订立条约，保证比利时之中立地位。法军撤离罗马，意大利完成统一。

英国作家狄更斯去世(1812 年生)。

1871 年　52 岁

女王患重病，身体上出现肿瘤。后用新疗法得到治愈。

英国议会通过新的工会法，取消 1825 年对工会活动的限制，但禁止罢工者组织纠察队。英国获得南非富产金刚石矿地区的主权。

达尔文发表《人类的由来及性的选择》。

巴黎人民武装起义推翻资产阶级政府，3 月 26 日“巴黎公社”成立，5 月 28 日被血腥镇压。

德意志帝国建立。马克思在第一国际总委员会发表关于法兰西内战的宣言。

1872 年　53 岁

2 月，一名 17 岁的年轻人阿瑟 · 奥康纳企图行刺女王。这一事件令全社会对长期隐居的女王的关注和同情大大提升。

王太子患上了伤寒，这使得女王大为紧张，因为王夫辞世的直接原因就是伤寒，幸运的是在精心照料下，王太子康复了，为此甚至举行了庆祝游行。

第一国际最后一次代表大会在海牙召开，同年国际总部迁至纽约。

英国女作家乔治 · 艾略特的小说《米德尔马奇》(*Middlemarch*) 出版。

1873 年　54 岁

格莱斯顿 3 月辞职，因迪斯累里拒绝组阁，只得复出。

英国煤矿工人大罢工。

西班牙宣布为共和国。欧洲发生经济危机。

1874 年　55 岁

自由党在选举中失败，保守党领袖迪斯累里出任首相，至 1880 年。5 月俄国沙皇访问英国。

英国由戈登率军远征苏丹，至 1879 年征服苏丹。

1875 年　56 岁

英国从埃及国王手中收购苏伊士运河公司近一半股票，成为最大股东，得以控制运河。

1876 年　57 岁

保加利亚爆发反土耳其统治的起义。第一国际宣布解散。

美国人 A.G. 贝尔发明电话机。

1877 年　58 岁

维多利亚女王正式被冠以“印度女皇”的称号。。

俄土战争再次爆发，英国以“保护”土耳其为名进行干涉，次年战争结束，和约规定保加利亚为自治国，塞尔维亚、罗马尼亚独立。

1878 年　59 岁

在王夫去世的纪念日又遭受一次重大打击，小女儿艾丽斯因为白喉辞世，年仅 35 岁。

英国与土耳其签订《共同防御条约》，取得塞浦路斯岛的主权。英国开始第二次侵略阿富汗的战争，失败，后用条约控制阿富汗的外交事务。

英国在南非发动祖鲁战争，祖鲁人经过十个月的抗战，最后被英国分为 13 个小国进行控制。

英国作家哈代的小说《还乡》(*The Return of the Native*) 出版。

1879 年　60 岁

英、法、奥、意、土及俄国举行柏林会议，迫使俄国放弃从俄土战争获得的利益。

爱迪生发明电灯，三年后纽约市最早用电灯作城市照明。

英国作家乔治·梅瑞狄斯的小说《利己主义者》（*The Egoist*）出版。

1880 年　61 岁

自由党领袖格莱斯顿再次出任英国首相，至 1885 年。

南非布尔人在德兰士瓦开始反英起义，至 1881 年再次宣布成立南非共和国。西班牙在古巴废除奴隶制。

1881 年　62 岁

保守党领袖迪斯累里去世，维多利亚开始信任索尔兹伯里和张伯伦。

法国武装占领突尼斯。

法国人巴斯德发明注射疫苗法。俄国作家陀斯妥也夫斯基去世 (1821 年生)。

1882 年　63 岁

英国出兵占领开罗，取得对埃及的完全支配权。

德、奥、意三国签订军事同盟条约。欧洲、美国发生经济危机。

1883 年　64 岁

马克思在伦敦去世 (1818 年生)，享年 65 岁。

1884 年　65 岁

英国议会通过第三个选举改革法，降低财产资格，扩大选民人数。英国成立“社会民主同盟”，至 1886 年解散。费边社成立，著名剧作家萧伯纳是其领导人之一。

法国再次发动侵略中国的战争，1885 年签订《中法新约》。法国正式吞并柬埔寨。德国开始攫取非洲殖民地。

1885 年　66 岁

自由党在议会选举中失败，格莱斯顿辞去英国首相职务；保守党人索尔兹伯里出任首相，至 1886 年。

英军入侵缅甸，次年 1 月 1 日英国正式宣布吞并缅甸。苏丹反英起义获得胜利，英军统帅戈登被起义军击毙。

欧洲 14 国柏林会议 (1884 年开始) 取得协议，比利时对刚果的占领获得承认，大国瓜分非洲的原则被确定。

马克思《资本论》第二卷出版。法国作家雨果去世 (1802 年生)。

1886 年　67 岁

格莱斯顿第三次出任英国首相 (2—7 月)，后因提出的爱尔兰自治法案在议会中遭否决而辞职；索尔兹伯里短期中断后再次出任首相，至 1892 年。

美国工人为争取八小时工作制举行罢工 (5 月 1—4 日)。

德国人戴姆勒发明以汽油为燃料的发动机。

1887 年　68 岁

女王统治 50 周年庆典隆重举行。

英国正式吞并祖鲁人的国家。

法国将所侵占的印度支那组成“印度支那联邦”。葡萄牙正式强占中国澳门。德、奥、意三国同盟续约五年。埃塞俄比亚击败意大利侵略军。

爱迪生发明活动电影。

1888 年　69 岁

女王的外孙威廉成为了德国皇帝。由于他的扩张野心，在 26 年后，德国与英国成为了第一次世界大战的主要对手。

特立尼达和多巴哥沦为英国殖民地。巴西废除奴隶制。

1889 年　70 岁

1889 年 7 月 14 日在巴黎召开了第二国际第一次大会，决定 5 月 1 日为国际劳动节。美国召开第一次泛美会议。

巴西推翻佩德罗二世，成立共和国。

1890 年　71 岁

英国与德国缔结东非疆界协定。欧洲发生经济危机并波及美国。巴黎工人第一次举行五一示威游行。

1891 年　72 岁

第二国际在布鲁塞尔举行第二次代表大会。

德国社会民主党在爱尔福特举行代表大会，通过新纲领。

英国作家王尔德的小说《道林·格雷的肖像》（*The Picture of*

Dorain Gray）出版。英国作家哈代的小说《德伯家的苔丝》(*Tess of the Durbervilles*) 出版。

1892 年　73 岁

格莱斯顿第四次出任英国首相，时年已 82 岁，至 1894 年因反对大量增加海军军费辞职。

法国发生巴拿马运河公司行贿丑闻。西班牙入侵摩洛哥。

意大利社会党成立。

英国剧作家萧伯纳的剧作《鳏夫的房产》(*Widower's Houses*) 在伦敦上演。英国诗人丁尼生去世 (1809 年生)。

1893 年　74 岁

法俄建立同盟。

俄国作曲家柴可夫斯基去世 (1840 年生)。

1894 年　75 岁

英国政府与布干达（今乌干达的前身）签订不平等条约，使其沦为英国的“保护国”。

日本侵略中国，爆发甲午战争。法国发生德雷福斯冤案，成为各派政治力量斗争的焦点。

英国诗人、小说家莫里斯拒绝接受“桂冠诗人”称号。

英国作家吉卜林的童话体小说《丛林故事》(*The Jungle Book*) 第一本出版。

马克思《资本论》第三卷出版。

1895 年　76 岁

保守党人索尔兹伯里第三次出任英国首相，至 1902 年。

英国宣布肯尼亚为东非保护地。

日本迫使中国订立《中日马关条约》，取得对朝鲜的控制权，并迫使中国把台湾、澎湖列岛等割让给日本。

俄国强行租借中国之旅大。

恩格斯去世(1820年生)，享年75岁。

英国作家哈代的小说《无名的裘德》(*Jude the Obscure*)出版。

1896年　77岁

法国吞并马达加斯加。埃塞俄比亚反抗意大利侵略的战争获胜，意大利被迫承认埃塞俄比亚独立。

英国诗人A．奥斯汀被授予“桂冠诗人”称号。

1897年　78岁

英国举行维多利亚统治60周年的盛大庆典。女王以其长寿而成为了英国历史上在位时间最长的君主，超过了乔治三世（在位60年）和爱德华三世（50年)。更重要的是，以她的名字命名的维多利亚时代，国势蒸蒸日上，社会稳定，成为20世纪被两次世界大战痛苦折磨的英国人难以忘怀的“那时的好时光”。

至1898年英国与其他帝国主义国家在中国划分“势力范围”。加纳沦为英国殖民地。

1898年　79岁

英国强行租借九龙半岛深圳河以南地区及附近岛屿，租期99年，至1997年6月30日止。

美国西班牙爆发战争，西班牙战败，把古巴、波多黎各、菲律宾等地让与美国。

1899 年　80 岁

英布战争爆发 (1899—1902)，英国与南非布尔人的两个共和国——德兰士瓦和奥兰治——发生战争(又称南非战争或布尔战争)，至1902年5月，布尔人最终向大英帝国投降，战争结束。苏丹沦为英国殖民地。

列宁《俄国资本主义的发展》出版。

1900 年　81 岁

英、德、法等八国联军为镇压 1899 年开始的中国义和团运动，武装侵略中国，至 1901 年。英国工党成立。

英国作家康拉德的小说《吉姆爷》(*Lord Jim*) 出版。

1901 年　82 岁

1 月 22 日，维多利亚女王在怀特岛奥斯本行宫辞世，享年 82 岁，在位 64 年；其长子继位，称爱德华七世。

2 月初，举行了葬礼，她被安葬在艾伯特亲王的身边，这对爱侣从此永生永世再不分离。

（张介眉　薛诗绮编）

附录五　维多利亚女王传记材料知见录

日记

由牛津大学波德林图书馆、“皇家档案”等机构联合完成。维多利亚女王的日记有 141 卷、43000 多页，其中得以保存至今的真迹共 13 卷，其余大部分则为女王过世后由其女儿比阿特丽斯公主抄写。网址：http://qvj.chadwyck.com/marketing.do

维多利亚女王本人的书信和著作：

The Letters of Queen Victoria，volume 1-9 (London,1907-1932)

Leaves From the Journal of Our Life in the Highlands：*from 1848 to 1861* (Cambridge, 2010)

专著

1.Aronson，Theo. *Heart of a Queen: Queen Victoria's Romantic Attachments* (London，1991)

2.Ashdown，*Victoria and the Coburgs*（London，1981）

3.Benson，E.F. *As We Were*：*A Victorian Peepshow* (London，1934)

4.Londford，Elizabeth. *Victoria R.I.*（London，1976）

5.Mullen, Richard and James Munson, *Victoria: Portrait of a Queen* (London, 1987)

6.St. Aubyn, *Queen Victoria: A portrait* (London, 1991)

7.Paula Bartley, *Queen Victoria* (Abingdon, Oxon; New York, 2016)

8.Susan Kingsley Kent, *Queen Victoria: gender and empire* (New York , 2015)

9.Stanley Weintraub, *Uncrowned King: the life of Prince Albert* (New York, 1997)

10.Anne M. Lyden, *A Royal Passion: Queen Victoria and Photography* (Los Angeles, 2014)

11.Albert, Harold A., *Queen Victoria's sisiter* (London, 1967)

12.Alice, Grand Duchess of Hesse, *Letters to Her Majesty the Queen* (London, 1885)

13.Ames, Winslow, *Prince Albert and Victorian Taste* (London, 1968)

14.Anand, Sushila, *Indian Sahib: Queen Victoria's Dear Abdul* (London, 1996)

15.Arengo-Jones, Peter, *Queen Victoria in Switzerland* (London, 1995)

16.Ashdowne, D., *Queen Victoria's Mother* (London, 1974)

17.Ball, Frederick, *Queen Victoria: Scenes and Incidents of Her Life and Reign* (London, 1886)

18.Barrett, Richard, *The Queen and Albert the Good* (private printed, London, 1862)

19.Bennett, Daphnr, *King without a Crown: Albert, Prince Consort of England 1819-1861* (London, 1977)

20.Benson, A.C. and Viscount Esher, *The Letters of Queen Victoria* (*London, 1948*)

21.Benson, E.F., *Queen Victoria* (*London, 1935*)

22.Bolitho, Hector, *Victoria and Albert* (London, 1938)

23.Boykin, Edward, *Victoria, Albert and Mrs Stevenson* (New York, 1957)

24.Briggs, *Victorian People* (London, 1954)

25.Stanley, *Iron Brridge to Crystal Palace: Images of the Industrial Revolution* (London, 1955)

26.Brown, Ivor, *Balmoral* (London, 1955)

27.Buchanan, Meriel, *Queen Victoria's Relation* (London, 1945)

28.Buckle, George Earle, *The Letters of Queen Victoria, 2nd series 1862-1885* (London, 1926)

29.Buckle, George Earle, The Letters of *Queen Victoria, 3rd series, 1886-1901* (London, 1932)

30.Chapman, Caroline, and Raban, Paul, *Debrett's Queen Victoria's Jubilee* (London, 1977)

31.Charlot, Monica, *Victoria: The Young Queen* (Oxford, 1991)

32.Clark, G. Kitson, *The Making of Victorian England* (London, 1962)

33.Connell, Brian, *The Correspondence Between Queen Victoria and her foreign and Prime Minister, 1837-1865* (London, 1962)

34.Fulford, Roger, (ed.) *Dearest Mama: Letters Between Queen Victoria and the Crown Princess of Prussia, 1861-64* (London, 1968)

35.Fulford, Roger, (ed.) *Dearest Child: Letters Between Queen Victoria and the Princess Royal, 1858-61* (London, 1964)

36.Fulford, Roger, (ed.) *Your Dear Letter: Private Correspondence of Queen Victoria and the Crown Princess of Prussia, 1863-71* (London, 1971)

37.Fulford, Roger, (ed.) *Darling Child: Private Correspondence of Queen Victoria and the German Crown Princess of Prussia, 1871-78* (London, 1976)

38.Gardiner, Juliet, *Queen Victoria* (London, 1997)

39.Kerr, John, *Queen Victoria's Scottish Diaries* (*Moffat, 1992*)

40.Knight, Charles, *Passages of a Working Life During Half a Century* (London, 1864)

41.Lee, Sidney, *Queen Victoria* (London, 1904)

42.Low, Frances H., *Queen Victoria's Dolls* (London, 1894)

43.Mallet, Victor, *Life with Queen Victoria: Marie Mallet's Letters from Court 1887-1901* (London, 1968)

44.Gernsheim, Helmut, and Gernsheim, Alison, *Victoria R., A Biography with Four Hundred Illustrations Based on her Personal Photography Album* (London, 1959)

45.Oliphant, Margaret, *Queen Victoria: A Personal Sketch* (London, 1900)

46.Parsons, *King Khama, Emperor, Joe and the Great White Queen: Victorian Britain through African Eyes* (Chicago, 1998)

47.Ponsonby, Arthur, *Queen Victoria's private secretary: His life and Letters* (London, 1942)

48.Pope-Hennessy, James, *Queen Victoria at Windsor and balmoral* (London, 1959)

49.Potts, d. m. and potts, W.T.W. *Queen Victoria's Gene: Haemophilia and the Royal Family* (Stroud, 1995)

50.Prochaska, *Royal Bounty: the making of a welfare Monarchy* (New Haven, 1995)

51.Ramm，Agatha，*Beloved and Darling Child：Last Letters between Queen Victoria and her Eldest Daughter，1886-1901*（Stroud，1990）

52.Richardson，Joanna，*Victoria and Albert*（London，1977）

53.Robert，Andrew，Salisbury：*Victoria Titan*（London，1999）

54.Strachey，Lytton，*Queen Victoria*（London，1921）

55.Thompson，Dorothy，*Queen Victoria：The Woman，the Monarchy and the People*（New York，1990）

56.Wilson，Roberyt，*The Life and Times of Queen Victoria*（London，1990）

57.Woodham-Smith，*Queen Victoria：Her Life and Times*（London，1972）

58.York，The Duchess of，and Stoney，Benita，*Victoria abd Albert：Life at Osborne House*（London，1991）

49.[英] 雪尔曼（Shearman，D.）著；孙柯译：《维多利亚女王》，台北：鹿桥文化事业公司，1992，“开创时代政治巨人丛书”。

60. 李其荣编著：《维多利亚女王传》，台北：牧村图书公司，1998。

61.[英] 阿兰·麦克唐纳著，林静慧译：《维多利亚女王和她的宫廷娱乐》“*Queen Victoria and her amusements*”，郑州：海燕出版社，2013。

62.[美] 伊娃·马奇·塔潘（Eva March Tappan）原著；Smith Banney 改编；林立译注：《维多利亚女王》，北京：航空工业出版社，2008。

63.[英] Elizabeth Longford 著；肖宏宇译：《维多利亚女王》，北京：外语教学与研究出版社，2002。“外研社 · 英汉对照人物传记丛书”。

64. 王占林，王昭华编著：《维多利亚女王：欧洲的祖母》，长春：北方妇女儿童出版社，2002。“世界伟人传记丛书”。

65. 保利著：《维多利亚女王》，北京：中国人事出版社，1998。

66. 杨厚均编著：《维多利亚女王》，沈阳：辽海出版社，1998。“布老虎传记文库”。

专题文章

1.John Plunkett, *A Media Monarchy? Queen Victoria and the radical press 1837-1901.* Media History, 2003-1.

2.Gosse, Edmund, *The Character of Queen Victoria.* The Quartely Review, January-April, 1901.

3.Lindsay Smith, *A Royal Passion: Queen Victoria and Photography.* History of Photography, 2015-2.

4.Dror Wahrman, *"Middle-Class" Domesticity Goes Public: Gender, Class, and Politics from Queen Caroline to Queen Victoria.* The Journal of British Studies, 1993-4.

5..Schama, Simon, *Queen Victoria's Very un-Victorian Ways.* New Yorker, 11 August 1997.

6.Henry and Mary Ponsonby. *Life at the Court of Queen Victoria.* History: Reviews of New Books, 2003-2.

7.Walter L. Arnstein. *Queen Victoria: First Media Monarch.* History: Reviews of New Books, 2004-2.

8.Longford, Elizabeth. *Queen Victoria's Religious Life.* Wiseman Review, summer, 1962.

9. 张献军:《铁血君主维多利亚女王》,《世界文化》2012-5。

10. 秦莉、张媛媛:《维多利亚女王与慈禧太后的统治轨迹比较》,《商丘师范学院学报》,2014-5。

11. 王龙:《两个女王的成败——慈禧与维多利亚》,《国学》,2010-2。

12. 王龙:《比较慈禧太后和维多利亚女王的才识》,《决策探索》,2010-2。

13. 龚佳佳:《政绩与爱情——铁腕君主维多利亚女王的人生》,《世界博览》,2003-7。

14. 焦侥:《英国维多利亚女王的童话体自传》,《文化译丛》,1985-12。

15. 李林:《奥斯本——维多利亚女王最喜欢的别墅》,《世界文化》,1994-11。

16. 王斌:《女王调停与 1884 年英国宪政危机的化解》,《鲁东大学学报》(哲学社会科学版),2016-1。

17. 张然、杨啸:《从英国王室珍藏看清代中英关系的变化》,《南方文物》,2014-12。

18. 张燕子、赵小侠:《走近英国王室宫邸 一窥神秘王室生活》,《旅游纵览》,2015-1。

190 林曼辉:《英国女性与英国茶文化发展的关系》,《科学大众》,2015-8。

20. 刘博:《19 世纪英国对外文化扩张的策略》,《史林》,2015-8。

21. 杨光:《西方工业化时期的纪实摄影》,《商周刊》,2015-10。

22. 王潇、艺海:《“水晶宫” 对现代设计的意义与启示》,2013-11。

23. 彭治国:《维多利亚女王:“欧洲的祖母”》,《优品》,2016-4。

24. 王溢嘉:《维多利亚女王的女人经》,《视野》,2007-10。

25. 许美琪:《维多利亚时代:折衷主义的古典风格》,《家具》,2004-12。

26. 张茹:《从符号学角度透视维多利亚风格服装》,《大众商务》,2010-6。